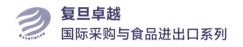

复旦卓越
国际采购与食品进出口系列

上海市属高校应用型本科
试点专业建设项目

采购寻源基础

主　编　金缀桥

复旦大学出版社

丛书编写委员会

主　任　齐晓斋
副主任　沈　瑶　汪遵瑛
编　委（按姓氏笔画为序）
　　　　　朱　昊　仲　臻　沈建军　宋彦安　陈仙丽
　　　　　金缀桥　黄　春　曹建红　蒋君仙

总　序

"复旦卓越·国际采购与食品进出口系列"在上海杉达学院与兄弟院校教师的共同努力下终于出版了。本系列教材由上海杉达学院国际经济与贸易系与复旦大学出版社共同组织和策划。在编写过程中还得到上海现代物流科技培训指导服务中心、上海元初国际物流有限公司、中国食品协会、上海进出口商会、上海良友(集团)有限公司进出口分公司等单位的大力支持,它们为本系列教材提供了许多鲜活案例和习题。"复旦卓越·国际采购与食品进出口系列"的成功推出,是校企合作、产教融合的实践结晶,是"1+M+N"应用型人才培养模式的探索收获,是上海市属高校应用型本科国际经济与贸易专业建设的一次成果展示。

本系列教材的编写出版主要有三个目的。

(1) **契合社会需求。** 党的十九大报告第一次写入了"现代供应链",强调"价值链",将现代供应链提升到国家发展战略的高度,冠以"现代"则为供应链创新与实践赋予了划时代特征。依托自由贸易试验区、国际商贸建设、跨境电商,以及"一带一路"倡议的实施,积极参与全球供应链的构建,也是我国新经济发展格局下的题中之义。

目前,我国已成长为世界第一制造和贸易大国,但还不是制造和贸易强国,其中供应链发展短板是一个重要的制约因素。2017年印发的《国务院办公厅关于积极推进供应链创新与应用的指导意见》(简称《指导意见》),是我国首次就供应链创新发展出台的纲领性指导文件。《指导意见》提出了我国供应链发展的具体目标,是要形成一批适合中国国情的供应链发展新技术和新模式,基本形成覆盖中国重点产业的智慧供应链体系,培育100家左右的全球供应链领先企业,使中国成为全球供应链创新与应用的重要中心。这些目标的实现,对于提升中国在全球产业价值链中的地位,提升国家整体竞争力,提高国民经济运行效率,推动经济结构调整和发展方式转变,扩大内需和市场繁荣,保障民生等方面,都具有重大战略意义。

目前,中国已经成为国际最大的进口食品市场之一,食品来自143个国家和地区,进口食品种类有5万~6万种,品牌超过15 000个。在此背景下,围绕国际生鲜食品市场扩张,构建现代生鲜食品供应链体系,一方面是挑战,另一方面更是机遇。食品行业急需一批有进出口业务技能和良好的英语沟通能力,熟知国际贸易惯例,通晓食品进出口法律法规,熟悉各国食品进出口标准,会处理跨境电商业务,熟悉食品贸易所特有的进出境手续,有较强分析解决实际问题的能力,同时具备协作与创新精神的复合型、应用型国际贸易专业人才。

随着供应链创新与应用上升为国家战略,未来对供应链管理人才的需求会进一步增加。供应链管理涵盖了企业运营管理几乎70%的功能,外贸出口、生鲜冷链无处不显示着供应链的重要性。随着食品进出口规模不断扩大,其供应链日趋复杂,相关专业管理人员目前仍极为匮乏,这就对专业管理人才的培养提出很高的要求。

(2) 探索"1+M+N"培养模式。 如何培养高质量的应用型人才,满足社会需求,是专业建设必须解决的问题。应用型本科院校需要面对实际问题,培养出具有多专业复合知识和多元实践能力的人才。2021年,结合人才培养方案的修订工作,上海杉达学院提出了"1+M+N"的应用型人才培养模式,其中"1"是主修专业,通识课程与专业核心能力;"M"是辅修,跨专业拓展,通过辅修专业、辅修模块、选修课程实现;"N"是毕业证(学位证)+职业资格证、技能证书、学校颁发的组织能力证书、社会服务证书。

"复旦卓越·国际采购与食品进出口系列"就是针对食品进出口及其供应链管理对专业人才的需求,并依据"1+M+N"人才培养模式编写的高等院校专业课程教材。本系列教材的编写宗旨是:按照理论与实践相结合的指导方针,以专业理论为引导,以实践流程为支撑,以企业案例为依托,体现融合教学、实践、实务为一体的特点。我们尝试探索在国际经济与贸易专业主修课程的基础上,开设专业特色课程模块:食品进出口+供应链管理,课程内容对接英国皇家采购与供应学会(chartered institute of procurement and supply,CIPS)颁发的CIPS 4级(采购与供应文凭),做到"双证融通",从而培养国际经济与贸易专业擅长食品进出口及其供应链管理的复合型、应用型人才。

（3）促进教材建设改革。在面向国际经济与贸易专业人才的"1+M+N"培养模式下,针对食品进出口及其供应链管理人才的需求,教材建设方面的现状是:首先,目前国内食品进出口方面的专业教材还是一个"空白";其次,随着全球经济的发展,越来越多的企业将食品供应链拓展到海外,在全球范围内进行供应链布局,这也赋予了采购与供应部门新的机遇及挑战。相较于传统的国内供应链,国际采购与供应涉及的手续多,交易流程更复杂,能否高效、准确、专业地完成采购与供应工作,直接影响到企业运营和财务状况。

本系列教材不仅注重相关专业理论知识的学习和实际操作能力的培养,也借鉴融入了CIPS 5级(采购与供应高级文凭)所要求的课程,同时吸收并改进了其学习体系的内容,具有较为完整的知识体系,从而培养学生从事食品国际采购和供应链管理职业的能力,并提升我国企业在国际市场的竞争力。

本系列教材具有以下特点。

（1）注重学科基础理论知识的学习。根据培养应用型本科专业人才的目标定位,本系列教材突出专业知识的学习和应用,通过基础理论的引领,明确知识应用的目标。本系列教材要求每门课程对基本概念和原理进行梳理和界定,强调基础理论知识的阐述做到深入浅出,通俗易懂。

（2）强调学科发展的前沿意识。本套教材突出国际采购和食品进出口发展需要,引入最新理论观点和实践案例,着重介绍近年来国际采购和食品进出口发展趋势和企业独创性案例,提升师生对学科发展和行业发展的前沿意识。

（3）突出教材改革的创新建设。本系列教材对内容、结构、版式都做了改革创新,以学生为本,从提升学生能力出发,希望能够帮助学生更好地理解、掌握和运用专业理论知识。同时,本套教材设计了"案例分析""拓展阅读""实践指导""思考与练习"等栏目,体现理论知识与拓展阅读、专业知识与案例研究、课堂导学与练习思考相融合,每本教材都设计了"学习目标",明确了对知识了解、熟悉、掌握的具体要求,指导学生有效学习。

"复旦卓越·国际采购与食品进出口系列"不仅是上海杉达学院国际经济与贸易专业的特色教材,也可用作普通高等院校国际经济与贸易、国际商务、供应链管理等相关专业的教材或参考书,亦可作为高职高专院校相关专业的教材,还可作为从事国际采购与供应工作人员的培训教材,对参加 CIPS 4 级(采购与供应文凭)考试的人员也具有较大的参考价值。我们希望这套系列教材的推出,能够锻炼"双师型"教师队伍,提高教师教学水平;同时,我们也希望通过这套教材的使用,推动应用型本科专业建设,探索一流本科课程教学的新路子,为本科应用型复合型人才培养做出更大的贡献。

由于我们理论水平和实践能力的局限,本系列教材还存在许多不足,恳请广大读者批评指正,期待同行与研究者帮助我们一起完善这套教材,共同为高校教材建设添砖加瓦。

前　言

　　进入21世纪以来，随着我国制造、消费和经济大国地位的确立，以及产品制造技术的飞速发展，供应链管理水平与能力将成为衡量企业核心竞争力的重要指标。

　　企业需要根据自身的情况，制定出合适的采购与供应链管理策略来取得竞争优势。采购寻源就是供应链管理中极其重要的一环。简单来讲，采购寻源就是找到资源，找到合格的供应商，包括符合资质的新供应商和新产品的供应商。它很大程度上决定了企业的运营成本。因此，通过详细介绍供应商选择的理论依据和操作流程，可以使越来越多的企业关注优化采购寻源的经营理念，从激烈的市场竞争中脱颖而出，获得经营收益。

　　《采购寻源基础》作为高等院校学生的专业课程教材，针对供应链方向学生的培养要求与学习特点，按照理论与实践相结合的教学理念，以专业理论为引导、以实践流程为支撑、以企业案例为依托，融合教学、实践、实务为一体，具有理论扎实、实务突出、实践丰富的特点。具体特色如下：

　　1. 注重基础理论

　　本书用翔实的模型介绍采购寻源的基础理论，帮助读者更好地掌握采购寻源的特点。

　　2. 体裁新颖

　　本书共有十章，每章都分为五大模块。

　　（1）学习目标。用简练的语言提炼出每章的学习要求，有利于读者充分认识自身对该章节内容的掌握程度。

　　（2）基本概念。汇集每章的基本概念，让读者对该章节重要概念一目了然。

　　（3）实践指导。通过提出实践要求，布置实践任务让学生们将课堂内容与实践操作有机结合，相辅相成。

（4）拓展阅读。通过介绍有关采购寻源的最新动态及发展趋势，拓宽读者的思路，帮助读者了解和掌握采购寻源领域的前沿发展理念与具体内容。

（5）练习与思考。基于"教学"一体的理念，每章都配有练习题，通过"动手做"，使读者将"巩固知识"和"运用知识"两环节交叉，融会贯通。

3. 宗旨明确

《采购寻源基础》通过大量的案例分析与模拟谈判实践，帮助学生系统深入地掌握供应源获取流程及各种主要的供应源获取方法；制定从外部供应商获取货物或服务的计划；评估潜在供应商的财务稳定性；从外部供应商进行供应源获取时的主要流程；供应源获取中的合规性问题。通过该门课程的学习，学生能够应用一系列工具和技能，评估从外部供应商采购货物、服务或工程时可用的各种供应源获取方案；掌握相关商务能力和技术能力，从而选择合适的供应商。

本书围绕采购寻源的基础理论与实践展开，涵盖了供应源搜寻的基本流程与战略、供应商选择、供应市场的分析、供应商财务分析、公共部门的供应源搜寻、电子供应源搜寻、私营部门的供应源搜寻、国际供应源搜寻，以及采购的报价和招标等内容。各章内容循序渐进，旨在帮助读者全面掌握从供应商搜寻、评估到合同授予的关键步骤与方法，为读者提供了实际操作的指导和战略性思考。

本书由金缀桥主编，统纂全稿。具体编写分工如下：第一章至第三章由尹梦玉编写，第四、第七、第八章由许佳敏编写，第五章至第六章由张馨予编写，第九、第十章由韩世纪编写。

在教材的编写过程中，黄春先生提供了许多宝贵资料，汪遵瑛副教授和岑品杰、于佳两位编辑给予编者很大帮助和支持，在此表示衷心感谢。同时，本书在编写过程中参阅了大量的文献资料，在此不能一一列举，谨向这些文献的作者表示深深的敬意和由衷的感谢！此外，还要感谢未来使用这本教材的老师们和学生们，你们的意见与建议无疑是最宝贵的，你们在教与学过程中的体会是本书未来成为精品教材的力量源泉。

供应源搜寻是一门博大精深的学问,这些年来,供应链管理学科本身发生了很多变化,尽管编者力求与时俱进,然而由于理论水平与能力有限,本书的缺憾在所难免,恳切希望广大读者对本教材提出宝贵的意见和建议,使之更臻完善。

金缀桥

目 录

第一章 供应源搜寻的基本流程 001
 第一节 供应源搜寻的界定 001
 第二节 供应源搜寻过程 003
 第三节 潜在供应商的选择 008
 第四节 供应商资格预审和供应商评估 011
 第五节 供应商信息的收集和验证 016
 第六节 供应商绩效评估 017
 第七节 实践指导 025

第二章 供应源搜寻战略 033
 第一节 供应商数量优化 033
 第二节 供应源搜寻战略 039
 第三节 合作关系的建立 050
 第四节 合同授予 054
 第五节 实践指导 060

第三章 供应商的选择 072
 第一节 供应商选择 072
 第二节 评估和选择供应商的模型 074
 第三节 供应商选择的标准 078
 第四节 合同授予标准 083
 第五节 实践指导 089

第四章 供应市场的分析 　　　　　　　　　　104
　　第一节　需求分析　　　　　　　　　　　104
　　第二节　供应商数据来源分析　　　　　　111
　　第三节　供应市场分析　　　　　　　　　118
　　第四节　实践指导　　　　　　　　　　　124

第五章 供应商的财务分析 　　　　　　　　133
　　第一节　评估供应商财务状况的主要因素　133
　　第二节　供应商财务信息的来源　　　　　136
　　第三节　供应商财务状况的分析工具　　　138
　　第四节　供应商的财务分析比率　　　　　150
　　第五节　实践指导　　　　　　　　　　　156

第六章 公共部门的供应源搜寻 　　　　　　166
　　第一节　公共部门简介　　　　　　　　　166
　　第二节　公共部门的供应源搜寻　　　　　169
　　第三节　公共部门采购的具体要求　　　　173
　　第四节　实践指导　　　　　　　　　　　177

第七章 电子供应源搜寻 　　　　　　　　　186
　　第一节　电子供应源搜寻的含义　　　　　186
　　第二节　电子请购系统　　　　　　　　　191
　　第三节　电子拍卖　　　　　　　　　　　194
　　第四节　电子招投标　　　　　　　　　　196
　　第五节　实践指导　　　　　　　　　　　199

第八章 私营部门的供应源搜寻 　　　　　　209
　　第一节　私营部门组织的概况　　　　　　209
　　第二节　私营部门资金的来源　　　　　　212

第三节　私营部门采购的主要特点　　　　　　　214
第四节　私营部门采购的目标　　　　　　　　　217
第五节　实践指导　　　　　　　　　　　　　　222

第九章　国际供应源搜寻　　　　　　　　　　　229
第一节　国际供应源搜寻概况　　　　　　　　　229
第二节　国际供应源搜寻注意事项　　　　　　　231
第三节　《国际贸易术语解释通则》在国际采购中的应用　235
第四节　实践指导　　　　　　　　　　　　　　241

第十章　采购的报价和招标　　　　　　　　　　249
第一节　询价　　　　　　　　　　　　　　　　249
第二节　采购招标　　　　　　　　　　　　　　257
第三节　供应商方案的评估　　　　　　　　　　262
第四节　采购合同授予　　　　　　　　　　　　269
第五节　供应商遴选报告的写法　　　　　　　　271
第六节　实践指导　　　　　　　　　　　　　　274

参考文献　　　　　　　　　　　　　　　　　　281

第一章

供应源搜寻的基本流程

学习目标

- 了解供应源搜寻的基本概念
- 理解供应商绩效管理的基本含义
- 熟知供应商评估的方法和作用
- 掌握供应源的搜寻过程并尝试结合理论分析实践案例

基本概念

供应源搜寻的定义；供应商的信息来源；供应商等级评定

第一节 供应源搜寻的界定

一、供应源搜寻的基本概念

采购通常是指采购方与供应商达成合同后下订单、收货和付款等行为。供应源搜寻通常包括十个重要环节，起始于识别需求，制定产品请购单或物料清单，结束于签订合同，并包括对供应商进行监控、评审等内容。搜寻过程是一个周期性的过程，从确定需求开始，终止于合同和供应商的管理。具体过程参见图1-1。

■ 采购寻源基础

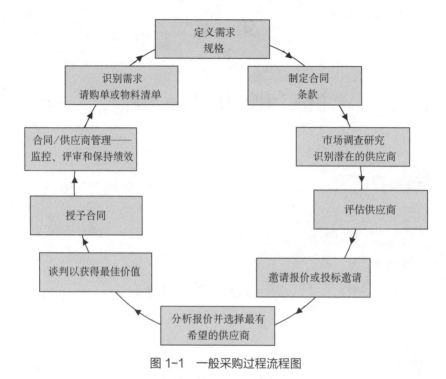

图 1-1 一般采购过程流程图

资料来源：英国皇家采购与供应学会.供应源搜寻［M］.北京中交协物流人力资源培训中心，译.北京：机械工业出版社，2014.

普通的采购过程通常分为两个阶段：第一阶段是合同授予前阶段，包括识别和定义需求、制定采购计划、制定合同、市场调查研究、评估和选择供应商、接收和评估报价、授予合同；第二阶段是合同授予后阶段，包括催货、付款、合同和供应商管理、资产管理和合同签订后的经验教训总结等内容。

根据采购周期流程和采购行为的界定，供应源搜寻则被认为是一个识别、选择和开发供应商的过程。

二、供应源搜寻的类型

供应源搜寻可分为战术供应源搜寻和战略供应源搜寻两种类型，两者有着各自的特点。

战术供应源搜寻的特点：一是决策层次低，主要进行低利润、低风险、日常性的采购；二是所形成的决策是短期决策，其重点是为了满足具体和准确的需求，并对组织或供应市场的变化做出反应；三是需求说明和规格要求的表示都非常明确，供应源搜寻的交易决策主要基于公开竞价和采购价格，如市场竞价。

战略供应源搜寻的特点：一是决策层次高，适用于高利润、高供应风险的采购；二是属于长期的可持续性发展的决策；三是需系统性分析市场、供应商的关注点及其供应能力。

想一想：

同学们，联系你们身边的采购行为，能不能就战术供应源搜寻和战略供应源搜寻举例说明？

第二节　供应源搜寻过程

一、供应源搜寻过程

供应源搜寻的过程可以用不同类别的模型进行阐述，其中基本的搜寻过程如下所示。

第一步：识别需求。通常是产品使用部门提出采购需求，在此基础上，由库存控制部门提出补货申请。补货申请的需求再评估实际上就是根据产品或服务的规格再次定义界定需求规模。

第二步：拟定供应源搜寻计划。首先，做出自制（自己提供所需商品和服务）或是外购（向外部供应商采购商品和服务）的决策；其次，确定具体采购的类型、规格等内容，了解与供应源搜寻相关的国内外政策。

> **想一想：**
>
> 在拟定供应源搜寻计划时需要了解供应源搜寻的相关政策，买方可以从哪些方面开始了解呢？买方应当采用什么流程和方法在市场上进行供应源搜寻并选择供应商呢？

第三步：市场分析。市场分析的主要内容包括预测产品的短期和长期需求、估算所需产品的市场价格、预测所购货物和原材料的价格趋势、寻找潜在的供应源、估测不同供应源的安全性和可能带来的风险性等。

第四步：供应商资格预审。根据供应源搜寻的目标，设定一系列定量和定性指标作为资格预审标准，对潜在供应商进行资格预审，从中选择能够满足企业需求的供应商。

第五步：评估供应商报价，并对供应商进行选择。对于资格预审合格的供应商，买方可以通过询价、与供应商谈判、进行正式或非正式的招标等方式评估选择，买方将合同授予提出最佳报价方案的供应商。

第六步：合同或合作的形成。买卖双方签订采购订单、合同、框架协议等，以确定销售、采购或订单条款。

二、不同采购方式的供应源搜寻区别

简单的再采购和有限变更的再采购只涉及一部分采购过程，而新的采购一般要涉及采购所有流程。三种采购方式界定如下。

简单的再采购是指直接针对现有供应商的再次重复采购，不涉及其他采购过程，如重新制定规格等过程。采取该方式进行采购的前提是买方可能已经与认可的供应商签订了长期供应合同。

有限变更的再采购是指要求对原始购买合同或框架协议进行部分更改后采购的方式。例如，当需求发生变化时，双方有必要重新谈判并制定合同。

新的采购是指买方首次购买产品或服务的行为。新的采购一般会经历采购过程的所有阶段。

三、不同产品的供应源搜寻区别

买方需要考虑采购产品的重要程度，对所采购物品对于企业的重要性进行判断。一般可以按照所购产品对于企业的重要程度，分为低价值、非关键物品的采购，较为重要物品的采购和关键性物品的采购，从而制定差异化的供应源搜寻策略。

采购方对于低价值、非关键物品的采购，只需根据现有的资料或二手资料，对供应商提供产品的价格、质量、交货等基本条件做一个简单的调查即可。

想一想：

对于一家大型制造业企业而言，当采购卫生纸等日常物品时，需要如何对供应商进行评估？当进行重大的高价值采购（如采购机器设备）时，又需要如何对供应商进行评估？在这两类产品的供应源搜寻过程中，买方应考虑到哪些问题呢？

采购方对于较为重要物品的采购，一般需要首先对供应商进行分类。例如：供应商可以分为已批准的供应商（满足某些基本技术和质量标准的供应商）或首选的供应商（在过去的交易中具有良好记录的供应商），采购部门可以直接和其签订订单，无须进一步审查其供应条件。

采购方对于关键性物品的采购，在供应商投标之前，须对其进行严格的资格审查，包括利用问卷进行深入调查、通过实地考察进行信息确认、推荐人的考察、产品的抽样等方式。采购方还可要求供应商提供第三方认证，如ISO 9001质量管理体系的国际标准认证。

四、供应源搜寻流程的重要程度

供应源的搜寻工作的排序取决于所需采购内容的重要性程度,帕累托原理和卡拉杰克矩阵可以对所需购买物品的重要性进行排序。

(一)帕累托原理

帕累托原理(又称"二八法则")是由意大利经济学家帕累托(Vilfredo Pareto,1848—1923)提出的一种分析工具。它在供应源搜寻中的意义为:20%的供应商或供应品,是80%的支出、风险或价值的来源。运用这一原理可以使购买者合理地安排自己的时间、精力和资源,使收益最大化。

帕累托原理可以用来区分供应商的重要程度。可以将供应商分为重点供应商和普通供应商。采购过程中的大部分精力需集中于从重点供应商处采购产品,如从占供应商总数20%的重点供应商处采购占总价值80%的供应品。

想一想:

重点供应商提供的物品一般是企业所需的战略物品或需集中采购的物品,比如冰箱厂需要的发动机、计算机企业需要的核心芯片、便携式计算机制造商购买的中央处理器等。采购企业应该用80%的精力与其合作,以确保供应。普通供应商提供的物品对企业的生产运行影响相对较小,如办公用品、保洁物品等。企业只需要用20%的精力与其沟通采购就可以了。同学们,你们觉得上述观点正确吗?

(二)卡拉杰克(Kraljic)的采购定位矩阵

卡拉杰克的采购定位矩阵用于分析采购物品的重要性和供应市场的复杂性两个因素。企业可以从自身对所采购商品的年度支出以及该商品通过创收或节约成本的盈利潜力等因素判定采购物品的重要性，从商品供应源搜寻的难度、采购方对供应失败的脆弱性、采购方与供应商在市场中的相对权力等因素判定供应市场的复杂性。

表1-1 卡拉杰克（Kraljic）矩阵

	供应市场的复杂性	
	低 → 高	
物品的重要性 高	采购的类型：杠杆物品　时间：一般12—24个月 战略：商业优势最大化，节约成本最大化 策略：保证竞争态势 行动方案：增加竞争性招标	采购的类型：战略性物品　时间：可长达10年 战略：努力与供应商形成伙伴关系，使风险尽可能最小化，创造竞争优势 策略：提升供应商的合作力度 行动方案：对供应商进行过程管理。随时分析市场的竞争态势，尽可能让供应商参与产品研发与设计，准备应急方案
物品的重要性 低	采购的焦点：普通物品　时间：一般小于12个月或更短 战略：简化采购中间环节，提高采购效率 策略：产品标准化，减少采购管理投入 行动方案：合理化供应商数量，尽可能最小化管理成本	采购的焦点：瓶颈物品　时间：变化的，取决于可用性与短期灵活性之间的权衡 战略：需确保供给的连续性 策略：降低供应商的独特性，尽可能压缩采购成本 行动方案：尝试开发新供应商，采用中期合同的方式，给予供应商项目外的业务

资料来源：英国皇家采购与供应学会.供应源搜寻［M］.北京中交协物流人力资源培训中心，译.北京：机械工业出版社，2014.

卡拉杰克矩阵是基于战略层面，用以评估企业的采购组合可能带来供应中断风险的工具。该矩阵用于评估不同采购类型物品适用的供应源搜寻方法，从而使采购职能部门挖掘其采购潜力以实现增值目的。

对于杠杆物品，供应源搜寻的首要任务是利用自身在市场中的力量，确保获得最优的采购价格和采购条件。此类物品的采购通常采用竞争性招标或团体采购以确保交易成功。

对于普通物品，供应源搜寻的重点应是降低采购成本。采购方可以采用供应商管理库存、签订总括订单和使用电子采购方案等交易关系进行此类商品的采购,以提高工作效率。

对于战略性物品,供应源搜寻应着眼于和供应商发展一种长期的、基于信任的、互利的采购战略关系。

对于瓶颈物品,供应源搜寻的首要任务是确保供应的连续性和安全性。此类物品的采购一般可以与供应商签订中期或长期合同、开发备用供应源、将激励和惩罚制度纳入合同、持有较高水平的缓冲库存等方法。

第三节　潜在供应商的选择

为了满足企业的需求,采购人员应时刻关注供应市场和现有供应商的绩效水平。市场调研则可以帮助采购方识别或寻找能够满足采购方需求的潜在供应商。

一、潜在供应商的信息来源

在寻找潜在的合格供应商时,采购方应重点考虑通过以下渠道收集潜在供应商的信息。

(1)供应商提供的数据资料。包括供货记录、绩效评估等内容。

(2)正式的信息索取函(request for information, RFI)。向符合采购需求的企业发调查问卷。

(3)供应商的市场宣传活动。包括广告、直销、宣传册、传单、公司网站、销售代表访问企业等。其中电子的或纸质的产品宣传册的作用非常重要,因为它包含详细的产品说明、交易条款、价目表等内容。

(4)互联网查询。包括专业的采购产品信息库、商品进出口数据库和企业网站等等。

想一想：

如果一家公司想采购一批汽车零部件，该公司的采购人员可以从哪些渠道获取专业的采购信息？请说说这些信息渠道的优缺点，以及在获取信息时应考虑到哪些问题。

（5）在线商品交易场所。如拍卖网站、采购论坛等。

（6）正式出版的供应商名录以及行业指南等。供应商名录可以提供供应商所需的产品和服务等信息，有时还会提供关于企业财务状况的分析。

（7）行业出版物（报纸、杂志、公告）和专业采购期刊（如《供应链管理》《投标采购管理》等）。

（8）行业会展和行业会议。买方可以在展会和行业会议上看到供应商的产品，并收集需要的书面材料。在这个过程中，买方可以通过提前预约拜访供应商来充分利用时间。

（9）行业推介机构。如大使馆、商会和出口协会等，此外还包括这些机构的官方网站。

（10）与其他采购职业人之间的信息交流。

二、供应商信息库的建立

在与供应商建立联系时，为了科学且有效地管理采购数据信息，提高采购部门工作的效率，采购方需要建立供应商信息库，其目的有以下三方面：（1）采购业务涉及的招标等方式需要建立数据库以供查询和使用。（2）在经过一段时期的合作和交流后，采购方需要对供应商进行跟踪和评价。（3）从长远来说，采购方有必要加强对供应商的管理，从而优化采购行为。

供应商信息库用以存储现有、过去和潜在供应商的信息。这些信息通常包括在表1-2中。

表1-2 供应商数据信息库的建立

供应商的信息涵盖内容
（一）供应商具体联系方式
（二）供应商所能提供的产品和服务
（三）交易的标准条款与条件和特议条款与条件，包括价格、税率以及相关费用等内容
（四）是否为已批准的或首选的供应商
（五）现有供应商的平均交易额以及付款频率（用以确定关键供应商）
（六）供应商是否具备特殊能力，如提前供货的能力
（七）供应商评估、审计和等级评定结果
（八）供应商以往绩效，包括质量、前置期、产品交付情况、合规性和争议处理等内容
（九）当前交易体制、框架协议或总括合同

经过多次市场调查，找到能够为客户提供所需产品和服务的目标企业后，采购方会选择对其中的部分供应商进行进一步系统深入了解，以便择优。

对于特别重要的市场采购，需要使用系统的采购信息收集管理方法来负责整个供应商信息的收集和分析。供应管理系统方法可命名为"供应商资格预审和评估"，在本章的第四节中将进行重点讲解。

 补充知识

供应商资格审查和登记流程中的注意事项

供应商资格审查和登记是建立供应商信息库的基础工作，考虑到登记入供应商库后就平等地成为采购对象，因此资格审查工作务必严格认真。实际操作中应注意以下几点：

首先，登记方必须是具备独立的法人资格并且能独立行使民事权利、独立承担民事责任的主体，尽量避免某些公司的个别部门或不具备法人资格的分公司、办事处来进行供应商登记。

其次,《供应商登记表》应经登记方盖章确认,登记的供应商名称应与印章名称一致,防止有某部门或分公司、办事处以大公司的名义登记,从而在有条件抽取供应商时占有利地位。

再次,供应商提供的产品和劳务范围应与其营业执照的经营范围相一致;其提供的产品或劳务应尽量详细,为软件实现查询、抽取和筛选某一特定的产品或劳务提供依据,举例来说,如果选择销售 X 品牌计算机的供应商,而在具有这种条件的供应商的记录中登记的仅仅是"计算机产品",选择余地就十分有限。

最后,进行资格审查时,对供应商提供的企业法人证、营业执照、财务报表应先确认与登记名称一致对应,其他提供的代理证书、资信证明和获奖证书等也应与登记供应商名称一致对应。在实际中,常有供应商登记时交付一些与本公司无关的资格证明证书,而这些不应该成为资格证明数据。

第四节 供应商资格预审和供应商评估

供应商资格预审和评估的目的是保证潜在供应商在达到适当的标准后有能力履行合同。供应商资格预审和评估的好处在于避免成本浪费、节约时间和精力,为企业带来附加值。

想一想:
在选择供应商时,可以按照最低价格的原则选择供应商吗?为什么?

一、供应商资格预审

供应商资格预审是指采购方根据既定的评估标准对供应商进行初步选择。当供应商达到买方规定的最低产能和兼容性标准后才能参与投标。资格预审是将具体选择标准纳入供应商筛选的过程。

供应商资格预审一般包括两个基本过程：一是制定一套客观的评价标准，对潜在供应商进行评价；二是根据获得的供应商信息，按照既定标准筛选潜在供应商。

在采购过程中，对供应商进行资格预审并建立供应商资格预审名单，可以减少招标采购中的前期调查工作，因为买方明确知道名单上的供应商均通过预审，其供应可以达到自身的要求。当用户部门进行日常采购时，由于相关部门可能不具备评估和选择新供应商的专业知识，用户只需在通过资格预审的供应商名单中选择即可，采用该种方法可以提高工作效率。

二、供应商评估

并非所有采购都需要在授予合同之前进行供应商评估。通常，只有当供应商申请加入已批准的供应商名单时，或买方想采购未曾购买过或现有供应商无法提供的产品时，才进行供应商评估。

供应商评估有两种界定：一是在合同授予前对潜在供应商的评价；二是评估现有供应商合同的履行情况，业界通常将这种评估方式称为"供应商等级评定"（vendor rating）。

全面的供应商评估是耗费精力和金钱的，一般不需要对一次性、标准化或低价值采购进行评估，而对战略性或重要的高价值采购、建立长期合作伙伴关系、国际供应源搜寻和产品的外包等采购进行评估。

（一）供应商评估的步骤

在供应商评估规划阶段，采购人员应考虑以下问题：（1）评估的目的。(2)需要评估的供应商数量。(3)评估过程的范围、严格程度、正式程度。(4)评估过程所用的时间。(5)评估过程所需的资源。(6)供应商对该评估过程的回应。(7)评估行为的成本效益分析。

供应商评估可分为四个阶段：一是计划和准备阶段。此过程包括选择供应商政策的审核，供应商以往反馈的审核和评估范围的界定。二是执行评估方案阶段。即查阅供应商的相关信息，制定详细且科学的评估方案。三是执行评估和结果报告阶段。按照评估方案，对供应商进行全面评估，并将评估结果清晰呈现。四是推荐与意见反馈阶段。

供应商的反馈可以帮助买方与未来潜在供应商建立友好关系。同时，供应商的反馈也可以使买卖双方认同供应商评估的目的是信息共享、互利互惠，达到双赢。

（二）评估的主要内容

供应商评估涉及的因素广泛而复杂，只要采购方认为重要的因素，都可能包括在内。表1-4举例了三组评价要素。

表1-4 潜在供应商评估要素

第一组	第二组	第三组
个人态度	质量、服务以及价格	所提供产品的销售情况
生产设备的合适程度	财务情况	财务情况
质量控制方法和手段	管理情况	管理者的水平
生产场地的整洁程度	现场访问结果	现场调研结果
技术队伍的能力水平	支持电子数据交换的可能性	提供服务的质量
管理层的能力水平	准时交货能力	继续研发的可能性

资料来源：英国皇家采购与供应学会.供应源搜寻［M］.北京中交协物流人力资源培训中心，译.北京：机械工业出版社，2014.

评价标准应根据采购方的具体情况和采购类型而确定。

雷·卡特尔提出的"10C"模型被采购界广泛应用。模型具体内容如表1-5所示。

■ 采购寻源基础

表 1-5 雷·卡特尔的供应评估"10C"模型

能力 （Competence）	供应商拥有履行合同的资源和专业知识 供应商是否能够生产相应的产品，或提供所需的服务 供应商在管理创新、设计或其他相关领域的实力
产能 （Capacity）	供应商是否满足买方当前和未来的需求 供应商的能力 供应链的管理水平
承诺 （Commitment）	对某些关键节点（如质量、服务、成本或持续改进）的承诺，以及具有与采购方建立长期合作关系的意愿
控制 （Control）	建立一套对资源和风险进行监控和管理的体系，例如：愿意遵守采购方提出的采购程序、采购规则或制度，按规定质量提供采购产品，遵守采购方提出的环境管理体系要求，建立财务控制、欺诈预防机制、风险评估和管理体系等内容
现金 （Cash）	现金资源和现金管理能力是确保供货商良好的财务状况和财务稳定性的依据，评估供应商的整体财务状况需考虑其现金流状况、自有资产、债务状况、成本结构和债务分摊情况等内容
一致性 （Consistency）	一致努力提升质量和服务水平，比如：供应商向来稳定可靠、流程顺畅无误（流程可靠度高，质检质控能力强，可以在对买方构成影响之前发现和防范问题）
成本 （Cost）	价格合理，全生命成本低，资金价值
兼容性 （Compatibility）	供应商在战略、操作、技术以及文化层面上与买方组织兼容 战略和文化包含企业的价值观、道德观、管理风格、战略目标的兼容性等内容 操作和技术包含企业生产流程、组织架构以及 IT 系统的兼容性等内容
合规性（或企业社会责任） （Compliance）	遵循环境、企业社会责任和可持续发展标准、法律以及法规 建立环境、企业社会责任和风险管理体系，以确保合规 遵从买方有关职业道德、企业社会责任以及可持续性的政策和标准（如有涉及）
沟通 （Communication）	能够在供应链中进行有效的协调与协作，使用电子商务、外部网或 EDI 技术，客户管理架构即供应商方面的合同管理，愿意共享信息（如关于需求、计划、成本的信息）

资料来源：英国皇家采购与供应学会.供应源搜寻［M］.北京中交协物流人力资源培训中心，译.北京：机械工业出版社，2014.

小案例

江阴检验检疫局通过检验发现一批从泰国进口的铁矿铁石含量为53.8%，与装货港品质报告中铁矿铁石含量65.8%的检测值相比，该指标低了12个百分点。这是该局首次发现与国外装货港品质检验值差异超10个百分点的进口铁矿石。

统计数据显示，江阴港在2008年第一季度进口铁矿石为70批、160.73万吨、货值2.58亿美元，进口量和货值分别比上一年增长了40%和149%，检验中发现的不合格批已达21批，批次不合格率同比增长显著。

当前铁矿石在国际市场上处于供不应求局面，使处于强势地位的铁矿石供货商拥有较大的话语权。以该批铁矿石为例，在国内采购企业与卖方签订合同时，曾希望能将货物在装货港的检验工作委托给信誉好且资质较高的检验机构，但供货商坚持由当地的一家检验机构来办理。最终，急需原料进口的采购企业只能屈从于供应商的要求。事实证明，该检验机构出具的装货港检测报告存在明显造假欺诈嫌疑。

面对"强硬"的国外供货商和被动的索赔现状，采购企业发现进口铁矿石质量风险越来越大了。为此，检验检疫部门提醒相关企业，在进口铁矿贸易中需提升自我保护意识，货款不宜一次结清，应谨慎评估供应商的信誉度，依据风险等级预留一定比例货款以争取赔付主动权。同时，在纠纷发生时，采购方也应据理力争，在合同条款中明确以权威机构出具的检验报告作为买卖双方发生质量争议时的评定依据和货款结算依据。

资料来源：徐盛洋，郭俊文.进口铁矿石企业谨慎评估供应商信誉度［N］.中国国门时报，2008-05-12（007）.

思考问题：

（1）企业可以从哪些渠道获得供应商信息？

（2）在选择供应商时，企业应怎样对供应商进行评估？

第五节 供应商信息的收集和验证

获取供应商信息的方式主要有六种：(1)供应商问卷，即供应商填写的自我评价问卷。(2)财务评价。采购方可以从供应商的财务报表、账目以及信用评级机构出具的分析报告中获取供应商的财务状况。(3)检查供应商的认证资格凭证、鉴定证书、质量奖项和政策声明等凭证。(4)获取客户推荐、评价报告、表扬信等材料。(5)工作抽样，即对供应商生产的样品或系列产品进行检验。(6)供应商审核，也称为实地考察或能力调查。这种评价方法需要耗费大量的资源，主要适用于对入围的供应商进行深入调查。

下面详细介绍其中的四种方法。

第一种方法是供应商问卷。买方主动向潜在供应商发送调查问卷，并在调查问卷中向供应商提出一系列评估问题。买方对供应商的回答进行分类、整理、汇总和分析，并根据预先绘制的评分表进行评分。对于特定的产品或过程，可将供应商审核分级为"完全批准""批准""有条件批准""不批准"四种类型。

第二种方法是客户推荐。关于供应商的信息来源之一是咨询其当前或以前的客户。采购方可以要求潜在供应商提供一些客户的联系方式，并尝试联系客户，询问客户与供应商的合作情况；另一种形式是供应商向采购方提供其合作客户写的推荐信和表扬信，采购方联系客户了解更多情况。

客户推荐对供应商评价有很大帮助，采购员可以客观地了解供应商的能力和绩效。在与推荐人沟通时，买方可以提出如供应商的质量、服务水平、创新程度等问题，从而充分了解供应商的情况。

第三种方法是工作抽样。工作抽样是通过检查供应商的产品或服务来评价供应商的质量水平，检验其质量是否真实的重要方法。具体方法有：(1)从供应商处获取产品样品进行质量评估。(2)现场考察时随机抽取生产线上的产品进行质量测评。（3）从供应商处购买少量产品，从而了解供应商所能提供产品和服务的水平。（4）对于提供服务的提供商而言，签订一份小型测试合同并商定试用期，从而测评服务质量。

第四种方法是供应商审核。采购方可以派遣一个跨职能的评估小组到供应商的现场进行考察，并根据评估小组了解到的信息，决定是否与供应商合作。供应商考察通常有以下目的：一是核实供应商在评估问卷中提供的信息是否真实；二是更加详细地了解供应商的设施、人员、设备、过程和产出等；三是采购人员与供应商的工作人员现场接触，有利于日后合作的促成。供应商审核是供应商审计的一个组成部分，用于收集有关供应商生产能力的信息。一般调查以下方面的能力：（1）技术或生产能力，如供应商的技术能力、运营能力、研发能力、质量管理能力等。（2）财务能力，如显示企业效率的财务指标、现金流状况、负债与盈利能力等。（3）商务能力，如客户管理能力、订单管理能力、电子商务运营能力、构建分销渠道能力等。（4）环境能力，如污染防控能力、绿色供应源搜寻能力等。

经过评审后，经正式认可能满足采购方标准和要求的供应商有资格被邀请报价或投标，满足要求的供应商被称为批准供应商。批准供应商可以对项目进行一次性投标，也可以列入被批准的供应商名单。用户部门的采购人员可以根据需要向列表中的供应商采购产品。

第六节　供应商绩效评估

一、供应商管理

供应商管理是采购的一个组成部分，它涉及供应商的选择、协调、绩效评估、潜在开发以及适当的长期合作整个过程。因此，采购方在签订合同后应注意供应商关系的管理和绩效考核。

在合同授予后的供应商关系管理和绩效管理中，采购方可以通过以下六种途径创造更大的附加值：一是降低新经销商的评估和培训成本，降低多供应源搜寻和竞标的成本；二是逐步提升供应商的产品质量水平；三是保持与供应商的良好关系，可能获得当供应商在发生紧急情况时仍可以给予的优惠待遇；四是激励供应商发挥最佳业绩的动力，通过创新创造附加值；五是激发供应商共同投资的意愿；六是定期完善绩效标准，以降低供应失败的风险。

在供应源搜寻、选择供应商、与供应商签订合同后，采购方仍需开展以下工作：一是定期与供应商联系，检查产品供货进度并讨论在供货过程中的问题；二是按照约定的条款和标准对供应商的供应行为进行监督；三是通过沟通交流、激励等方式，尽可能调动供应商的积极性；四是与供应商协力合作，尽可能提高绩效；五是与供应商协作解决纠纷，避免双方利益的损失。

二、激励供应商绩效的措施

对供应商的有效激励可以增强供应商之间的竞争，提高供应商的服务水平，降低公司的采购风险。

对供应商来说，激励分为财务激励和非财务激励，激励措施主要包括以下九种：

（1）按绩效付款或在提前交货时可以提前结款。

（2）设定与奖励挂钩的关键绩效指标。如续签合同、列入批准供应商名单、公开表扬供应商、给予资金奖励等。

（3）分享收入、利润或收益（将节省的成本按一定比例或金额反馈给供应商）。

（4）加大下一次采购额，许诺长期合作协议。

（5）保证最低订货量。

（6）提供创新的机会。如可以向供应商提供创新解决方案的资金支持。

（7）逐年降低产品或服务的最高价格。

（8）支持产品研发，如人员培训或技术共享。

（9）对优秀的供应商表示感谢，给予表扬。

虽然激励行为可以使供应商达到绩效标准，但采购方在实施激励行为时应注意两点。首先，要综合考虑激励行为，不能片面强调绩效。片面的绩效考核可能会鼓励机会主义做法，例如以质量为代价而增加产量或降低成本。其次，奖励必须公平且易于督查，并以双方都同意的方式来衡量，一旦供应商达到标准，就应给予供应商相应的奖励。

激励有积极激励和消极激励两种。积极激励是指对供应商的奖励和回报；消极激励是指对供应商的惩罚。一般对供应商采取以下惩罚措施：一是减少表现不佳供应商的交易量；二是将表现不佳的供应商移出批准供应的商家名单；三是公开表现不佳供应商的等级评分；四是在合同中明确惩罚规则，如果因供应商未按要求履行合同导致采购方损失惨重，采购方可以向供应商提出索赔。消极激励通常是迫使供应商达到最低绩效标准的短期改进措施，不能解决根本问题，反而损害了双方的关系。如果需要长期合作，应采取积极的激励措施。

三、供应商的绩效评估

供应商绩效评估有五个功能：一是帮助识别具有优秀绩效的供应商；二是通过加强供应商关系管理来提高供应商绩效；三是有助于确保供应商能履行合同中的承诺；四是鼓励供应商保持或改善其绩效；五是发现问题及其原因，从而促使供应商提高未来绩效。

四、供应商绩效的测度方法

供应商的绩效测度中包含多个关键因素，对于每个因素，采购商可以提出一系列关键绩效指标。对于普通的供应合同，采购方可参考表1-6中的关键绩效指标测度供应商绩效。

表 1-6　衡量供应商绩效的关键绩效指标

关键因素	关键绩效指标举例
价格	1. 基本采购价格高低（与其他供应商相比） 2. 全生命周期成本大小（与其他供应商相比） 3. 成本降低的绝对值和百分比
质量	1. 不合格品、浪费比例、服务失误率 2. 客户投诉次数 3. 违反质量标准、环境以及企业社会责任等标准的情况
交货情况	1. 迟交、误交或不足额提交发生的频率 2. 准时足量交货的比例
服务	1. 客户经理的能力、态度、合作情况 2. 能否对问询和问题及时处理 3. 能否遵守售后服务协议
财务	1. 能否兑现财务承诺 2. 能否保证质量并如约交货
创新能力	1. 已施行的或协议中计划的创新项目的数量及研发投资金额 2. 是否愿意参加跨企业的创新团队
技术水平	1. 电子化交易的比例 2. 出现技术故障的次数
总体绩效	1. 与其他供应商相比较 2. 对持续改进的承诺

资料来源：英国皇家采购与供应学会. 供应源搜寻［M］. 北京中交协物流人力资源培训中心，译. 北京：机械工业出版社，2014.

五、绩效监控与绩效审核

绩效监控是针对关键绩效指标对进度和绩效水平的审查。绩效审核是对计划期内业绩的审查。但是，大多数采购方仅在签订合同的某些关键阶段进行绩效监控。

审计分为两种，一种是分阶段审计，另一种是项目和合同完成后的审计。前者是指在实施计划还可以调整时提供阶段性审核反馈；后者是指在项目完成后交流反馈意见，从而使采购商和供应商吸取教训，以备将来改进。

获取供应商绩效反馈的方式一般有九种:(1)通过小组讨论、投诉处理、问卷调查和项目评审获得。(2)通过对单据、交易记录和管理报告的观察、测试和分析获得。(3)通过对项目预算进行控制获得。(4)通过正式的绩效审查或评估获得。(5)通过对合同进行管理获得,并按照合同条款进行持续合规监控。(6)采购方和供应商的代表定期开会以核实绩效。(7)按期对进行的项目展开管理获得。(8)聘请顾问监督产品是否符合质量标准。(9)当采购方没有适当的专业知识时,请技术专家监督供应商的绩效。

小案例

让供应商多供煤供好煤的激励措施

2009年11月中旬,一场大雪突袭河北、山西等北方地区。这场雪成为引发2009年11—12月全国性煤荒的导火索。

由于冰天雪地、气温骤降,社会用电量剧增,但发电急需的煤炭不能及时进厂,各地大电厂原本不高的储煤堆变得越来越低。

与其他拥有自备电厂的企业一样,金陵石化也被突如其来的煤荒打乱了生产计划。尽管在10月底前,该公司电煤储量达到25天用量,但在占该公司供煤70%以上的安徽省三大煤矿相继停止省外供煤后,其储量急剧下降。

为缓解煤炭紧张局面,保证主要生产装置不因缺电而停产,该公司煤炭采购人员、物流部门负责人、公司领导先后多次前往安徽煤矿,与矿方沟通协调,希望对方能确保发煤量,但均因地方政府的煤炭紧急措施所限,收效甚微。12月,金陵石化来自安徽煤矿的煤炭仅为月计划的10%。当月,该公司电煤储量一度下降到仅够用5天的历史最低库存。

在严峻形势下,金陵石化一方面加大对秦皇岛港、芜湖港等煤炭水运中转地的关注,及时采购水路煤补充煤炭库存;另一方面,他们提前启动2010年度煤炭供应框架协议签约工作,运用经济杠杆,提高供应商的供应量。公司在进一步完善原框架协议条件基础上,调整采购合同中硫含量及热值封顶加扣款标准,增加合同价加激励机制的条款,并对铁路、水路、海进江来煤分别根据市场情况定价,鼓励供应商多供煤、供好煤。

新条款大大调动了供应商积极性,来自这些供应商组织的煤炭自12月起成倍增加,源源不断运往金陵石化煤堆场。公司2009年底统计数据显示,在鼓励超计划供煤措施激励下,金陵石化年度位列前三名的组采煤炭供应商超计划供煤分别达到243%、57%、16%,有效弥补了煤炭停供的缺口。

2010年1月份,这三家供应商供应的煤炭合计达到9.5万吨,创历史新高,为金陵石化储煤量重新跃上20天库存量、确保春节期间主业生产平稳奠定了基础。

资料来源:黄律己.激励:让供应商多供煤供好煤[N].中国石化报,2010-03-04(006).

六、评定供应商等级

供应商等级评定是根据双方商定的供应商等级评定标准衡量供应商绩效的一种手段,通常包含三个因素:一是价格,如资本价值、市场价格、竞争价格、盈利能力等;二是质量,如不良品的数量或比例、质量保证程序等;三是交货,如准时交货的比例、交货提前期的延长或缩短等。其他可衡量的因素包括售后服务、合同管理的效率和准确性、联系和沟通的质量、对紧急或异常要求的响应能力等。

供应商等级评定的常用方法有供应商绩效评定表和要素评级法。供应商绩效评定表是关键绩效要素的检查表,将供应商评估为良好、满意或不满意(如表1-7所示)。这种方法易于实现,但相对较为主观。

表 1-7 供应商等级评定表

供应商：		日期：	
部门总评	良好	满意	不满意
采购部门			
接收部门			
财务部门			
技术部门			
质量部门			

绩效要素			
采购部门	良好	满意	不满意
按期交付			
按价交付			
价格具有竞争力			
及时准确提供相关常规文档			
不以独家货源地位自恃			
不要求特别关照			
及时提供价格、产品目录以及信息技术			
索取特殊信息时能及时提供			
会向我们提示潜在的问题			
劳资关系和谐			
交付时一次完成不留尾巴			
遇到退货后及时补发			
对我方条款从无异议			
信守承诺			
真诚服务			

■ 采购寻源基础

接收部门		良好	满意	不满意
	按照要求路线送货			
	送货服务水平良好			
	包装完善			
财务部门				
	发票准确无误			
	财务方面不要求特别照顾			
技术部门				
	加工产品的可靠性记录			
	有承担复杂工作的技术能力			
	愿意为隐藏的不足承担责任			
质量部门				
	物资质量			
	提供证明书、质保书等			
	以实际行动改正问题			

资料来源：英国皇家采购与供应学会.供应源搜寻［M］.北京中交协物流人力资源培训中心,译.北京：机械工业出版社,2014.

要素评级法是对每个关键绩效评估要素评分,从而对供应商绩效进行总体打分。如图1-2所示,在这个范例中总分是1,供应商得分为0.880。采购方可以通过比较每个供应商最后得出的分数选择供应商。采购方也可以通过同一个供应商以往几年的分数,判断供应商的绩效较前期是提高还是降低。

然而,供应商绩效评定表和要素评级法均不能完全解释供应商绩效低下的原因。因此,应将供应商等级评定纳入绩效管理过程。绩效管理过程包括制定计划、前期铺垫、行动监控反馈、流程再造、行动监控反馈、结束六个环节。

绩效要素	权重	评分	供应商得分
价格	0.4	0.90	0.360
质量	0.4	0.95	0.380
交货	0.2	0.70	0.140
总评	1.0		0.880

图1-2 要素评级法分析图

资料来源：英国皇家采购与供应学会.供应源搜寻[M].北京中交协物流人力资源培训中心，译.北京：机械工业出版社，2014.

供应商"绩效记分卡"逐渐让位于更加完整的供应商绩效管理体系。供应商绩效管理体系是使用信息通信技术（information and communications technology, ICT）软件包实现以下功能：一是实时查看所有产品和供应商；二是基于供应商绩效的数据进行供应商评估；三是当供应商绩效偏离关键绩效指标要求时，系统发出警告；四是及时与供应商就绩效问题进行沟通。

第七节 实 践 指 导

一、实践任务

通过本章学习，引导学生了解供应源搜寻的基本概念和供应商绩效管理的基本含义，要求学生掌握供应源的搜寻过程，并尝试运用实践案例分析供应商评估的方法和作用。收集有关案例资料，借助案例分析法加强对供应源搜寻的认识，从而更好地实现课程教学目标。

二、实践步骤

（1）分组讨论并交流，找出分析案例中的关键问题。
（2）确定是否还需查找与已找出关键问题相关的背景资料。
（3）筛选并优化分析此案例的答题思路。
（4）明确构成小组分析逻辑的依据，并展开进一步的逻辑整理。
（5）小组形成文字报告并汇报。

三、实践要求

（1）彻底读懂案例——当小组分发到一篇案例时，成员需要对案例进行反复阅读，对案例中的重要信息尝试消化理解。在阅读的过程中，对案例中的背景资料、主要事实、面临的难题及难点、重要论点、重要结论和针对性的对策建议等内容进行一一记录，以方便下一个步骤的进行。

（2）分组交流讨论，大胆提出自己对问题的看法——对案例中的主要角色所面临的问题进行分析，尝试对案例所给的背景资料进行仔细阅读、筛选分类，归纳总结，若需要引证资料来佐证个人观点，可以依靠电子资料、图书馆实体资料等，获取相关领域的多方面知识，保证分析的正确性。

（3）全面并正确概括问题——在对案例进行认真分析之后，小组尝试根据案例的相关资料找出问题的症结所在，并对需要解决的问题进行正确概括，注意概括问题的逻辑性与针对性。

（4）撰写的分析报告——报告中对资料的分析运用要求准确，以所学理论为指导分析资料；资料分析要求全面充实，紧扣主题，结构合理，层次清楚，中心突出。除此之外，提交的报告要注意格式规范，用词准确，表达通顺。

四、实践内容

A公司对四家原材料供应商进行考评。公司按照以下标准来评价（各项指标所占比重，以百分制计算）：合格率40%，价格状况30%，管理体系30%。

各供应商的各项指标得分情况如下表所示：

供应商	价格（元）	提供的原材料数量（件）	符合标准的原材料数量（件）	管理体系得分
甲	80	100	95	85
乙	95	100	86	90
丙	80	100	93	73
丁	85	100	97	100

评价结果大于等于90分的为优秀供应商，80～89分之间的为合格供应商，60～79分之间的为不合格供应商，将直接解除合同。

思考问题：

（1）请计算各供应商绩效得分。

（2）A公司因其他原因，需要减少一家供应商，它应该与哪家供应商解除合同？请说明理由。

五、实践范例

绿色供应商网络（Green Suppliers Network, GSN）计划是由美国商务部牵头组织、美国环境保护署与国家标准与技术研究院共同提出的制造合作计划。该计划致力于帮助生产商在减少环境污染的同时提升自身竞争力。

GSN计划的实施，改变了企业长期采用传统技术导致环境污染加剧的现状，同时加强了制造企业和公用事业公司之间的联系，由此促进了供应商改进制造工艺、公用事业公司降低成本和更加有效地利用物资原料。

目前，美国有30家供应商和大型企业参与了GSN计划。其中，美国电力公司（AEP）作为第一家参与该计划的公用电力事业公司，承诺为供应商提供尽可能多的有效资源，督促其中主要的五家供应商在一年内完成GSN的技术评估，为每家供应商确定其成本效益改进流程，帮助其制定消除污染的战略和完成GSN的改进建议。同时，AEP还制定了相应的措施，对完成GSN评估并执行GSN建议的供应商给予奖励。为此，AEP的组织体系中增加了可持续供应商发展经理这一层级，专职负责供应商的管理工作，从而提高了与供应商之间的协调效率。

AEP负责服务管理的副总裁认为："供应商是企业的重要利益相关者，帮助供应商提高可持续发展能力的同时，也能帮助企业实现环保以及持续发展的目标。邀请供应商加入GSN计划，将有助于他们提高生产力、生产效率，并变得更加环保。"为此，AEP通过参与GSN计划，在物资管理体系中延长了管理链条，增加供应商管理环节，并帮助供应商提高技术水平。

通过执行和完成GSN的建议项目，AEP可以大幅度节省开支。据统计，迄今为止，GSN所设定的总计49项技术评估项目将为计划参与者每年节省将近270万美元成本。

概括而言，通过支持供应商和技术评估，提高企业设备入口的技术层级，实现成本降低和设备利用水平提高的目标，为企业的可持续发展提供了有力保障。

资料来源：李春光.GSN计划和供应商评估［N］.国家电网报，2009-07-07（008）.

思考问题：

（1）论述利益相关者参与规格拟定和供应源搜寻的途径。

（2）供应商评估有什么作用？供应商评估的步骤是什么？

前沿研究

在供应源搜寻过程中选择合适的供应商是较为关键的一个环节。随着经济的发展，购买者和供应者从对抗双方转变为战略合作伙伴，两者之间相互信任，形成了一种紧密的关系。

供应商管理是充分了解供应商的优缺点、了解调控流程、加快供应商优化的有效方式，同时也是降低运营风险、确保供应商能够持续供应的有效保证。

供应商的开发、审核、选择和绩效是供应商管理的重点。这些内容直接影响到成本，也是企业选择供应商的核心。同时，对供应商来说，这也是自身的核心竞争力。

供应商管理的一个重要环节就是供应商选择，这会影响到企业的成本、后期的利益以及竞争力的提高。选择合适的供应商是采购工作当中一项非常重要的工作，其重要性主要表现在以下五个方面：（1）供应商的交货数量必须与合同相符。（2）供应商交货的质量须与合同要求相符。如果供应商交的货质量不高，则直接影响到企业是否会因为原料的耽误而造成停工。（3）供应商交货的及时率。如果供应商交货不及时，则企业不能确保准时生产和交货。（4）供应商的诚信程度。如果供应商不按照合同履行承诺，做出有悖于诚信的行为，将使企业受到损失，信誉度下降。（5）与供应商之间的协作关系。

如今，全球经济快速发展，很多企业了解到供应商管理的重要意义，企业通过选取最佳的供应商，使企业的产品数量和质量得到良好的保障，同时也降低了企业的运营成本，企业可以有更多的精力投入自身企业的核心业务中去。

案例分析

2006年的欧洲领导论坛上，英国石油（BP）的一位副总裁在介绍该公司的供应商管理经验时说："战略采购项目选择合适的供应商会使供应商绩效提高；但若缺乏持续的绩效管理或绩效管理不得力，绩效随后会逐渐下降。"

是什么原因导致上述现象的产生呢？

■ 采购寻源基础

不同的行业、公司，战略采购的概念不一定相同。像 BP 这样的大公司，采购额动辄成千上亿美元，传统上实行分散采购管理的模式不能直接套用在该公司的采购行为中。

战略采购往往是集中各部门、分部的采购量，统一选择供应商，以取得更好的价格、交货与其他合同条款；其往往是以项目的方式进行，由专门的人员筛选供应商，谈判、签订合同，然后再转交给公司内的具体用户执行合同。

战略采购项目刚完成时，当选供应商的价格、总体绩效当然是最好的，因为只有综合绩效最好的供应商符合当选条件。但是，像 BP 这样的大公司，各分部、部门在执行合同、管理供应商时，缺乏统一的系统和方法，所以在管理上产生了脱节的问题。

例如：如何保证供应商提供的价格一直是最优惠的？由哪个职能部门负责市场研究，调查其他供应商的供货价格？一个大型企业，采购物品品类众多，应选择哪些产品类别进行定期市场价格分析？如何分析？如何与供应商再谈判？由谁来做？这些都需要引起相关部门高度关注。但是，若缺乏相关部门系统地管理这些问题，对供应商的绩效进行考核，这些问题可能会成为绩效管理不力的诱因。

所以，持久的供应商管理才是保证持久绩效的关键。供应商管理的一般流程——供应商现状分析、确定供应商绩效标准（价格、质量、交货、服务等）、定期反馈（定期评估绩效、例会）、纠偏措施（供应商开发、寻找新供应商等）是需要大型企业高度重视的。在这个过程中，制定合适的绩效指标，持续搜集数据，定期评估指标，就成了供应商管理不可或缺的一部分。

资料来源：刘宝红.绩效管理：战略采购成果持久的关键[N].现代物流报，2017-05-10（A06）.

思考问题：

（1）持久的供应商管理需要考虑哪些方面？

（2）小组尝试为 B 公司设计一套供应商管理的考核指标。

练习与思考

一、名词解释

1. 供应商资格预审

2. 供应商管理

3. 供应商评估

4. 供应商激励

二、单项选择题

1. 下列采购过程属于合同授予前的是（　　）。

   A. 催货　　　　　　　　　　　　　B. 付款

   C. 合同与供应商管理　　　　　　　D. 接受和评估报价

2. 下列关于战略层面供应源搜寻说法正确的是（　　）。

   A. 需求和规格都很清晰

   B. 所形成的是短期决策

   C. 着眼于满足具体确切的要求

   D. 事关高利润、高风险或低利润、高风险的顶层、长期的决策

3. 向供应商再次采购已经采购过的物品的采购类型是（　　）。

   A. 直接的再次采购　　　　　　　　B. 修正后的再次采购

   C. 新的采购　　　　　　　　　　　D. 旧的采购

4. 帕累托原理可以解读为：（　　）的支出、风险或价值来自（　　）的供应商或供应品。

   A. 80%；20%　　　　　　　　　　　B. 20%；80%

   C. 70%；30%　　　　　　　　　　　D. 30%；70%

5. 帕累托原理是（　　）。

   A. 90/10 法则　　　　　　　　　　B. 80/20 法则

   C. 60/40 法则　　　　　　　　　　D. 70/30 法则

三、多项选择题

1. 下列属于合同授予前阶段的是（　　）。
   A. 识别需求　　　　　　　　　　B. 定义需求
   C. 市场调查研究　　　　　　　　D. 评估和选择供应商
   E. 催款、付款

2. 下列关于战略层面供应源搜寻说法错误的是（　　）。
   A. 决策层级较低
   B. 主要是低利润、低风险、例行性的采购
   C. 形成的是短期决策
   D. 需求和规格都很明晰
   E. 形成的是可持续的长期、高层决策

3. 供应商搜寻基本通用模型包括（　　）。
   A. 识别需求　　　　　　　　　　B. 拟定供应源搜寻计划
   C. 市场分析　　　　　　　　　　D. 供应商资格预审
   E. 供应商报价和选择的评估

4. 潜在供应商信息来源有（　　）。
   A. 正式的信息索取函　　　　　　B. 潜在供应商的市场宣传活动
   C. 互联网查询　　　　　　　　　D. 在线商品交易所
   E. 采购方的供应商数据库

5. 供应商信息的获得途径包括（　　）。
   A. 自我评估问卷　　　　　　　　B. 财务评估
   C. 检查供应商的认证、鉴定书　　D. 他人的推荐材料

四、简答题

1. 试述战略供应源搜寻与战术供应源搜寻的区别。
2. 潜在供应商的信息来源有哪些？

五、论述题

CIPS 建议的供应商评估的四个阶段分别是什么？

第二章

供应源搜寻战略

学习目标

- 了解单供应源搜寻、双供应源搜寻以及多供应源搜寻的基本概念
- 熟知企业外包的优点和缺点
- 掌握供应源垄断形成的基本条件
- 掌握企业内部交易的主要目标

基本概念

单供应源搜寻；多供应源搜寻；招标；调拨定价

第一节 供应商数量优化

根据为特定采购者提供产品和服务的供应商类型不同，本书将供应商搜寻分为单供应源搜寻、双供应源搜寻、独家供应源搜寻和多供应源搜寻。

一、单供应源搜寻

单供应源搜寻（single sourcing）是供应商选择范围狭小化的极端情

况，即只选择一个供应商发展合作关系或签订独家供应合同。当采购方想要得到供应商的合同承诺、共同投资或其他优惠待遇时，通常会选择这种排他性的方式。

单供应源搜寻可以降低供应风险，保证采购商品的竞争力。采购方通常在以下情况下选择单供应源搜寻：一是总需求量小，不值得拆分订单，否则单位加工成本太高；二是供应商的声誉、质量和价格等优势远远超过竞争对手，因此没有必要寻找其他供应商；三是供货启动成本高，如系统集成等；四是供给有风险或供给物品稀缺，确定一个稳定的供应商可以降低供应风险。

但是，单供应源搜寻是进行供应商搜寻最具风险的方法，当独家供应商出现问题时，采购方就要承担经营亏损的风险。特别是当采购方受独家采购协议约束时，如果供应商不能按时交货，将产生严重的后果，因此采购方必须密切关注独家供应商的财务稳定性、潜在的风险因素以及供应链的风险管理等因素。

补充资料

供应链风险的成因可能与过分仰赖单一供应商有关。当单一供应商遭遇自然灾害、港口罢工、网络攻击、政变等突发而不易预防的事件时，影响极为严重。例如，2011年泰国洪灾对供应链运作造成了极为严重的后果。

二、双供应源搜寻

为了避免上述情况发生，大多数企业会同时寻找两家供应商，这种行为方式被称为双供应源搜寻（dual sourcing），它不仅可以使采购方获得狭窄供应的好处，而且可以避免过度依赖一个供应商引致的风险。

双供应源搜寻和单供应源搜寻可能面临的共同挑战是，由于采购方与供应商之间的长期协议，供应商对于提供的商品失去继续创新和改进的动力。为了防止这种情况发生并确保供应商履行其承诺，采购方应实施有效的绩效管理措施和持续改进计划。

三、伙伴式供应源搜寻

单供应源搜寻或双供应源搜寻有两个共同关注点：一是使采购方专注于与选定的供应商建立深入合作的关系；二是要求采购方与选定的供应商建立长期合作伙伴关系，以尽量减少供应风险。单供应源和双供应源搜寻都强调双方的承诺、共同投资的意愿和共同关系的建设，因此也被称为"伙伴式供应源搜寻"（partnership sourcing）。

以下六种情况适合于伙伴式供应源搜寻：（1）采购方需支付给供应商的成本巨大。（2）采购方需要承担高采购风险。（3）采购方采购的产品技术的复杂性高，需要供应商提供先进的技术支持。（4）供给产品工艺复杂，需要花费大量的时间、精力和资源。（5）供应市场瞬息万变，采购方需要及时了解有关市场在技术或法律方面的最新变化。（6）供应市场供应商数量有限，需要与重要的供应商建立密切的伙伴关系，以提高供应安全。

伙伴式供应源搜寻的主要特点包括：（1）合作伙伴的文化兼容。（2）客户与供应商高度互信，双方愿意分享知识甚至相关数据。（3）双方都认同供应链双赢的理念，共同创造商业价值、创造竞争优势，互利共赢。（4）双方在知识、资源或其他领域合作互补，为双方带来更多价值。（5）双方有明确且合理的绩效目标来评价供应链绩效。（6）双方组建跨职能团队，提高协调合作能力。（7）双方愿意采用质量管理理念规范采购行为，实现采购产品质量提升与供应链全过程持续优化的目的。

伙伴式供应源搜寻对于采购方而言的优点和缺点可以总结如下（如表2-1所示）。

表 2-1　采购方选择伙伴式供应源搜寻的优点和缺点

对于采购方而言的优点	对于采购方而言的缺点
供应量和供应价格的稳定性提高	若供应商无改良供给意愿，导致产品的成本和质量面临风险
分担风险和投资	更换供应商的灵活度降低
供应商反应更快、更积极	保密风险和知识产权风险
协作降低成本，节省成本	绑定不匹配或不够灵活的供应商
引进供应商专业技术、专业知识	在公共采购领域可能受到监管限制
有利于规划销售量和提高仓储效率	在供应市场发生变化和出现新的机会时无法做出新的选择
有利于制定长期的改进计划	增加关系管理成本
有利于注重关系管理	相互依赖可能导致合作缺少灵活性，导致较高的决策成本

伙伴式供应源搜寻对于供应商而言的优点和缺点可以总结如下（如表 2-2 所示）。

表 2-2　供应商选择伙伴式供应源搜寻的优点和缺点

对于供应商而言的优点	对于供应商而言的缺点
有利于投资业务的发展	可能绑定不匹配或不够灵活的客户
有助于改善产品服务	收入和风险的分担可能不公平
有利于提前规划产能、提高效率	存在滥用客户信息的风险
有利于和采购方共同分担成本和风险	增加关系管理的费用
有利于提高生产效率、降低生产成本	对客户的依赖可能丧失灵活性
有利于参考采购方的专业技术和专业知识	在公共采购领域受到监管限制，带来决策困难
有利于注重关系管理	在供应市场发生变化时无法做出新的选择

四、独家供应源搜寻

独家供应源搜寻（sole sourcing）不同于单供应源搜寻，独家供应源搜寻只能在供应市场中找到一家供应商进行采购。唯一一家供应商独占相关市场的市场结构被称为垄断。

垄断供应商的形成有三个条件：（1）产品或服务供应市场只有一个供应商。它可以是一个单一的企业或一个共同控制供应的生产集团，如石油输出国组织（欧佩克）。（2）供给市场准入门槛很高，导致其他竞争对手无法进入。如企业的启动成本很高，独家拥有版权、设计、专利、专有技术或工艺的专有所有权，生产者垄断了供应源或分销渠道。（3）供应商提供的产品或服务没有类似的替代品。在具备上述三个条件时，垄断企业基本可以控制供应，拥有决定商品市场价格的绝对权力，成为价格制定者。

当采购方需要向独家供应源进行采购时，应注意以下问题：

首先，对于采购方来说，主要关注的是供应商在垄断供应市场上的绝对权力，因为采购方不能将自己的业务转让给他人，所以垄断经营者对交易条款有绝对的控制权。

其次，在供应商垄断市场的情况下，由于小型采购业务对大型供应商的影响可能微乎其微，采购价格通常较高，因此采购方不能对供应方施加压力以降低价格或要求其提高产品质量和服务水平。

此外，垄断供应商按照采购方的要求提供产品的意愿不强。采购方不能按照其要求的规格定制产品，甚至在定制或创新方面没有选择，这对于采购方在高度专业化或快速变化的市场中获得竞争优势来说是一个严重的问题。但如果定制化产品能给垄断供应商带来更高的利润，垄断供应商就会利用资源进行定制化且具有灵活性和创新性的生产。

 想一想：

许多企业对某些重要原材料过于依赖独家供应商，导致供应商往往能左右采购价格，对采购方施加极大的影响或压力。这样，采购方就落入供应商垄断供货的控制之中。请想一想：哪些措施可以应对这种情况？（小提示：全球采购、增强相互的依赖程度、协商长期合作等）

五、多供应源搜寻

当供应商基础中的供应商数量太少时，采购方可能面临以下潜在风险：一是过度依赖少数供应商，当供应商无法供货时，采购方无法解决，如供应商出现财务或声誉危机而导致采购失败；二是导致供应中断，如罢工、技术或者自然灾害等问题的产生将导致供应中断；三是首选供应商失去自我完善能力，不再具有竞争价值优势；四是被长期合作关系"绑架"，即使发现供应商业绩低下时，采购方也无法淘汰供应商；五是失去与新的有竞争力的供应商合作的机会。

多供应源搜寻（multiple sourcing）是指利用更多通过资格预审和审批的潜在供应商来满足采购方对任何类型采购的需求，从而有效控制供应风险。

多供应源搜寻方法具有以下三个优点：一是当供应短缺或中断、需求不可预测或供应商破产时，企业还有许多稳定且被认可的供应商作为替代；二是当采购方和供应商的环境发生变化时，采购方仍然可以获得良好的价格、交易条件等；三是有利于保持供应商基础的竞争力，促进供应商之间的公平竞争。

多供应源搜寻同时存在以下三个缺点：一是产生高采购成本，使采购方的交易和管理成本更高；二是错失与少数供应商形成紧密合作的机会；三是造成浪费现象，如保留了较多不能满足企业需求或很少接洽的供应商，或是不同供应商提供的产品不一致，造成库存产品数量增加而形成浪费。

六、供应商数量优化

供应商数量优化是指确定采购组织中供应商的理想数量。强有力的合作供应商关系可以使采购者专注于与少数发达可靠的供应伙伴进行磋商。供应商数量优化可以给企业带来以下好处：一是避免多供应源搜寻带来的效率低下的弊端；二是与优秀的供应商建立更密切、更长期的合作业务关系，以获得潜在利益；三是保证有足够的、经过审批的供应商，防止供应失败、短缺或其他供应风险，从而保证供应安全。

供应商数量优化的目的是充分利用企业的购买力，以最优供应商数量获得最有竞争力的价格和最优质的产品，保证供应安全。为了使供应商基础得到最大限度的优化，采购方应当对现有供应商进行绩效、成本、服务、质量、业务和建立更密切关系的潜力等方面的评估，制定资质合格的供应商名单，淘汰不必要的供应商。

补充资料

一项企业风险调查报告显示，企业最忧虑的前三项风险依次是：资讯网络与通信系统的中断、恶劣天候、外包厂商未能践约。资讯网络与通信系统的中断为第一要素，凸显出现今供应链的运作对资讯和通信系统的准确性、及时性的依赖。一旦后者出现超载、中断、受扰等情况，则前者的商流、物流、资金流都将承受无法补救的损害。

第二节　供应源搜寻战略

当采购方确定供应商选择范围后，就需要进一步对供应源进行优化选择。

一、自制和外购

"自制"是指采购方只购买原材料就能生产出全部产品或开发出自己的服务，最终产品的价值几乎全部来自采购商企业内部的交易。"外购"是指采购方所需的绝大多数产品都是从外部供应商或分包商处购入，最终产品的价值几乎都是由外部供应商提供的。

采用自制还是外购取决于以下五个因素：（1）采购的产品（如半成品）和服务（如采购物流服务）对于总生产成本的影响大小。（2）自制产品的竞争力和生产能力、产品购买和加购的难度，以及未来继续收购的可能。（3）合适的外部供应商是否存在。若缺乏合适的外部供应商，企业将不得不通过自制供给产品。（4）企业的资源、知识和技能的储备是否充足。（5）将关键活动和相关知识产权、质量控制和信誉资产的控制权转移给外部供应商的风险是否可以承担。

 想一想：

企业在进行自制或外购决策时，通常面临什么情况？是否都属于短期经营决策？

答：通常面临以下三种情况：一是企业有剩余生产能力，且剩余生产能力无法转移；二是企业有剩余生产能力，但剩余生产能力可以转移，如对外出租或用于其他产品的生产；三是如果自制产品，企业需添加新的固定资产。

在第一、二种情况下，由于自制产品不涉及固定资产投资，无论自制还是外购对企业的影响都是短期的，因此在这两种情况下的自制或外购决策显然属于短期经营决策。在第三种情况下，由于需要进行固定资产投资，会对企业未来相当长时期的生产经营活动产生影响，因此属于长期投资决策。

目前，采购方对核心竞争力的关注导致大量企业选择外包或分包等形式进行供应源搜寻，如维修、企业接洽、仓储运输、员工招聘、培训等辅助职能，甚至包括销售、客服等核心职能。

二、企业内部交易

企业内部交易（intra-company trading）是指企业内部各部门之间的业

务往来。大型企业或集团中的公司、部门或战略业务单位可以向集团中的另一家公司提供产品或服务。

一般来说,企业内部交易主要有四个目的:一是充分发挥供应商子部门的生产能力,当外部订单不足时维持企业的正常生产经营;二是在经济衰退和外部订单短缺的情况下,帮助供应商实体分担固定成本;三是确保供应商实体的盈利能力;四是确保集团整体的盈利能力。

企业内部交易一般有两种方式:一是企业内部制定交易政策规定,不考虑价格和其他因素,规定某些商品必须从内部供应商处采购;二是对内部供应商和外部供应商的报价进行共同评估,平等竞争,将订单交给能够实现价值最优化的供应商。

企业内部交易的主要风险可能来自内部供应的竞争力低于外部供应的竞争力。采购人员的目标是为企业实现价值最优化的采购,当集团内部的一家公司能够满足其需求时,内部购买可以实现价值最优化,但当内部公司不能满足采购需求,而要求必须进行内部采购时,采购人员会做出非最优决策,从而导致内部供应商无法提供价值最优化的产品且与外部供应市场产生疏远。

补充资料

××××集团内部交易管理实施办法(举例)

1. 目的

(1)规范集团内部交易行为,整合集团资源,发挥各部门协作作用,降低不经济行为。

(2)确定内部交易产品范围、商品定价、交易核算办法,提供业绩评价及考核依据。

2. 适用范围

××××集团全资子公司、控股子公司。

3. 职责

3.1 ××××财务部收集、核算和报告内部交易情况。

3.2 各主体根据本实施办法履行相关义务。

3.3 集团总裁确认各部门间内部交易是否可行。

4. 内容

4.1 内部交易定义

本办法所称内部交易是指发生在××××集团内部各核算主体之间的资源使用和被使用的经济行为，具体的交易类型见4.4所述。

4.2 内部交易实施原则

4.2.1 内部优先原则

为了提升集团内部资源的利用效率和各主体协同效应，各核算主体应优先考虑购买集团内部其他核算主体的产品或服务。

4.2.2 经济和竞争原则

为了促进各核算主体降低成本，提高服务质量，集团总部鼓励各核算主体之间进行内部交易但并不限制集团内各核算主体向外单位购买价廉物美的产品或优质的服务，但如果涉及金额较大（暂定为年采购额五万元或每次采购额两万元以上的交易），则应由总经理室决定是否采购。

4.2.3 内部投诉和积极改善原则

提供产品或劳务的核算主体应该以市场的眼光对待集团内部交易，如果造成违约或其他有损另一方的行为，商品购买方或劳务接受方有权向总经理室投诉。被投诉的核算主体应积极改善，否则将有相应的处罚。

4.3 内部交易定价原则

集团内部交易定价遵循以下原则：

（1）如果为货物买卖，交易价格每月由财务部提出，交总裁批准；

（2）如果为固定资产转售，交易价格按销售方的账面净值；

（3）如果为提供劳务，交易价格由双方协商，财务部审核，交总裁批准；

（4）如果为房屋、设备、人才租赁，财务管理部提出指导价格，该价格每季度调整一次。

4.4 内部交易类型及核算方法

4.4.1 货物购买和销售（规范该类型内部交易能够使集团整体减少增值税支出）：

事项	货物销售方	货物购买方
结算方式	按月结算，按季考核	
入账金额	账面销售金额＝库存产品发出成本	账面入账成本＝销售方提供的发票
内部交易利润分配	当期内部交易利润＝内部交易协议金额－库存产品发出成本	1. 转销售：当期内部交易费用＝内部交易协议金额－库存产品发出成本 2. 转作固定资产：当期内部交易费用＝（内部交易协议金额－库存产品成本）/摊销年限

4.4.2 不动产或其他资产的购买和销售：

事项	资产销售方	资产购买方
结算方式	按发生时进行结算，按季考核	
入账金额	资产转出价格＝资产账面净值	资产入账价格＝资产账面净值
内部责任利润分配	1. 不动产：当期内部交易利润＝资产转出价格×营业税金及附加率 2. 不动产外的固定资产：不计算内部交易损益 3. 无形资产：资产不转出，当期内部交易利润＝当期摊销额 4. 长期投资：不结算损益	1. 不动产：当期内部交易损失＝（资产入账价格×营业税金及附加率）/预计摊销年限 2. 不动产外的固定资产：不计算内部交易损益 3. 无形资产：资产不转入，当期内部交易费用＝销售方的当期摊销额 4. 长期投资：不结算损益

4.4.3 劳务的提供或取得：劳务的范围主要包括提供代理、广告、客户服务、软件开发及技术咨询服务等。

事项	劳务提供方	劳务取得方
结算方式	按季度结算	
入账金额	不在账面反映	
内部责任利润分配	1. 未形成著作权或专利权：当期内部交易利润＝交易双方协商金额 2. 形成著作权或专利权：当期内部交易利润＝交易双方协商金额＋申请著作权或专利权而产生的费用	1. 未形成著作权或专利权：当期内部交易支出＝交易双方协商金额 2. 形成著作权或专利权：当期内部交易支出同上

4.4.4 房屋、设备以及人才租赁：集团内部各核算主体之间可以相互租赁房屋、设备以及其他核算主体的员工。

事项	出租方	承租方
结算方式	按季度结算	
入账金额	不在账面反映	
内部责任利润分配	当期内部交易责任利润＝按指导价格结算金额	当期内部交易责任支出＝按指导价格结算金额

4.4.5 其他类型的内部交易：除上述四种交易方式外，其他交易类型能否成立内部交易需经集团总经理室确认。

4.4.6 因上述内部交易行为引起的各核算主体之间资金占用按《××××集团银行资金管理规范》中的相关规定执行。如需在交易双方之间进行资金清算的，应于每月月底之前结清所有内部交易引起的资金往来。

4.5 内部交易流程

4.5.1 内部交易由各核算主体之间相互协商，协商达成一致的，双方须签订内部交易确认单，一式三份。内部交易价格按 4.1 的规定执行。内部交易确认单是确认交易双方损益的依据。

4.5.2 上述内部交易确认单由销售方提交给××××财务部审核。

4.5.3 ××××财务部审核完毕后交由集团总经理室审批，审批后由××××财务部交还交易双方各一份内部交易确认单。

4.5.4 ××××财务部根据内部交易确认单调整各核算主体的损益，各核算主体对调整后的损益有疑义的，可以向××××财务部查询。

5. 本办法由××××财务部负责解释。

（资料来源：https://wenku.baidu.com/view/c6a9b8e7d938376baf1ffc4ffe4733687e21fca4.html）

企业应制定明确的内部交易规定，如鼓励使用集团内公司的材料和服务。如果集团下属公司的报价不如竞争对手的报价好，则应给予竞争对手平等竞争的机会；当集团下属企业能满足采购方的需求时，就应该有报价的机会，内部供应商均应与其他供应商平等对待。

调拨价格（transfer price）是指企业内的某一部门向同一企业内的另一个部门收取的内部交易价格。假设一个公司只有一个制造部门和一个销售部门，制造部门生产的产品根据协议的调拨价格划拨给销售部门，这个价格就是制造部门的收入和销售部门的部分成本。

调拨价格是一种内部的价格机制，但从会计和绩效评估角度看，这两个部门均为利润中心。调拨价格的高低对调出部门和接收部门的利润均有显著影响。如当调拨价格很高时，调出部门的利润会很高，而接收部门的利润会被高昂的采购成本所削减。

想一想：

通过课外书籍、多媒体资源等渠道，搜索跨国公司通过调拨价格规避关税的案例，并对案例作简要评述。

企业在制定调拨价格时，主要考虑三个因素：（1）目标的一致性。一般来说，管理会计制度和制定调拨价格政策责任部门有责任考虑集团整体利益的一致性，不能为个别单位的利益作出次优决策。（2）绩效测量。调拨定价机制能够合理反映战略业务部门管理绩效高低。(3)保持部门的自主性。调拨定价不应削弱战略业务部门的盈利能力,应通过独立管理提高集团的灵活性和响应速度。

调拨价格的设定需要注意以下两点:首先,当供应部门能够在公开市场上销售其所有产品,采购部门能够在公开市场上满足其所有需求时,这个市场被称为完全竞争市场。当中间产品在完全竞争市场买卖时,市场价格是最佳调拨价格。用市场价格记录内部交易绩效,可以更好地反映其对公司利润总额的实际经济贡献。当供应部门不存在时,中间产品必须按现行市场价格从公开市场购买。当接收部门不存在时,中间产品必须按现行市场价格在公开市场销售。其次,当企业内部产能过剩,即外部对商品的需求能够得到充分满足,企业有剩余产能生产更多商品时,最佳的调拨价格是供应部门的边际成本,即为了供内部消费而制造的额外商品的成本。

但是,需要特别注意的是,使用边际成本价格调拨产品对于供应部门是不公平的,因为没有利润空间。为了公平对待供应部门,有三种定价方法可供选择:(1)成本加成定价法(cost-plus pricing),即以边际成本或总成本加上价格涨幅构成调拨价格。但是这种方法往往引起加价高低的争议,不利于目标的一致性。(2)双重定价(dual pricing),即供应部门以一种调拨价格记账,采购部门以另一种调拨价格记账,中间差额计入母公司的"调整账户"。但这种方法不易控制。(3)两部收费法(two-part tariff),即调拨以边际成本计价,但为了补偿供应部门的固定成本,接收部门需要向其支付固定金额的款项。这种方法相对前两种方法经常受到各部门的欢迎和接受。当供应商的生产能力全部用于内销时,所有的利润贡献只反映在供应商的账本上,这就无法评价接收部门的业绩。但这个问题可以通过两部收费法来解决。

当存在"限制性生产约束"(如销售部门的权力有限或资源稀缺)时,最佳调拨价格是供应部门满足内部客户的边际成本加上影子价格(shadow price)。影子价格是指不能对外销售从而不能为利润作出贡献的机会成本。影子价格可以反映内部供应商为了满足内部需求而放弃外部销售的牺牲。考虑影子价格最终拟定的调拨价格相对而言有助于作出更为公平的评价绩效。

三、外包

外包是指企业动态地配置自身和其他企业的功能和服务,并利用企业外部的资源为企业内部的生产和经营服务。采购方可将组织的非核心业务委托给外部的专业公司,从而实现降低营运成本、提高品质、集中人力资源、提高顾客满意度等目的。

企业从事外包业务,可以参考以下因素:(1)外包决策需要基于明确的目标和可衡量的收益,并需经过缜密的成本效益分析。(2)外包关系是一种长期的合作关系,供应商的绩效将体现在外包企业的声誉上。因此,供应商必须从质量、可靠性、合作意愿、道德和社会责任等方面对供应商进行严格的筛选。(3)企业应与供应商签订明确的合同规定各种风险,包括成本和责任的划分等等。(4)供应商应明确服务水平、标准和关键绩效指标,并得到双方认可,给予适当的奖惩。(5)应根据关键绩效指标和服务水平协议,持续、严格地监控所提供产品和服务的质量。(6)坚持合同和供应商管理,可以保证供应商信守合同并建设性地处理纠纷,防止企业将绩效和声誉的控制权交给承包商。(7)合同评审。从合同履行中评估合同是否应该续签、修改或终止。

外包的优缺点总结如表 2-5 所示。

表2-5 外包的优缺点

优点	缺点
有助于企业合理化调整规模,降低人员费用、设施成本等等	服务成本、管理成本可能提高
将管理、人员以及其他资源集中融入企业的核心活动,提升竞争力	由于监管困难和高成本,难以确保服务质量以及企业社会责任的履行
可以借助承包方的专业知识、技术以及资源	企业有可能失去自己在服务领域中的专长、知识、人脉或技术
获得规模经济的效益	在绩效管理和风险控制方面可能失去控制权
可以施行有竞争力的绩效激励	可能带来机密数据泄露、知识产权归属确认等问题

外包一般只应用于：非核心竞争力活动；外部承包商能够从事的工作和活动；通过外包可以为企业带来更多获取资金价值的活动。

四、本地供应源搜寻和国际供应源搜寻

当企业确定要采购的产品和服务后，通常都会面临一个问题，就是如何制定供应源搜寻策略。对于采购方而言，首先要明确的就是企业的采购行为是属于"本地供应源搜寻"还是"国际供应源搜寻"。

"本地供应源搜寻"（local sourcing）是指从容易接近或双方距离很近的供应商处购买商品或服务。"国际供应源搜寻"（international sourcing）是指从海外或其他国家的供应商处购买商品或服务，基本上是产品进口。

本地供应源搜寻有距离短、沟通方便、运输成本低等优点，当出现不可预见的加急订单时更容易处理，能实现准时按需供应，从而减少库存堆积问题的产生。国际供应源搜寻在节约成本和地理产品方面（如矿产和农产品）有很大的优势。表2-6简要总结了两种供应源搜寻战略的优缺点。

表2-6 本地供应源搜寻和国际供应源搜寻的优缺点

本地供应源搜寻的优点	本地供应源搜寻的缺点
为当地社区提供资金、雇用当地员工、培养当地人员的技能等，为声誉和品牌带来社会效益	本地供应源可能难以提供所需的物资、技能和服务
有利于供应商开发和管理合同	与供应商社会关系过于密切可能出现道德和声誉风险
供应商了解当地市场的现状、熟悉当地法规标准	供应商规模较小导致采购成本较高，依赖性问题比较严重
减少运输成本、支付成本和沟通成本等	本地供应源搜寻政策可能导致本地供应商失去进取心
缩短供应链，如可以实现准时制、减小运输对环境造成的影响	可能允许地域歧视

（续表）

国际供应源搜寻的优点	国际供应源搜寻的缺点
供应能力更强	面临汇率风险、货币兑付等问题
获得具有竞争力的价格和节约成本	高昂的查询和交易成本
减少环境和劳工的限制	降低成本和标准会带来合规性和质量风险等问题
可充分利用信息通信系统和物流系统	不同的法律、法规、语言和文化带来的冲突
国际贸易可以促进国际关系的发展	出现政治不稳定等额外风险
	交通运输对于环境的影响

近年来，借助国际供应源搜寻的采购大幅增加，究其原因：一是运输技术的进步缩短了物流的时间，降低了相关的风险；二是随着信息和通信技术的发展，沟通、货物追踪和绩效监控不再受距离的限制；三是贸易壁垒的不断减少促进了货物、投资和服务的流动；四是随着供应源搜寻效率的提高，采购方可以从世界各地寻找成本最低的供应商；五是受国家或地区性供应因素影响，一些商品（特别是原材料和农产品）只在特定国家提供，或由于特殊原因在特定国家供应的效率更高；六是技术标准的统一使采购方能够购买标准化的零部件和相互兼容的系统。上述六点均是国际供应源搜寻快速发展的原因。

除此之外，在采购寻源行为中，既包括"本地供应源搜寻"，也包括"国际供应源搜寻"的行为，可以称为"全球供应源搜寻"（global sourcing），也就是说建立一个国际的供应网络，以灵活、竞争、协调的方式进行采购以满足企业的需求。

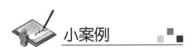
小案例

业务外包，用工责任也"一包了之"？

平台经济创造了大量就业机会，依托互联网平台就业的网约配送员、网约车驾驶员、货车司机等新就业形态劳动者数量大幅增加。

为降低用人成本,以新就业形态名义招揽用工,很多平台企业采用了外包模式,不过有些企业在业务外包的同时把责任也"包"出去了。

"发包公司岂能'一包了之',外包用工亟须规范。"为此,全国人大代表柴闪闪、李丰,上海市人大代表林丽平等建议,进一步规范外包类灵活用工模式,以提升就业质量。

"外包"模式为何受青睐

"我一位朋友想参加沪惠保但是不符合条件。尽管他已在上海工作五六年,公司为其交的社保却在浙江省,而购买沪惠保的条件之一是要求在本地参保。"因朋友的一次求助,柴闪闪关注起外包劳动者的合法权益问题,"我调研发现,原来我那位朋友是被公司以外包形式收用的,相当于外包公司从异地派他到上海承揽业务"。

柴闪闪和李丰代表一起做了一个调查。"我们发现这种情况很多。业务外包作为一种可随市场主体业务调整进度需要'招之即来、挥之即去'的灵活用工模式,被越来越多的用人单位所青睐。"柴闪闪说,对发包方来说,相比传统的劳务派遣用工模式,外包不仅风险最小化,还带来用工及运营成本的大幅降低;对于择业者而言,往往因外包公司入职门槛低而作为初次就业的不得已选择。

资料来源:王海燕.业务外包,用工责任也"一包了之"?[N].解放日报,2022-03-27(006).

思考问题:

(1)在本案例中,采购服务外包应注重哪些方面?

(2)如何使企业进一步规范使用外包类灵活用工模式?

第三节 合作关系的建立

一、采购方与供应商的关系

采购方和供应商之间有多种类型的关系,从疏远到密切的顺序如下:

（1）现场购买（spot buying）：当需求出现时，充分利用现场最合适的条款进行一次性采购。

（2）经常性交易（regular trading）：与一组熟悉且值得信赖的首选供应商进行多次合作。

（3）固定或按需分批发货合同（fixed or call-off contracts）、框架协议或总括订单：与供应商签订一个时间段的供应协议。

（4）单供应源搜寻（single sourcing）：将业务交给体现了高度的信任和承诺的独家首选供应商。

（5）战略联盟（strategic alliance）：采购方与供应商为某一领域的长期共同利益而进行合作，如联合研发新产品。

（6）伙伴关系（partnership）：双方商定在一系列事务上长期密切合作，协作研发和解决过程中的问题。

从根本上讲，合作关系的建立主要取决于以下六种因素：

（1）采购物品的性质和重要性。低价值的、日常性的或一次性的采购不值得耗费巨资展开长期协作，而复杂的、定制化的、高价值的、供应市场不稳定的采购物品才值得投资，以确保对供应品规格、质量以及可获得性的控制权。

（2）供应商的竞争力、能力、合作程度、绩效以及双方互惠行为和相互信任程度，特别是信任是建立更紧密伙伴关系的必要基础。

（3）地理距离。如果缺乏通信基础设施，则采购方很难与海外供应商建立并保持密切的关系。

（4）供应伙伴的兼容性。如果双方的战略目标、价值观等高度不兼容，则跨越这些障碍的成本就会过高。

（5）企业和采购部门的目标以及优先顺序。也就是说，首先应考虑最优价格，还是供应安全与质量、全生命周期的资金价值或通过创新实现的长期增值？

（6）供应市场的状况。当供应有风险时，采购方希望有多个供应源可以询购。当价格波动严重时，采购方为了抓住机会希望现场采购。当市场变化迅速、创新层出不穷时，采购方不希望被长期供货协议绑定。当只有少数供应商的产品质量高、产能大、形象好时，采购方希望与其结成伙伴关系。

二、供应商转换

在现实采购行为中,供应源搜寻经常会面对的一个问题是:采购方是否存在更换供应商的意愿,即淘汰现有供应商,与其他的供应商或新的供应商展开合作?

转换或更换供应商一般有以下四个原因:一是现有供应商的绩效或可靠性存在问题;二是当目前的合同即将到期并将续签时,出现了更具竞争力的供应商;三是新供应商具备旧的供应商所不具备的能力,能够更好地把握新的机遇,如新技术、精益供应等等;四是在低风险、供应充裕、标准化程度高、与供应商关系不太密切、纯粹交易性的采购项目中,采购方很容易利用供应商之间的价格竞争来更换供应商。

采购方应注意供应商转换所引起的变化和成本,特别是在双方关系非常稳定,并且已经基于这种关系开展了项目计划和投资时所产生的"转换成本"。供应商转换所造成的一些成本和风险如表 2-7 所示。

表 2-7 供应商转换的成本和风险

供应商转换的成本	供应商转换的风险
需要识别新的供应商并进行资格审核	新供应商能力不足
需要启动和管理招标过程或其他询价和合同授予过程	流程、文化不兼容。例如:需要与旧的供应商整合系统并根据与对方的具体交易情况进行调整,对事物的理解方式和行为模式差异显著
需要处理旧供应商尚未交付的货品、未结清款项、如提前取消需要支付合同的违约金等	知识的损失。例如:老供应商的质量管控体系文件不齐全,造成新供应商接手的学习成本增加;老供应商处的数据和文本外流
需要改变内部系统和流程以满足新供应商的需求	新供应商和采购方需要经过一定磨合才能完成绩效
需要培训和帮助新供应商熟悉各种系统、程序和要求	可能遇到新的、以前未知的供应风险,如政局不稳、劳工问题、企业社会责任问题、汇率风险、运输风险等
合同的拟定和管理,如在合作关系的早期阶段可能需要密切的监控和联络	新老供应商交接可能出现问题:拿不到设计、文档、在制品等
风险减缓措施和纠正措施所支付的成本	

需要注意的是：虽然转换供应商存在潜在好处，但仍然有诸多弊端。在发展长期供应商合作方面所投入的时间和精力可能会对现有供应商造成心理压力，若当前的供应合作令人满意并经得起考验，采购方可以通过持续改进或创新方案的设计与运用，来提高现有供应商的供货品质和效率。

当确实需要更换供应商时，应注意以下几点：一是应提前向需要续签合同的供应商发出通知，以便采购方与关键利益相关者讨论续签或转换方案；二是提前做好转换计划和风险管理。

三、联合采购

当单靠一个企业自身的需求不足以吸引高质量供应商注意或获得折扣时，采用联合采购最为有利。采购联合体（buying consortium）是由多个不同的企业组成的购买商品或服务的集团。当一组企业认为集中需求能为各方带来利益，如产生更大的合同金额、获得规模经济、有更强的议价能力以保证优惠条件等的时候，会产生采购联合体。

采购联合体与供应商协商时所产生的费用，由采购联合体成员分摊。采购单元可以是其中一个成员单位的采购职能部门，也可以是第三方采购服务组织。采购联合体与供应商之间的关系更可能是交易型关系，因为供应商很难与由不同企业组成的团体发展长期伙伴关系，特别是在采购联合体成员随着时间的推移而不断变化的情况下建立长期关系尤为困难。

公共部门和私营部门都可以使用采购联合体，特别是在公共部门努力实现资金价值最大化的情况下。一些地方政府组成采购联合体，由一个集中采购单元作为代表。联合采购的好处总结如下：

（1）联合采购可以提高议价能力，获得单独采购无法享受的折扣。

（2）联合采购可以建立一个框架协议，简化每个成员的采购行政管理，从而大大降低了交易成本和合同签订成本，特别是在低价值商品的采购中，因为其管理成本与采购价格不成正比。

（3）联合采购的成员可以带来不同的专业技能、知识和关系网络，这对特定类别的采购作用明显。

联合采购也会带来一些成本并存在一些缺点，总结如下：

（1）在联合采购中，沟通和协调、工作人员的发展和政策制定等方面都要花费成本与精力。

（2）联合采购小组成员之间存在透明度问题。为了作出明智的采购决策，采购人员需要充分了解规划、设计和成本的信息，这对于联合采购的一些成员来说可能具有商业或知识产权风险。

（3）联合采购谈判和决策的过程时间长且效率不高，阻碍供应商和采购联合体进行交易。

（4）汇集的需求会产生巨大的订单合同，中小企业无法获得此类业务，有悖于社会可持续性及企业社会责任政策，会抑制供应市场的创新。

（5）联合采购成员没有义务必须按照商定的规格进行采购。

（6）非常大型的联合采购会触犯旨在防止市场主导者滥用其市场支配地位的法律及法规，如采取恶意压价行为。

第四节 合同授予

采购合同的授予形式根据采购类型和企业政策的变化而变化。为了满足特定采购的需求，企业需提前与供应商达成框架协议或签订长期合同。如果双方事先达成协议，采购方只需将需求以采购订单或总括订单的形式通知合同供应商，或根据认可供应商提供的产品或服务目录，安排采购人员在一定数量内进行采购。

当企业只能与一个供应商合作时，企业将与可靠的供应商合作协商首选供应商或独家供应商协议。在这种情况下，采购方可以直接与选定的首选供应商或独家供应商进行合同谈判并授予合同。

企业可以向一个或多个入围的供应商发函"询价"（enquiry），询价的形式可以是报价邀请、信息征询函、提案邀请函等。这些询价函通常包括的内容有：采购人员的详细联系方式、日期、所需货物或服务的数量和描述、所需货物的交货地点和日期、采购方的标准条款和条件等。采购方在发出询价函后会邀请供应商提交投标书和报价。询价可以作为与供应商进行价格等方面谈判的依据和评估竞争的基准，如在竞争性招投标中，最优价值的报价或投标可作为评估竞争优势的依据。

 补充资料

同品牌不同型号参与询价按一家算还是多家算？

"最近我参与一个车辆询价采购项目时，采购人对供应商数量的计算方法让我很迷惑。"某汽车企业大客户项目负责人咨询《政府采购信息》报记者，"18万元内SUV车型项目询价采购，结果同一个品牌的三家经销商用三款不同的车型参与询价，三款车型都符合配备标准。采购人认为三家经销商提供的响应产品是不同型号的，所以应按照三家供应商来计算。那么，同一品牌的三家经销商提供不同型号的产品响应，是按一家还是三家供应商来计算呢？"

对此，记者调研了其他汽车厂商，发现在实践中，确实有类似的汽车采购项目操作，有的甚至是同一品牌同一产品的不同版本参与竞争。例如，同一品牌的三家经销商，A经销商投的是产品的政务版；B经销商投的是产品的豪华版；C经销商投的是舒适版。因为是同一品牌的不同版本，所以采购人按照三家供应商来计算。

那么，采用非招标采购方式，同品牌提供不同型号的供应商，按一家供应商还是按多家供应商来计算呢？相关的法规依据是什么？

"如果上述案例中采用的是公开招标或邀请招标方式，不管提供的是不同型号产品，还是不同版本的产品，只要是同一品牌的供应商，都是按照一个投标人来计算的。"政府采购业界资深专家曹石林表示，财政部对此已有明确的规定。

> 《政府采购货物和服务招标投标管理办法》(财政部令第87号)第三十一条规定:"采用最低评标价法的采购项目,提供相同品牌产品的不同投标人参加同一合同项下投标的,……确定一个参加评标的投标人。……使用综合评分法的采购项目,提供相同品牌产品且通过资格审查、符合性审查的不同投标人参加同一合同项下投标的,按一家投标人计算。"
>
> 资料来源:修霄云.同品牌不同型号参与询价按一家算还是多家算?[N].政府采购信息报,2022-05-23(013).

一、与供应商直接谈判

谈判不仅可以作为达成合同的主要手段,也可以作为投标的辅助手段。采购谈判过程可定义为一个制定计划、审核要点和综合分析的过程,目的是在买方和卖方之间达成可接受的协议。

在合同谈判中,采购方的主要目标包括:(1)为一定数量和质量的商品获得优惠的价格。(2)使供应商按时履行合同。(3)控制合同的履行方式。(4)说服供应商给予采购方最大限度的配合。(5)与实力雄厚的供应商建立合作关系。

在合作中,谈判的目标往往是多方面的,尤其是在与新供应商或潜在供应商的谈判中,因此谈判的目标应按优先顺序分为三个层次:高目标、中目标、低目标。在大多数谈判中,每一方都需要作出一定程度的让步,将谈判目标划分优先等级有助于谈判者确定可以放弃或退让(低优先等级目标)的领域以及没有谈判余地(高优先等级目标)的领域。如果一方的低优先等级目标(容易妥协)恰好是另一方的中优先等级或高优先等级目标(利益所在),双方就会有很大的潜在谈判空间。

与供应商谈判合同条款有两种方式:(1)分配式谈判(distributive bargaining),分配有限的资源,即一方多得意味着另一方就少得,有时这种谈判方式被称为零和博弈或输赢模式。如买方降低价格,供应商的利润就会降低。（2）整合式谈判（integrative bargaining），目的是通过合作解决问题，寻求更可行的解决方案。这种做法的目的是找到一个双方都满意的双赢解决方案，也被称为"增值谈判"（added value negotiating）。这种谈判方式不是为了榨取对方的价值或舍弃己方的利益，而是为了增加交易的价值。

分配式谈判也称"对抗性谈判"，整合式谈判也称"合作性谈判"，其特点对比如表2-3所示。

表2-3 对抗性谈判和合作性谈判的特点

对抗性谈判	合作性谈判
强调以竞相牺牲对方为目标	强调以探讨与对方之间的共性为目标
以对认定对手的保密、信息的保留和不信任为战略基础	以对认定合作伙伴的开放、分享信息和高度信任为战略基础
通常希望谈判结果不实地表达，这样对方就不会知道他的对手真正需要的谈判结果是什么，很少考虑或同情对方的处境	通常希望各方都明确谈判结果，各方都应清楚所谈事宜，谈判各方互相考虑，且同情对方的实际情况
谈判的策略具有很大的不可预见性	为了双方达成共识，谈判策略多样，谈判的战略可预见
谈判各方使用威胁、恐吓甚至最后通牒等手段以防备对手	谈判各方避免使用威胁等手段，并且认为类似手段只会对问题的合理解决起反作用
谈判各方坚持己见，反对对方所提出的合理或不合理的意见	各方均认为谈判应机动、灵活，强调运用创造力和逻辑推理就分歧提出建设性的解决方案
具有敌对性和侵略性，即"我方反对他方"	谈判各方认为对方也在为谈判的成功而努力，并且会低调处理可能存在的某些敌意
一方认为另一方若实现谈判的目的会影响自己的利益，阻挠谈判目的的实现	双方认为只要是对谈判中的一方有利，就是对双方有利，是一种较为健康的合作方式
最基本的谈判态度是"非赢即输"	最基本的态度是努力使双方都能达到各自的目的，即"双赢"的局面
谈判陷入僵局的时候，谈判即可能破裂	谈判陷入僵局时，高层管理人员、调停者或仲裁人可能需要干预以进一步解决问题

资料来源：英国皇家采购与供应学会.供应源搜寻［M］.北京中交协物流人力资源培训中心，译.北京：机械工业出版社，2014.

整合式的供应谈判建立在坚信供应链上的合作能够减少浪费、提高绩效使各方受益的基础上。若执着于某个单一目标，采购方就可能无法进行更有成效的谈判。在双赢或整合式的供应谈判中，采购方可以通过与供应商合作改进质量检验措施来降低双方的质量成本，从而获得预期的利润水平。

二、招标的适用范围

有些企业喜欢采用竞争性招标的方式，从潜在供应商中选择方案最优或价格最低的供应商。表 2-4 给出的指导意见用以判断采购部门是否采用竞争性招标的方式进行采购。

表 2-4 竞争性招标的使用

使用竞争性招标的五条标准	不适合竞争性招标的四种情形
采购价值足够高	无法准确估算生产成本
规格明确，潜在供应商明确履行合同的成本	价格不是合同授予的唯一或最重要的决定因素
市场上有较多潜在的供应商	规格可能会随着合同的进展而变化
潜在供应商具备技术资质，希望获得此项业务	启动成本是需求采购中的主要因素
有充裕的时间完成招标程序	

资料来源：英国皇家采购与供应学会.供应源搜寻［M］.北京中交协物流人力资源培训中心，译.北京：机械工业出版社，2014.

有的企业政策或外部法律法规要求采用竞争性招标。例如，当公共机构的采购超过一定财政支出门槛时，就被强制要求采用竞争性招标。

竞争性招标对于采购方来说有三项优点：一是保证公平，形成供应商之间的真正竞争；二是确保采购决策按照成本和资金价值的原则进行；三是鼓励大量供应商参与招标（特别是公开招标或广告招标），鼓励创造性的解决方案。

但竞争性招标也存在一些不足，特别是在公开招标过程中：一是竞争可能会使非常合适的潜在投标者"望而生畏";二是如果对投标人的资格预审不充分,可能会导致程序后期出现运营风险;三是竞争性招标基本是以最低价格为中标基础的,这种竞争可能导致一些重要指标被忽视,如确保质量的稳定性要求,且最低价格的投标可能不会带来长期的价值增值;四是竞争性招标可能给采购方带来沉重的行政管理负担;五是合同授予可能是一次性的,因此供应商和采购方进行长期合作的意愿不强。换言之,竞争性招标使供应商以最高标准提供产品的动力不足,深化采购方和供应商之间合作关系的难度也较高。

三、招标的分类

招标的具体形式有多种,下面简要介绍四种招标形式:

(1)公开招标(open procedures),是指通过公开的逆向电子拍卖等多种大范围广告的方式邀请所有潜在投标方进行竞价。企业按照招标书及相关招标文件的要求对所有投标进行评审,并严格按照竞争性标准(如最低价格或最佳价值)授予合同。

(2)选择性或限制性招标(selective or restricted procedures),此招标形式要求在投标前对响应招标广告的潜在供应商进行资格预审。例如,资格预审问卷通常用于审查供应商的技术能力和财务状况。一般选择3~10家供应商参与投标。

(3)限制性公开招标(restricted open procedures),是指在有限定的媒体上(如相关技术刊物和行业网站)发布招标广告公开邀请潜在供应商参与合同竞争,这种招标方法在一定程度上起到了资格预审的作用。

(4)谈判招标(negotiated procedures),是指选择少数供应商与采购方直接谈判。在谈判程序的最后,采购方对每个供应商提交的最终报价进行竞争性评估和比较,从中选择最佳报价。这种方法类似于与供应商直接谈判,但在谈判阶段后增加了直接竞标环节。

招标形式有很多种,但当采购方有选择权时,通常采用选择性招标,原因如下:一是与公开招标和谈判招标相比,选择性招标更能为采购方和供应商节省时间和金钱；二是与公开招标相比，通过资格预审进行的选择性招标降低了供应商后期出现技术能力或生产能力问题的可能性；三是直接淘汰了没有机会的供应商，节省了其精力和金钱。

四、潜在投标方的资格预审

根据既定标准对潜在投标方进行资格预审，可以系统地排除由于以下原因不应进入后续招标过程的供应商：一是不具备近期从事相关种类工作的经验；二是不具备完成工作所需的稳定财务或经济资源；三是不具备成功完成工作所需的人力或管理资源；四是不具备必要的技术、设施或能力，如设计能力、质量或风险管理能力、逆向物流能力等；五是严重依赖分包，但不具备有效管理供应链的能力；六是风险太高，如曾犯有欺诈罪或曾有不道德的交易行为。

供应商的资格预审和谈判将给投标过程带来额外的成本，因此，采购方无须对标准化、低风险和低价值的采购需求进行资格预审和谈判。

在资格预审之前，采购方最好使用细分、优先级排序和风险分析工具（如卡拉杰克矩阵或帕累托分析）来确定采购是否具有高价值或高风险，从而决定采用招投标的类型。

第五节 实 践 指 导

一、实践任务

通过本章学习，引导学生从战略、政策以及相关背景的角度了解供应源搜寻的方法，要求学生了解单供应源搜寻、双供应源搜寻以及多供应源搜寻的基本概念，掌握供应源垄断形成的基本条件和企业内部交易的主要目标，熟知招投标的方式。收集有关案例资料，借助案例分析法加强对供应源搜寻的认识，从而更好地实现课程教学目标。

二、实践步骤

（1）分组讨论并交流，找出分析案例中的关键问题。
（2）确定是否还需查找与已找出关键问题相关的背景资料。
（3）筛选并优化分析此案例的答题思路。
（4）明确构成小组分析逻辑的依据，并展开进一步的逻辑整理。
（5）小组形成文字报告并汇报。

三、实践要求

（1）彻底读懂案例——当小组分发到一篇案例时，成员需要对案例进行反复阅读，对案例中的重要信息尝试消化理解。在阅读的过程中，对案例中的背景资料、主要事实、面临的难题及难点、重要论点、重要结论和针对性的对策建议等内容进行一一记录，以方便下一个步骤的进行。

（2）分组交流讨论，大胆提出自己对问题的看法——对案例中的主要角色所面临的问题进行分析，尝试对案例所给的背景资料进行仔细阅读、筛选分类，归纳总结，若需要引证资料来佐证个人观点，可以依靠电子资料、图书馆实体资料等，获取相关领域的多方面知识，保证分析的正确性。

（3）全面并正确概括问题——在对案例进行认真分析之后，小组尝试根据案例的相关资料找出问题的症结所在，并对需要解决的问题进行正确概括，注意概括问题的逻辑性与针对性。

（4）撰写的分析报告——报告中对资料的分析运用要求准确，以所学理论为指导分析资料；资料分析要求全面充实，紧扣主题，结构合理，层次清楚，中心突出。除此之外，提交的报告要注意格式规范，用词准确，表达通顺。

四、实践内容

2011年3月11日,日本地震导致其本国零部件供应商纷纷停产,虽然有少数企业恢复生产,但是由于道路运输不畅,产品无法往外输送。与其有合作关系的车企间供应链条断裂,各车企面临减产风险。

电装作为日本最大汽车零部件供应商,只是日本零部件企业的一个代表。日本地震对全球汽车生产的影响开始逐步显露,越来越多的国家和车企开始面临零部件供应短缺,有些甚至已经减产或停产。

据了解,法国汽车制造商标致雪铁龙表示,日本爆发特大地震之后,该公司位于日本的电子配件供应商生产受到冲击,因此公司旗下的柴油引擎生产将于3月23日开始放缓。与此同时,雷诺公司也发表声明称,日本地震、海啸打击了该国的汽车零部件产业,导致汽车零部件供应出现紧张局面,该公司不得不将其韩国汽车工厂的月产量削减15%~20%,约合3 000多辆。

中国吉利控股的瑞典沃尔沃汽车公司也宣布,因日本大地震造成的零部件供应短缺,该公司位于瑞典哥德堡的托斯兰达(Torslanda)工厂和比利时的根特(Gent)工厂的生产均受到了影响。

据悉,沃尔沃汽车对日本进口零部件依赖程度较高,约有10%的汽车零部件购自日本。虽然目前日本零部件供应问题暂时没有影响到我国国内车企生产,但是业内人士多数认为,如果月底之前日本零部件供应商还不能复产,影响就不可避免。

尽管日系车企在华合资公司国产率很高,基本上都在80%以上,但是,发动机等核心零部件往往需要从日本进口。而且,已经在中国设厂的一级供应商的一些核心零部件,是其在日本本土的二三级供应商供应的。

此外,部分非日系合资厂家同样也担心部分核心零部件的正常供应受到影响。据悉,大众和福特系的部分产品匹配的就是日本爱信自动变速箱;日本电装的系列零部件产品,也为宝马、大众等非日系厂家配套。

据汽车工业协会统计,2010年从日本进口的汽车零部件占我国进口汽车零部件总额的39.9%，价值109.1亿美元，位列第一。从零部件分类看，传动系统、制动系统、发动机零部件、转向系统零部件进口占我国2010年对应类别零部件进口金额的53.6%、45.9%、43.4%、40.6%、34.7%。其中，仅发动机就进口了40多万台。

地震的后遗症让车企认识到日本零部件的影响力，日本汽车产业模式的弊端彻底暴露。汽车零部件供应来源应更开放、更多元化是车企可持续发展的重要考虑因素。

资料来源：李秋.零部件供应源应多元化［N］.中国商报，2011-03-25（B02）.

五、实践范例

芯片业布局升级　难解汽车缺芯"近渴"

芯片短缺已成为威胁全球汽车业乃至经济复苏的一大风险，从目前各国和大型厂商采取的措施来看，未来芯片业布局将逐步升级，呈现出区域转移等特点。但是，由于全球经济生态转型、主要厂商恢复产能尚需时日等因素，"缺芯"困境短期难以解决，已成为汽车业核心零件的芯片供应难言乐观。

此轮芯片广泛性缺货的主要原因，是疫情导致上游产品8英寸[①]晶圆的全球产能一度紧张，与此同时家庭智能电器需求激增。此外，近期日本厂商火灾、美国暴风雪致使部分晶圆厂短暂停工，异军突起的数字货币带动挖矿设备热潮下的芯片需求暴增。

于汽车界而言，后疫情时代汽车销量恢复速度超预期、车企芯片采购滞后、芯片涨价导致囤货等，都加剧了芯片缺货危机。冰冻三尺非一日之寒。近年来，欧美传统科技厂商的产业重心转移，芯片生产阵地由亚洲控制，而此次全球短时间需求激增，让传统厂商开始反思并着手应对。

目前，全球大部分处理器均在亚洲生产，其中，中国台湾的台积电和韩国的三星占据主导地位。英特尔方面近期表示，芯片关键技术80%的供

---

① 1英寸合2.54厘米。

应都在亚洲,这一局面"并不让人满意"。这家曾经的芯片行业领先者目前的市场地位有所下降,一定程度反映了全球芯片产业当下的格局,欧美大厂将通过加大本地生产布局寻求新的产业平衡。

数据显示,美国在全球芯片制造产能中所占份额从1990年的37%下降到2020年的12%,同期欧洲下降了35个百分点至9%。目前,中国大陆芯片制造产能所占市场份额在15%以下,这一数字未来十年预计将增长到24%。

业界同时注意到,中国在芯片生产方面显现出成本优势。据《金融时报》报道,中国晶圆厂的成本比美国低37%~50%。随着半导体产业链的不断完善,以及整体技术水平的提升,中国在全球芯片制造业领域的竞争力将继续提升。

报道还指出,自2015年以来,中国大陆半导体行业已经宣布了约84个外国直接投资(FDI)项目,其中44%在制造业。美国同期吸引了45个外国半导体项目,其次是印度(37个)和英国(36个)。

在一些国家的政府纷纷出台芯片生产扶植方案,同时短期成效预计较难显现的情况下,跨国和跨区域合作将成为产业发展方向。不过,针对许多厂商纷纷转移供应链、加大本地化生产的举措,业内人士提醒,这对于全球芯片短缺问题可谓治标不治本。

业界人士认为无论芯片在全球哪个区域生产,短缺都会发生,原因是芯片短缺受大环境影响很大。此外,芯片短缺也受到厂商恢复产能周期的影响。比如,受工厂失火事件影响的日本瑞萨芯片供应中断的时间可能会比预期更长。伊藤忠经济研究所高级研究员表示,要在三个或四个月完全恢复生产将是极度困难的,而这可能会影响车厂至少六个月的生产活动。德国马牌零配件厂也受到影响,波及了广大欧洲汽车制造厂。此外,亚洲、北美的汽车制造厂也要做好过一段"缺芯"日子的准备。业内人士分析认为,目前,汽车芯片的供应缺口和恢复周期依然不清晰,全球汽车整车、零部件企业对芯片供应预期仍不乐观,加上目前汽车行业恐慌性的囤货现象,会令芯片短缺态势进一步加剧。

此次困境给全行业敲响了警钟,并有望推动产业未来的重塑和优化。

工信部副部长表示,近期汽车芯片供应短缺既是全球共性问题,也反映出我国自主供给能力不足的深层次矛盾。汽车芯片是关乎产业核心竞争力的重要器件,需要统筹发展和安全,坚持远近结合、系统推进,提升全产业链水平,有力支撑汽车和半导体产业高质量发展。

资料来源:闫磊.芯片业布局升级 难解汽车缺芯"近渴"[N].经济参考报,2021-04-09(007).

前沿研究

投标的概念可分为广义和狭义两类。广义上讲,招标是指招标人发出招标公告或通知,邀请潜在投标人投标,通过对投标人提出的价格、质量、交货期、技术水平、财务状况等因素的综合比较,最终确定最佳投标人为中标人的过程。人们一般提出竞价时,通常是指广义竞价。狭义的招标,是指招标人根据自身需要提出一定的标准或条件,发现潜在投标人的投标邀请的行为。招标与投标合用时,是指狭义的投标。

与狭义招标相对的一个概念是投标。投标是指投标人收到招标通知后,按照招标通知的要求填写招标文件并交付给招标人的行为。可以看出,从狭义上讲,招标和投标是同一过程的两个方面,分别代表了采购方和供应商的交易行为。

采购招标是国际上通用的市场物资采购方式,一般机制为:采购单位将要采购的物资品种、规格、型号、质量、数量及其他招标条件向社会通告,各投标方根据招标要求参与竞标,在公开、公正、公平的原则下,由采购方的评标委员会按招标文件规定的评标标准和原则,择优选定供应厂商为中标单位,并签订供货合同。

企业采购在我国采用招标方式起步较晚,随着我国市场经济体制的逐步建立和完善,采购招标的应用范围也越来越广,政府与企业采购都越来越多地采用这一做法。

我国目前招投标评标办法主要有两种:一是报价评标定标法,二是百分制综合评标定标法。前一种方法是最接近标底价或最低价者中标；后一种方法则根据企业报价接近标底价程度计算报价分再加上质量分、工期分、企业信誉分等，总分最高者中标。

案例分析

如何选择私有云 IaaS 供应商？

无论是全球还是亚太市场，IaaS（基础设施即服务）都是最受企业用户青睐的，并且在未来几年内，它仍将是云计算市场增长的主要驱动力。

不过，当企业用户真正想要去选择部署私有 IaaS 方案时，可能会发现还是有不少令其感到困惑的地方。毕竟，时至今日，真正尝试部署了云计算的企业还是少数，可借鉴的相关经验并不算特别多。为此，《网络世界》记者周源采访了 VMware 高级产品经理吴启新、戴尔全球企业解决方案及业务市场经理张建新、江苏金智教育信息技术有限公司首席技术官陈滢三位云计算专家。就一些用户普遍都有的困惑，他们给出了自己的见解。

"苹果"红了？

目前，就市场上用于帮助企业用户构建私有云的 IaaS 解决方案而言，用"乱花渐欲迷人眼"来形容丝毫不为过：国内外这些大大小小的传统 IT 厂商，无论以前是卖服务器还是卖存储的，抑或是卖软件的，早已开始售卖自家的 IaaS 方案。还有各种云计算初创企业高举开源软件大旗，推出了开源 IaaS 方案。那么，如此繁荣景象是否意味着企业级 IaaS 方案已经成熟到企业 CIO 可以放心"享用"了呢？

"如果用十分制来衡量（IaaS 方案）成熟度的话，我认为只有七八分。"陈滢如此回答，而吴启新和张建新也给了记者类似的答案。随后，三人从不同视角做出了解释。

在陈滢看来，未到"十分成熟"的理由主要有两点：一是市场上各 IaaS 方案整体用户体验大多不太好，管理工具通常比较复杂，易用性也不算好；二是当前很多企业级 IaaS 方案是商业化软件，对开源拥抱不足。

根据张建新的观察,很多厂商的私有 IaaS 方案其实来源于公有云思想或传统 IT 管理思想。"是不是真正发挥了 IaaS 的优势还有待商榷,我觉得这些方案还有很大的待发展空间。"她说。

吴启新给出的解释则是,任何一个技术、产品或方案,一定要经过客户实地的生产环境的验证,并且在客户中有相当的普及程度才能称得上成熟。"现在即便是我们 VMware 自己,成功实践的客户案例也还不够多。"他说。

此外,吴启新还表示:"成熟的另外一个标志就是有一个相当强的合作伙伴团队,尤其是本地的合作伙伴,并且要在这种技术平台上有各自的产品和解决方案。而且除了产品之外,还有很多的服务商愿意在上面培养自己的人员,提供一个让客户能够轻松上手的服务机制。这一点,我个人在国内还没有看到。"

选择太多也是烦恼

除了企业级 IaaS 方案成熟度问题,有个也算奇特的现象可能也会令某些企业用户感到困惑——当那些服务器厂商、存储厂商、网络厂商、虚拟化厂商、开源软件厂商、数据库软件厂商等曾经各自市场领域泾渭分明的厂商都来向你兜售自家 IaaS 方案时,你是不是也会犯嘀咕:"大家都卖同一类方案,选谁家的?各家方案有什么本质区别吗?"

"大家都涌入新兴市场,都想获得更多的机遇,这是可以理解的。但由于各家的出发点和侧重点都不同,一些 IaaS 方案之间还是存在蛮大的差异。"张建新说。

而用户究竟怎么选,三位专家均表示,跟用户目前的业务、喜好和原来的遗留系统有很大关系。"例如,有些用户一直用 IBM 的系统,也喜好 IBM 家的东西,从喜好和保护既往投资的方面,他们自然会偏向选择 IBM 的云方案。有些用户喜欢开放的环境,那他们就愿意选择 VMware 的产品。还有些用户则会去尝试开源的方案。但是每种方案都是各有利弊的,企业用户选择之初对此就应该了然于胸,要有自己的主心骨。"陈滢说。

吴启新则着重提醒道,选择 IaaS 方案时不仅要考虑是否跟现有的投资契合,还要跟未来的发展方向相契合。"毕竟大家部署一个 IaaS 环境不是只为了做实验,以后迟早要把生产型的关键业务系统迁上去,所以一定要考虑这个 IaaS 平台提供的支持能力是不是足够强大。"他说。

但同时张建新和陈滢也表示,各个厂商 IaaS 方案在功能方面逐渐走向趋同是必然的趋势。陈滢认为,厂商竞争的焦点将会从 IaaS 上移到 PaaS(平台即服务)和 SaaS(软件即服务)。吴启新则预测,那时 IaaS 方面的相关方案可能会减少。"想当年,这个市场上也曾经有几十种操作系统,但现在我们去看,大家广泛使用的操作系统也就只剩下三五种,企业更多的还是在做操作系统上面的软件。今天的 IaaS 平台可以认为是数据中心层面上的操作系统。操作系统终究不会是谁都去做的。"他说。

云会是另一种"孤岛"吗?

IT 孤岛是困扰企业级用户多年的老大难问题,虚拟化和云计算的出现被普遍认为是解决这一问题的有效途径。尽管如此,记者依旧生出一种臆测:今天迫不及待去"尝鲜"私有云的企业,会不会在几年后发现原来自己是部署了另一种形式的 IT 孤岛,只不过这个 IT 孤岛比较大?

对此,三位专家肯定说,云的互通性问题肯定存在,但要分以下三种情况。

一种是私有云与公有云之间的互通性。例如,企业用户未来需要同时管控私有的 IaaS 资源和租用自公有云的计算资源。专家们则表示,现在 IT 厂商在设计其私有 IaaS 方案时都考虑了这一点,逐渐做到了对亚马逊等主流公有云服务的支持。

一种是企业内部不同种类私有云之间共生互通的问题。即出于某种理由,用户数据中心里同时存在两个源自不同厂商的 IaaS 平台。陈滢表示,不同 IaaS 平台底层支持的虚拟化技术主要就是 vSphere、Hyper-V、XEN、KVM 这几种,上层的应用究根结底还是跑在这几种虚拟机之上。因此,陈滢认为这种情景下的问题在于不同的 IaaS 平台意味着有多种 IaaS 管理工具,不同 IaaS 管理工具往往是不互通的,而且不同管理工具的管理视角和模型都不一样,要管理员去适应多种管理工具也可能比较费劲。而吴启新则干脆表示,VMware 已经在着手解决此问题。VMware 2012 年年底对其核心产品 vCloud Suite 做了一次重大升级,新增了一个名为 VMware vCloud Automation Center 5.1 的软件（该软件基于 VMware 2012 年 7 月收购的 DynamicsOps），从而显著增强其产品对混合与异构云平台的管理。

还有一种极端的情况，就是用户从一个私有云彻底迁移到另一个私有云。例如，用户曾经部署的是厂商甲的 IaaS 方案，现在需要彻底转为厂商乙的 IaaS 方案，此情景下数据与应用的迁移是否会难以实施？张建新表示，通常是厂商乙会提供专门的工具与服务帮助企业用户进行迁移，问题一般不太大，但用户在选择方案之初还是要充分评估被锁定的风险究竟有多大。

应该看到，支持应用与数据在各种云之间的无缝迁移是云计算厂商们意识到且正在努力的方向，但是企业用户在签订相关合同时，将可能发生的数据迁移事项写入合同也是必要的。

资料来源：周源. 如何选择私有 IaaS 供应商？（2013-04-16）［2024-06-05］. https://www.51cto.com/article/389744.html.

思考问题：

（1）结合案例，谈一谈在选择供应商时应该注意的供应标准主要体现在哪几个方面？

（2）小企业可以从上述案例中学习到什么？如何将私有云供应商 IaaS 选择中的经验与标准结合到小企业的采购行为中？

练习与思考

一、名词解释

1. 供应商基础

2. 调拨价格

3. 垄断

4. 企业内部交易

二、单项选择题

1. 对潜在供应商进行资格预审，取 3～10 家入围并发出招标邀请的招标类型是（　　）。

　　A. 公开招标　　　　　　　　　　B. 选择性招标

　　C. 限制性公开招标　　　　　　　D. 限制性邀请招标

2. 伙伴式供应源搜寻对于采购方而言的优点是（　　）。

　　A. 分担风险和投资

　　B. 关系管理成本

　　C. 关系管理投资

　　D. 在欧盟的公共采购领域受到规章限制

3. 采购方与供应商之间的（　　）交易类型关系较为密切。

　　A. 现场购买　　　　　　　　　　B. 经常性交易

　　C. 伙伴关系　　　　　　　　　　D. 单供应源搜寻

4. 伙伴式供应源搜寻对于供应商而言的优点是（　　）。

　　A. 协作降低成本，节省成本　　　B. 增加关系管理投资的费用

　　C. 客户滥用透明度的风险　　　　D. 分担风险和投资

5. 在下列哪种情况下应选择伙伴式供应源搜寻？（　　）

　　A. 供应市场有限，高水平、可靠的供应商数量有限

　　B. 总需求量小

　　C. 供应商的声誉、质量和价格等优势远远超过竞争对手

　　D. 供货启动成本高

三、多项选择题

1. 下列哪些是使用竞争性招标的标准？（　　）

　　A. 采购价值足够高

　　B. 规格明确，潜在供应商明确履行合同的成本

　　C. 市场上有较多潜在的供应商

　　D. 无法准确估算生产成本

2. 垄断市场形成的条件包括（　　）。

　　A. 独此一家　　　　　　　　　　B. 市场门槛高

　　C. 无法被替代　　　　　　　　　D. 产品质量好

3. 合作关系的建立主要取决于（　　）。
   A. 采购物品的性质和重要性　　　B. 地理距离
   C. 供应伙伴的兼容性　　　　　　D. 供应市场的状况
4. 伙伴式供应源搜寻的特征包括（　　）。
   A. 合作伙伴的文化相互匹配
   B. 高度互信，客户与供应商之间的知识分享和公开
   C. 双方都认同供应链内双赢的理念
   D. 双方的专业知识、资源互补
5. 联合采购的好处有哪些？（　　）
   A. 提高议价能力，获得单独采购无法获得的折扣
   B. 降低交易成本和合同签订成本
   C. 联合采购成员带来不同的专业技能、知识和关系网络
   D. 谈判时间长且效率低下

四、简答题

1. 简要分析联合采购的好处。
2. 试述企业内部交易的主要目的。

五、论述题

采购方与供应商谈判的主要目标有哪些？

第三章

供应商的选择

学习目标

- 掌握供应商评估模型和供应商选择模型
- 熟知供应商的选择标准
- 熟知合同授予的标准

基本概念

供应商选择标准；质量控制；质量保证；合同授予标准

第一节 供应商选择

供应商选择是企业进行成本控制的重要手段。选择合格的供应商以确保其提供的产品满足公司的采购要求，对提升采购方企业的利润水平意义重大。

供应商选择主要有三项标准：一是判断候选供应商是否合适，是否有能力满足采购方的要求提供产品或服务；二是评估候选供应商的适合性程度、可接受性大小和能力水平；三是候选供应商是否有能力实现采购方企业未来的需求。

因此，为了确保供应商的价格和提案具有竞争力，高价值物品和杠杆物品的外部询购一般采用搜寻竞争性供应源的方法。采用该方法时应多关注减少合同授予的数量、复杂性与主观性，以便确保标书和最终决策的公正性。合同授予决策最好是基于少数客观且可量化的标准。

在供应商选择或资格预审时，企业所设定的具体标准应当符合以下五点要求：（1）与企业自身的战略优先排序目标相符合。如与质量领先、供应链整合、创新、企业社会责任等目标相符合。（2）特定的流程要求。如与逆向物流能力、快速定制和敏捷供应、精益或高成本效益供应、IT系统兼容等流程相统一。（3）避免供应源搜寻中的风险因素。如国际货运问题、质量低劣问题、设计公差大、高度的监管干预、声誉风险等因素。（4）根据不同的采购类型，依据企业需求的性质而优先考虑价格因素、质量因素和交货速度等因素。（5）针对不同的供应关系，长期持续的供应商需满足更严格的财务稳定性、设备兼容性等其他要求。

补充资料

按照目标导向、优势互补、互惠互利原则，常用的供应商选择与评价方法可分为层次分析法和模糊综合评价法，这两者都是定性与定量相结合的方法。

一、层次分析法

层次分析法（Analytic Hierarchy Process, AHP）由著名的运筹学家萨蒂（T. L. Saaty）于20世纪70年代初提出，是将与决策相关的因素分解成目标、准则、方案等层次，并在此基础上进行定性和定量分析的决策方法。其主要步骤为建立层次结构、构造判断矩阵、计算权重向量、一致性检验、计算目标权重。

二、模糊综合评价法

模糊综合评价法由美国加州大学的控制论专家扎德（L. A. Zadeh）经过多年的潜心研究得出。其基本原理是首先确定被评判对象的因素集和评价集，然后分别计算各个隶属的权重及其隶属向量，并据此得到模

> 糊评判矩阵,最后把模糊评判矩阵和因素的权重向量模糊计算并作归一化处理,获得模糊评价综合结果。模糊综合评价法的主要步骤为:确定评价因素;确定评价等级;构造评价矩阵;确定评价因素的模糊权重 A;利用适合的合成算法将 A 在各被评事物的 R 合成得到各被评事物的模糊综合评价结果向量 B;再对模糊综合评价的结果向量进行分析。

> **想一想:**
>
> A 公司进行供应商选择是按照《供应商开发管理制度》来开展的,具体而言,由需求部门提出需求,采购部门进行供应商选择。
>
> 根据 A 公司的业务需求,其供应商主要分为两大类,一类是生产产品供应商,另一类是销售代理供应商。A 公司目前的采购需求均通过公司 ERP 信息系统来确认,由生产部门通过 ERP 采购平台提出采购需求,经平台中的各个环节的审批流程批准后,方可进入供应商采购程序,根据采购供应商类别和采购金额来选择公开招标、竞争性谈判、单一渠道采购等具体的采购方式。
>
> 若这时生产产品供应商 C 公司、销售代理供应商 D 公司都有意向为 A 公司供货,A 公司应以什么标准进行供应商选择呢?

第二节 评估和选择供应商的模型

从公司角度出发,供应商的选择及评估是一项系统、多方位的工作,应综合多方因素考虑,为正确决策作好铺垫,以保证作出最准确合理的评估,从而制定实用的选择标准。也就是说,采购方首要对供应商选择评估标准进行界定并作出切合实际的限定。

一、八角度框架

关于供应商的选择标准,莱森和法灵顿建议采用以下八角度框架评估潜在供应商,如表3-1所示。

表3-1 供应商选择的八个角度

角度	详情
生产能力和设施	生产能力:供应商能处理的货量最大值以及在一定时间内能够生产的产品数量 创新和设计能力:供应商的声誉、过往交易记录、资源和设施、供应商是否愿意协作 生产设施(机器型号、加工能力、维护保养水平和效率),健康与安全记录和体系,工厂的布局和设计是否便于提高效率,是否使用CAD/CAM等系统
人力资源	人力资源的运用水平,团队精神
质量	标准认证(如ISO 9000、BSI等) 质量管理方法和体系,如检验和测试、流程控制、出厂质量检验等 全面质量管理意识:质量文化
绩效	在类似项目上有无经验、过往记录、已完成的项目、客户证言,对于复杂的采购需求(如基础建设项目或IT开发)极为重要
环境和商业道德	合规记录 政策和价值观声明、行为准则和规范、管理责任机制、进度报告机制 相关领域的供应链管理 ISO 14001(环境管理体系)等认证
IT技术开发与应用	电子商务潜力(互联网和外部网的使用) 利用技术来减少或消除纸面作业、缩短订货周期、提供实时的产品可获得性信息、支持协同规划、对供应链进行管理
组织架构	责任说明 灵活度:跨职能沟通、决策链短有助于进行快速的决策,或根据需要重新调配人力资源及应对需求波动的能力 客户管理:供应商一方的合同与关系管理、与买方联系人的关系管理

资料来源:英国皇家采购与供应学会.供应源搜寻[M].北京中交协物流人力资源培训中心,译.北京:机械工业出版社,2014.

二、"10C"模型

本书第一章已对雷·卡特尔提出的"10C"模型进行了论述，在此略作修改和扩充，如表 3-2 所示。

表 3-2　雷·卡特尔的供应商选择"10C"模型

模型名称	详情
能力（Competence）	供应商是否具有履行合同的资源和专业知识 供应商是否能够生产相应的产品或提供所需的服务 供应商在管理创新、设计或其他相关领域的实力
产能（Capacity）	供应商能否满足买方当前和未来的需求 供应商的能力 供应链管理水平
承诺（Commitment）	对某些关键价值（如质量、服务、成本管理或持续改进）的承诺以及与采购方建立长期合作关系的意愿
控制（Control）	建立一套对资源和风险进行监控和管理的体系，例如：愿意遵守采购方提出的程序、规则或制度、质量和环境管理体系、财务控制和欺诈预防机制（监管良好）、风险评估和管理体系等
现金（Cash）	现金资源和现金管理能力能够确保良好的财务状况和稳定性，供应商的盈利能力、现金流状况、自有资产、债务状况、成本结构和分摊情况以及整体财务健康状况
一致性（Consistency）	一致努力提升质量和服务水平，例如：供应商向来稳定可靠、流程顺畅无误（流程可靠度高，质检质控能力强，可以在对采购方构成影响之前发现和防范问题）
成本（Cost）	价格合理，全生命成本低
兼容性（Compatibility）	供应商在战略、操作、技术以及文化层面上与采购组织兼容 战略和文化包含价值观、道德观、工作方法、管理风格、战略目标及其优先排序等 运营和技术包含各种流程、组织架构以及 IT 系统的兼容性

（续表）

模型名称	详情
合规性 （或企业社会责任） （Compliance）	遵循环境、企业社会责任和可持续发展标准、法律以及法规 建立环境、企业社会责任和风险管理体系，以确保合规 遵从采购方有关职业道德、企业社会责任以及可持续性的政策和标准（如有涉及）
沟通 （Communication）	能够在供应链中进行有效的协调与协作，例如：使用电子商务、外部网或EDI技术，客户管理架构即供应商方面的合同管理，愿意共享信息（如关于需求、计划、成本的信息）

资料来源：英国皇家采购与供应学会.供应源搜寻［M］.北京中交协物流人力资源培训中心，译.北京：机械工业出版社，2014.

三、"FACE 2 FACE"模型

多恩·戴德斯提出的FACE 2 FACE模型较易记忆，如表3-3所示。

表3-3 FACE 2 FACE 供应商评估模型

模型名称及详情	
固定资产（fixed assets） 满足采购方所需的有形资产	财务稳定（financial stability） 确保供应的连续性
供货能力（ability to deliver the goods） 产能和可靠的交货/质量/服务	合作能力（ability to work with the buyer） 双方文化和联络方面的兼容性，采购方愿意合作
成本（cost） 具有竞争力的总获取成本，采购方愿意商谈条款	质量承诺（commitment to quality） 质量标准和体系可靠，供应商愿意进行改进
效率（efficiency） 高效使用资源，将浪费最小化	环境和道德（environmental/ethical factors） 政策和做法考虑了企业社会责任、商业道德以及环境管理

资料来源：英国皇家采购与供应学会.供应源搜寻［M］.北京中交协物流人力资源培训中心，译.北京：机械工业出版社，2014.

以上三种供应商选择模型都结合多方面因素，将多种选择标准结合起来，使标准更加全面、合理，不断根据既定标准进行对标，从而找到最理想的供应商。

第三节　供应商选择的标准

一、供应商选择标准

1. 财务状况

供应商的财务状况可以通过一些指标来衡量，如公司注册资本金、已付资金、实际投资额、股东持股比例等。

补充资料

财务状况表格

财务状况				
注册资金		已付资金		实际投资额	
股东名称			持股比例		
			持股比例		
			持股比例		
付款方式（请选择）	现金			月结	
货币方式（请选择）	美元			人民币	其他（请写出）
交付方式（请选择）	免费送货			需方提货	其他（请写出）

2. 销售状况

主要包括公司上一年度销售额、下一年度销售额、主要客户及销售比例等。

3. 主要原材料状况

主要包括原材料名称、原材料供应商名称、原材料占比等。

4. 企业管理状况

主要包括公司主要管理人员。

5. 劳动力状况

主要包括公司总人数、品保部人数、研发部人数、生技部人数、直接人员数、间接人员数、工程师资格及以上人数、大专及以上学历人数等。

6. 品质状况

主要包括是否有：ISO 9000 认证、ISO 14001 认证、QC 080000 认证、厂内可靠性实验室、统计过程控制、全面质量控制、品质控制流程图等。

 小案例

供应商的"可持续性"考核与管理

目前，已有越来越多的公司开始实行或加强对供应商"可持续性"的考核与管理。过去在这方面仅涵盖了一些法律规定和环境保护方面的要求；但在 20 世纪 70 年代，耐克供应商使用童工做鞋、缝制足球而对耐克公司造成影响以及一系列类似事件的发生，引发了对供应商社会责任的核查以及社会责任相关标准的出台，沃尔玛等公司的供应商社会责任审核表得到了最广泛的应用。此外，富士康的"员工跳楼事件"使苹果、惠普等供应链后端的大公司也为公众所质疑、指责；2011 年，苹果公司 iPhone 4s 手机断货的一个重要原因是，供应商生产线上的有害物质造成工人伤残而引发工厂停工，苹果也因此被再次指为"血汗工厂"。同样是在 20 世纪 70 年代，美国一家规模较大的制药企业因生产的普通非处方药致人死亡而濒临倒闭；其产品出现问题的原因是，生产线员工由于精神压力过大而有意实施了破坏行为。

在这种大环境下，媒体也开始关注起"可持续性"的重要作用。这一事件使国内许多大企业提高了对于"可持续性"的重视程度。

7. 工艺水准

指企业三年之内技术发展的规划。

8. 电力供应状况

主要包括电力供应类型、遇电力突发性事故的后备措施等。

9. 分承包商管理状况

主要包括分承包商名单、分承包商业务比例等。

10. 设备状况

主要包括制造设备、检验测试设备、模具设备、二次加工设备等的名称、数量等。

11. 生产力状况

主要包括每周工作天数、每日工作班次、每工作班次时数等。

12. 过程能力状况

主要是指公司应对约束和阻碍的处理能力。

补充知识

××公司供应商评价指标打分问卷

尊敬的同事：

您好！为了更好地评价××公司供应商的基本状况，我们需要对××公司供应商的各项评级系数的全汇总进行评估，期待您给予宝贵的时间来进行下面的问卷打分。问卷采用1—9标度法，请于对应的数字下打"√"，指标评分标度如下：

相对重要性分数	定义
1	一样重要
3	稍微重要
5	明显重要
7	非常重要
9	极端重要
2、4、6、8	相邻判断中值

一、准则层指标两两比较

准则	质量	交期	价格	技术	售后服务
质量	1				
交期		1			
价格			1		
技术				1	
售后服务					1

二、各供应商对指标层的两两比较

（一）各供应商对质量层的两两比较

质量	H供应商	S供应商	J供应商
H供应商	1		
S供应商		1	
J供应商			1

（二）各供应商对交期层的两两比较

交期	H供应商	S供应商	J供应商
H供应商	1		
S供应商		1	
J供应商			1

（三）各供应商对价格层的两两比较

价格	H供应商	S供应商	J供应商
H供应商	1		
S供应商		1	
J供应商			1

（四）各供应商对技术层的两两比较

技术	H供应商	S供应商	J供应商
H供应商	1		
S供应商		1	
J供应商			1

（五）各供应商对售后服务层的两两比较

售后服务	H供应商	S供应商	J供应商
H供应商	1		
S供应商		1	
J供应商			1

资料来源：廖卡莎.S公司供应商选择优化研究［D］.云南财经大学，2022.

二、总结

供应商是为企业提供设备、原材料、劳动力和资金等资源的个人或公司。供应资源的变化将直接影响到企业的日常经营生产活动，进而影响企业的总收益。对于采购方而言，必须通过正确客观的认识，才能深入分析供应商实际情况，保证公司的盈利能力。因此，供应商的选择及评估应是一项系统、多方位的工作，应综合多方因素考虑，以保证作出最准确合理的评估，从而制定实用的选择标准。

在选择供应商标准方面，由于产品不同，用途各异，所以选择标准也千差万别，根据时间长短可划分为短期标准和长期标准；采购方应将多种选择标准结合起来，并在后期业务开展过程中，不断根据既定标准进行对标对表，从而找到最理想的供应商。

对于短期标准和长期标准，各评价指标的重要性对于不同的公司也有差异。因此，对于不同的企业，评价指标的权重设计上应该结合企业自身的特点，并采用某些工具和技术方法调查和收集有关供应商生产运营各个方面的信息，对供应商充分了解后作出合理的评价。

第四节 合同授予标准

合同授予也有三项标准：一是从资格预审短名单中选出最佳供应商；二是比较供应商的短名单，选择提供最佳方案的供应商；三是着眼于企业实际需求，与供应商签订具体合同。

合同授予标准通常需要考虑以下两个因素：

（1）技术标准：指供应商达到或超过要求供给产品或服务的能力（在招标文件、产品或服务规范中明确提出的）。

（2）商务标准：检验当前供应商是否实现了成本价值的最优化。根据采购价格和全生命周期成本进行考察，较为重要的项目多采用全生命周期成本进行衡量。

具体而言，可以从以下四个方面设定合同授予的标准。

一、供应商的供应满足规格的要求

规格（specification）实际上是一份需求陈述，它说明了供应的产品或服务应满足的需求。规格的作用在于明确和传达买方的要求，通常有两种类型：

（1）一致性规格（conformance specification）：采购方详细地阐明产品、零件或材料的构成，"质量合格"的产品就是要符合采购方所提出的表述，如蓝图、设计图、化学成分表、指定的牌号、样品和原型。

（2）性能规格（performance specification）：采购方界定产品能够实现的功能和性能水平。此时"质量合格"的产品是指供应商能够达到采购方指明想要达到的结果。这种方式为创新性、协作性、增值性的解决方案提供了借鉴，同时也拓宽了潜在的供应市场，为规模较小、更有创新性的供应商提供了机会。

规格可以用于评估供应商的质量，或其标书、能力是否符合要求，也可以在合同授予后对产品或服务进行评估。

当把规格用作合同授予的依据时，采购方应注意以下两个问题：

（1）规格必须清楚、全面、无疑问地具体展现出采购方和其他关键利益相关者的期望和要求。

（2）有些规格涉及定性的、基于价值观的标准，例如社会和环境的可持续性，若将这些内容放在合同授予的直接评标阶段，要特别注意其评价标准的公正性和客观性。

在日常采购行为中，对于日常的供应源搜寻采购，技术标准可以直接嵌入合同授予标准，把质量或能力的定义简化归结为"符合规格要求"。换言之，在以下情况下可以授予合同：

（1）符合特定要求的最佳方案。例如，当有明确的性能规格、产出规格或功能规格时，其中明确说明了产品或服务所必须达到的绩效。

（2）最准确地满足规格要求。例如，在有明确的一致性规格、技术或设计规格的情况下，其中明确说明了要求供应的准确的设计、成分以及方法，有严格的公差或容许偏差范围。

（3）能提供最具性价比的功能。例如，提供的产品既能够达到或满足相关要求，也能平衡商务成本，即不能为了不需要增值的功能或利益而导致不必要的成本（如规格过高）。

二、最低价格

当满足基本技术标准时，最低价格可能是最明显和最容易执行的合同授予标准。对于按照标准化技术规范进行的日常商品采购，采用最低价格原则很容易找到高价值、有竞争力的供应商。

总而言之，合同广告或招标邀请首先就应说明合同授予将采用最低价格原则,以便潜在供应商能够相应调整其标书和报价。相应地,当采购方不一定选择报价最低的投标或方案时,合同广告也应写明这一点。

竞争性谈判低价未成交引发投诉

一、案例背景

某市政府计划新建一座大型公共体育馆,项目预算为1亿元人民币。为了确保项目的质量和效率,市政府决定采用竞争性谈判的采购方式,邀请具备相应资质的企业参与投标。经过前期的资格预审,最终有三家公司进入了谈判阶段。

(1) A公司:报价9 500万元,拥有丰富的类似项目经验,技术实力雄厚。

(2) B公司:报价9 000万元,技术团队年轻有为,创新能力强。

(3) C公司:报价8 500万元,但在大型项目施工方面经验较少。

二、谈判过程

在谈判过程中,采购小组对三家公司的报价、技术方案、项目团队、业绩等方面进行了全面评估。

(1) A公司提供了详细的施工方案,保证工期的同时强调了质量控制。

(2) B公司提出了创新性的设计理念,能够为项目增添特色。

(3) C公司虽然报价最低,但其施工方案较为粗糙,缺乏对关键技术难点的解决方案。

经过综合评审,采购小组最终推荐B公司为中标单位。

三、投诉内容

得知结果后,C公司对评标结果提出了强烈不满,认为采购小组存在不公平行为。他们的主要投诉内容如下。

(1) 最低价未中标:按照"价低者得"的原则,自己报价最低,理应中标。

（2）评标过程不透明：怀疑采购小组在评标过程中存在偏袒行为，没有公正对待各投标人。

四、采购小组的回应

针对 C 公司的投诉，采购小组做出了详细的回应．

（1）综合评估原则：根据《中华人民共和国政府采购法》，竞争性谈判应综合考虑价格、技术、服务等因素，不能以价格为唯一标准。

（2）技术方案的重要性：B 公司的技术方案在创新性和可行性方面均优于 C 公司，能够更好地满足项目需求。

（3）经验和能力：C 公司在大型项目施工经验方面不足，存在一定的项目风险。

五、投诉处理结果

市政府监察部门介入调查后，确认采购小组的评标过程符合相关法律法规，评标标准明确，程序合法合规。监察部门驳回了 C 公司的投诉，维持原评标结果。

六、案例分析

（1）法律依据：根据《中华人民共和国政府采购法》及相关配套法规，采购人应当按照采购文件规定的评标方法和标准进行评审。价格虽是重要因素，但并非唯一标准。

（2）评标原则：竞争性谈判强调综合评估，目的是选择最符合项目需求的供应商，而非最低报价者。

（3）供应商的误区：C 公司过于强调低价竞争，忽视了自身技术方案的完善和能力的提升。

七、启示与建议

（1）对采购人的启示：应当严格按照法律法规和采购文件规定的标准进行评标，确保公平、公正、公开。

（2）对供应商的建议：提高自身综合实力，注重技术方案的质量和可行性，而非一味追求低价。

（3）对监管部门的作用：加强对采购过程的监督，及时处理投诉，维护市场的公平竞争环境。

八、结论

本案例反映了在政府采购中,最低价并不等同于最优选择。采购活动应以满足项目实际需求为导向,综合考虑各方面因素。供应商应提升自身实力,避免陷入低价竞争的误区。

三、最佳价值

在采购方对外采购时,除了采用"最低价格"进行采购决策外,当采用"最佳价值"(也称"经济最有利")标准时,最初的合同广告或报价邀请就应说明并解释清楚衡量"价值"("经济最有利")的标准。

首先,采购方应在合同中写明"最佳价值"标准。其可能包括:质量、交货期限、技术标准、创新优势、风险分担、健康安全、环境绩效等。价值标准应该是与提供商品的规格、合同的目的以及采购绩效等直接相关的。其次,应在合同中列出拟采用的标准,并注明合理的等级和权重,以便供应商了解非价格因素的优先顺序。比如,采购方可以在其外部网站上按照重要程度高低的顺序列明某个合同的授予标准,并且注明各条标准的权重,比如价格占考虑因素的50%,人员素质占考虑因素的30%,实施质量占考虑因素的20%。

因此,采购方需要考虑的成本可以理解为"全生命周期成本和质量的最优化结合"。

一件物品(特别是重大的资本性资产)的采购价格与其总获取成本之间存在显著差异。总获取成本(total acquisition cost)不仅包括采购价格,还包括:(1)采购成本,如税费、外汇兑换成本、招投标成本以及起草合同的成本。(2)财务成本,如为购买资产而借贷。(3)包装、运输以及货运保险的成本。(4)仓储、组装以及最后收尾工作的成本。(5)质量管理和质量问题的成本,如质检、返工或报废、损失的销售额、消费者赔偿等。(6)全生命周期成本,如安装、维护、修理(对于设备等采购)、人员培训等诸项费用。(7)拆解、回收、处理的成本,包括通过再售实现资产残值的"负成本"。

供应商所报的价格包含了以上成本中的部分或全部，采购方在对两个不同报价进行比较时需考虑以下问题：较低的价格体现的是具有竞争力的定价还是较小的利益，或者是忽略了一部分隐性的生命周期成本。通常，采购价格和利益之间存在着一种权衡关系。过低的价格有可能带来过高的总获取成本。低价格的背后可能是低质量，因此可能不具有较高的资金价值，由于产品质量低下会造成废品和返工的增加，采购方需要进行更严格的质量检验，导致总获取成本和总拥有成本升高以及客户失望造成的销售下降。

由此看来，"最佳价值"或许可以定义为满足购买者综合需求（包括质量、服务、与供应商的长期伙伴关系等）的最低总获取成本。

四、供应商绩效测量指标

绩效测量指标和标准用于在合同授予之后进行供应商绩效管理和供应商等级评定，采购方在使用指标测量绩效时应注意以下三点：

（1）绩效测量指标（或供应商等级评定标准）应当建立在合同授予标准的基础之上，并提供一个清晰的指标来体现采购方是否已达到预期目标。

（2）采购方应事先告知潜在供应商合同授予的标准，以便供应商尽其最大能力争取业务。对供应商而言，绩效测量的标准在合同授予之后涉及合同和商业关系问题，使供应商有理由去相信或质疑合同授予决策的公平性。

（3）绩效测量指标和关键绩效指标通常比合同授予标准或供应商评估标准更为具体。合同授予标准可能使用诸如"最优生命周期成本"或"可达到的最佳质量标准"之类的说法。关键绩效指标则会明确指出要达到的目标成本或成本的降低值，并细化规定质量指标、容许误差和相关目标。

采购方应尽量在招标或合同授予阶段将达不到基本规定要求（如适合性、财务状况以及技术实力）的供应商排除掉。例如，在公共领域中对合同授予标准有着严格的条款以保护公开、平等、透明的竞争。采购方可以因为下列原因判定供应商资质不符：

（1）供应商的个人状况。如破产、清算或国际法规定的类似状况，或因在投标过程中违反职业道德和竞争原则、偷税漏税、伪造职业资格而受到处罚。

（2）财务能力不足。根据对履行合同所需的财务或经济能力水平的估计，以及与经济和财务能力有关的证据，表明供应商的财务能力不足。

（3）技术能力。采购方有权知道下列信息：供应商或高级职员的职业资格和过去三年所承担的主要工作，所使用的原材料和技术设备，评价项目公平性的方法，是否分包和如何分包。

（4）职业资格。采购方可以要求投标人证明其具有在相关职业机构注册的职业资格。

（5）最低价格或经济最有利。资源消耗和处理成本等因素被纳入评判合同授予的考虑范围。社会或环境可持续性标准只有在与合同的绩效直接相关的情况下才会被纳入，而且权重要适当。

第五节　实　践　指　导

一、实践任务

通过本章学习，引导学生进一步了解供应商选择的方法与合同授予的标准，要求学生掌握供应商评估模型和供应商选择模型。通过案例的学习，加强对典型的合同授予标准和供应商选择标准的认识，从而更好地实现课程教学目标。

二、实践步骤

（1）分组讨论并交流，找出分析案例中的关键问题。

（2）确定是否还需查找与已找出关键问题相关的背景资料。

（3）筛选并优化分析此案例的答题思路。

（4）明确构成小组分析逻辑的依据，并展开进一步的逻辑整理。

（5）小组形成文字报告并汇报。

三、实践要求

（1）彻底读懂案例——当小组分发到一篇案例时，成员需要对案例进行反复阅读，对案例中的重要信息尝试消化理解。在阅读的过程中，对案例中的背景资料、主要事实、面临的难题及难点、重要论点、重要结论和针对性的对策建议等内容进行一一记录，以方便下一个步骤的进行。

（2）分组交流讨论，大胆提出自己对问题的看法——对案例中的主要角色所面临的问题进行分析，尝试对案例所给的背景资料进行仔细阅读、筛选分类，归纳总结，若需要引证资料来佐证个人观点，可以依靠电子资料、图书馆实体资料等，获取相关领域的多方面知识，保证分析的正确性。

（3）全面并正确概括问题——在对案例进行认真分析之后，小组尝试根据案例的相关资料找出问题的症结所在，并对需要解决的问题进行正确概括，注意概括问题的逻辑性与针对性。

（4）撰写分析报告——报告中对资料的分析运用要求准确，以所学理论为指导分析资料；资料分析要求全面充实，紧扣主题，结构合理，层次清楚，中心突出。除此之外，提交的报告要注意格式规范，用词准确，表达通顺。

四、实践内容

美国法院怎样处理合同授予纠纷

1994年，美国阿拉巴马州一条高速公路建设工程进行公开招标。因投标符合所有可适用的法律法规且报价最低，克拉克公司被阿拉巴马交通局选择为合同授予者。但由于交通管制问题，克拉克公司的中标资格最终被取消。1995年8月，克拉克公司向美国地方法院阿拉巴马中部地区北部分庭起诉阿拉巴马交通局主管等人，质疑政府拒绝其投标并计划将合同授予第三方的行为，被告越权非法剥夺其被授予合同的权利。

最终，法院责令阿拉巴马交通部门和联邦高速公路管理局将公路建设工程授予原告克拉克公司。阿拉巴马交通部门和联邦高速公路管理局违反了《美国法典》第23编112（b）（1）。且阿拉巴马州不应当重新招标，因为缺少交通管制记录是非实质性问题，被告无权重新采购。

本案是一起由法院审理的政府采购合同授予纠纷案件。

联邦高速公路管理局辩称完整交通管制记录的缺失是实质性的，但被告没有证据证明其主张。《联邦采购法规》14.405（d）（2）规定，当修改对价款、数量、质量或交货没有影响或仅仅有可忽略的影响的条款时，这种修改不被认为是实质性的。法院认为不完整的交通管制记录对整个招投标过程来说是非实质性的。

而在控诉阿拉巴马交通局时，原告称被告没有按照《联邦高速公路法案》的规定将合同授予最低价的有履行能力的投标人。虽然阿拉巴马交通局拒绝所有投标人并重新招标的唯一原因是如果不重新招标的话，其将会失去联邦高速公路基金800多万美元，依据是《美国法典》第23编112（d）：没有依据本节条款和秘书处的预先同意，任何州高速公路管理部门和州地方管理部门不可以通过依据本节（b）条和本节其他条款设立的竞争性招标而授予合同。但阿拉巴马交通局的行为破坏了公众对招投标程序及交通局本身的信任。因为一件小的事情就要求重新招标，这违反了阿拉巴马竞争投标法的立法目的。

在审理此案时，法院发现原告缺乏足够的法律救济。原告在普通法上唯一的救济途径是向美国权利申诉法院起诉请求金钱补偿，以补偿其在投标准备期间的损失。但法院发现金钱救济并不足以补偿由于错误地授予了政府采购合同而给未能中标的投标人带来的损失，因此决定发布"禁令"，责令阿拉巴马交通局和联邦高速公路管理局将公路建设工程授予原告克拉克公司，即使永久禁令可能带来整个高速公路建设工程的额外延期。

资料来源：焦洪宝，王璇.美国法院怎样处理合同授予纠纷［N］.中国政府采购报，2014-12-02（012）.

五、实践范例

做好供应商审核才能更好合作

通过供应商审核,企业可以了解供应商有哪些优点和缺点,并将审核结果作为选择供应商的依据。对供应商进行的审核,主要包括对供应商的产品审核、过程审核和质量管理体系审核。

产品审核

苏果超市采取的方法是将供应商提供的部分产品送交第三方检测机构进行检测,主要是确认供应商的产品质量,根据检测结果,与合格产品的供应商继续维持合作关系,而对于不合格产品的供应商,除书面督促供应商改进产品质量以符合公司的要求外,必要时还应根据采购协议对供应商采取相应的处罚。

过程审核

这是分析评价供应商的产品在生产过程中质量控制是否正确、有效进行的一种活动,即所谓的供应商审核。审核时,公司往往派有经验的审核员到供应商处进行现场审核。对供应商进行过程审核,一般依据产品或供应商的实际情况而定,一般来说,将根据下列情况对供应商进行必要的过程审核:生鲜类、其他高危食品供应商及非食类供应商;自有品牌商品供应商;年节商品供应商;其他顾客质量投诉较多的供应商或易对消费者的健康造成危害的商品的供应商;苏果超市有限公司烘焙加工中心。

质量管理体系审核

对于有必要进行体系审核的供应商,可以进一步采取第三方审核。对已经通过第三方体系认证的供应商,可关注其内审、管理评审、纠正措施、预防措施、检验与试验等过程。对未获得第三方认证的供应商,应着重从控制有效性入手,关注其采购、设备、人员、检验、不合格品控制等重要过程。供应商审核程序如下:

(1)建立供应商审核评价体系。质量管理部计划和组织供应商审核评价体系,它是公司对供应商进行综合评价的依据和标准,同时针对不同的供应商建立相适应的评估管理办法。

（2）编制供应商审核计划。供应商审核计划应与供应商审核评价体系要素保持一致，并持续进行。

（3）供应商审核的准备。供应商审核是质量体系的一个主要因素，因此，它必须依靠标准程序。首先，审核小组应制作规范的程序表；其次，审核小组成员应预先了解被审核产品的性质、制造流程等相关知识。

（4）供应商审核的实施。实际的审核应从了解被审核方的管理情况开始。首先举行首次会议，向被审核方介绍审核原则、审核范围、审核依据和一些需配合的其他事项。然后现场查阅文件控制程序等，审核小组应仔细核实所有相关证据，对不符合要求的现象予以记录，被审核方应陪同审核小组，确保审核过程顺利完成。

（5）完成审核报告。审核结束前举行末次会议，对审核情况进行总结分析，作出审核结论并提出纠正措施。

（6）审核跟进。审核跟进可以采取书面通知，由被审核方反馈纠正措施的进度及完成情况。审核小组根据反馈信息决定复审时间，以此促进供应商持续改进。

资料来源：周显涛.做好供应商审核才能更好合作［N］.中华合作时报，2012-01-13（B05）.

前沿研究

供应商的选择标准是随着供应商对于采购商的合作伙伴关系战略地位的不同而变化的。对应不同的供应商战略地位，选择标准可以分为供应商选择的短期标准和长期标准。

（一）供应商选择的短期标准

1. 商品质量是否合格

所采购商品的质量符合采购单位的要求，是企业正常生产经营的必要条件，也是采购单位采购商品的首要考虑因素。采购中的质量要求应满足企业的生产需要，要求过高或过低都是错误的。评价供应商产品的质量，不仅要从商检入手，更要从供应商的企业出发。

2. 低成本

对供应商报价进行成本分析是选择供应商的有效途径之一。但是，成本不仅是采购价格，还包括原材料或零件在使用过程中或其生命周期结束后发生的所有费用。总成本最低是选择供应商时要考虑的主要因素，总成本一般包括采购成本、作业成本和处置成本。

3. 及时交货

供应商能否按照约定的交货时间和交货条件组织供货，将直接影响企业生产供应活动的连续性。企业在考虑交货期时，一方面要减少原材料的库存量，另一方面要降低停工风险。

4. 整体服务水平良好

供应商内部操作环节能配合采购方的能力和态度，如各项技术服务项目、订货便利措施、订货成本节约措施等，主要指标包括安装服务、培训服务、维修服务、升级服务、技术支持服务等。

5. 履行合同的承诺和能力

企业在确定供应商是否具有履行合同的承诺和能力时，应考虑确认供应商是否对采购项目感兴趣、订单的金额和数量、处理订单的时间，在拟采购项目中是否具有核心能力，是否具有自主开发产品的能力，以及设备闲置的现状。

（二）供应商选择的长期标准

1. 供应商的财务状况是否稳定

财务状况直接影响到交货和履行的绩效。一般来说，可以用资产负债表来评估一段时期内供应商的经营成果，观察其资产和负债情况，也可以通过损益表来评估一段时期内供应商的销售业绩和成本情况。

2. 供应商内部组织管理是否良好

内部组织管理关系到供应商未来的服务质量。从供应商机器设备的新旧程度和维修状况，可以看出管理者对生产工具和产品质量以及内部管理质量的重视程度。

3. 供应商的员工状况是否稳定

员工平均年龄是反映企业管理是否存在问题的重要指标,如果平均年龄偏高,说明供应商员工流动率低,供应商无法吸引新员工,缺乏新思想、新技术的引进。

案例分析

供应商短期行为日益明显,中小方案商面临两难选择

一、引言

在现代商业环境中,供应链的稳定性和可持续性对于企业的生存和发展至关重要。然而,随着市场竞争的加剧,供应商的短期行为日益明显。这种现象给中小方案商带来了巨大的挑战,使其在业务拓展和风险控制之间陷入两难选择。以下将通过一个具体案例,深入分析这一问题的成因、影响,并探讨可能的解决方案。

二、案例背景

A科技有限公司(以下简称"A公司")是一家专注于智能家居解决方案的中小型方案商。公司成立于2015年,凭借创新的产品设计和优质的客户服务,迅速在市场上占有一席之地。其主要客户包括房地产开发商、酒店和高端住宅用户。

为了满足市场需求,A公司需要大量的电子元器件和智能设备,这些关键组件主要由B供应商提供。B供应商是一家大型的电子元器件制造商,拥有先进的生产技术和广泛的产品线。双方自2016年开始合作,关系一直较为稳固。

三、问题的出现

自2021年下半年起,全球芯片短缺的问题开始显现。B供应商为了应对市场变化,开始调整其供应策略。他们采取了以下短期行为:(1)涨价:多次提高产品价格,涨幅高达30%。(2)减少供货:优先满足大型客户的需求,对A公司的供货量大幅削减。(3)缩短结算周期:要求A公

司提前付款,取消了之前的月结方式。

这些变化给A公司带来了巨大的压力:(1)成本上升:产品成本大幅增加,利润空间被挤压。(2)供货不足:无法按时交付项目,影响了客户满意度和公司信誉。(3)资金压力:提前付款的要求加剧了公司的现金流紧张。

四、中小方案商的两难选择

面对B供应商的短期行为,A公司陷入了两难选择:(1)继续合作:接受涨价和不利的合作条件,维持现有供应链关系。然而,这将导致成本上升和利润下降,公司可能无法在市场上保持竞争力。(2)更换供应商:寻找新的供应商以降低成本和风险。然而,新的供应商在产品质量、供货稳定性和合作默契度上可能存在不确定性,且更换供应商需要时间和资源投入,可能影响公司业务连续性。

五、问题分析

供应商短期行为的动因有以下五点。(1)市场压力:全球供应链紧张,原材料价格上涨,供应商自身也面临成本压力。(2)利润最大化:供应商希望通过涨价和调整供货策略,短期内获取更高利润。(3)资源倾斜:优先满足大型客户,以确保稳定的大额订单。中小方案商由于自身的弱势地位,议价能力弱,订单量较小,无法对供应商施加足够的影响。(4)资源有限:缺乏足够的资金和人力来快速调整供应链。(5)市场竞争激烈:难以将成本上涨转嫁给下游客户。

另外,还存在两难选择的风险。(1)继续合作的风险:利润空间被挤压,可能导致财务困难,影响长期发展。(2)更换供应商的风险:新供应商的可靠性未知,可能导致产品质量和供货稳定性的问题。

六、可能的解决方案

1. 加强与现有供应商的沟通

(1)建立战略合作关系:与B供应商探讨建立更深层次的合作,如签订长期合同,以获得稳定的价格和供货量。

(2)共同应对市场挑战:分享市场信息,寻找双方都能接受的解决方案。

2. 拓展供应商渠道

（1）开发新的供应商：通过市场调研，寻找其他有能力的供应商，分散风险。

（2）多元化供应链：不依赖单一供应商，建立多个供应渠道，提升议价能力。

3. 提高自身核心竞争力

（1）技术创新：提升产品的技术含量和附加值，以抵御成本上涨带来的压力。

（2）优化内部管理：通过精益管理和成本控制，提高运营效率。

4. 寻求合作伙伴

（1）联盟合作：与其他中小方案商结成联盟，联合采购，提升订单量，提高议价能力。

（2）资本合作：引入战略投资者，增强资金实力，支持供应链调整和业务拓展。

七、案例的后续发展

A公司在权衡利弊后，决定采取以下措施。

（1）双管齐下。继续与B供应商保持合作，但努力谈判以获得更好的条件。同时开发新的供应商C，C供应商是一家新兴的电子元器件制造商，虽然规模不大，但产品质量和技术水平较高。

（2）签订长期合作协议。与B供应商签订了为期两年的合作协议，锁定了价格和供货量，避免了价格进一步上涨的风险。

（3）优化产品设计、降低对特定组件的依赖。通过技术改进，使用更通用的元器件，扩大可选择的供应商范围。

（4）加强资金管理。引入风投基金，通过资金的注入，缓解了现金流压力。优化财务结构，加强应收账款管理，加快资金回笼。

八、结果与启示

经过一系列调整，A公司成功度过了供应链危机。

（1）成本控制：通过多元化供应链和产品优化，降低了成本上涨的影响。

（2）供应链稳定：与B供应商和新供应商C建立了稳固的合作关系，

供货更加稳定。

（3）市场竞争力提升：产品技术含量提高，获得了更多客户认可。

启示：（1）供应链管理的重要性。中小方案商应高度重视供应链的稳定性和可持续性，不能过度依赖单一供应商。（2）风险分散。通过多元化供应商渠道，分散供应链风险，提升企业的抗风险能力。（3）合作共赢。与供应商建立战略合作关系，共同应对市场挑战，实现互利共赢。（4）提升自身实力。技术创新和内部管理优化是企业应对外部挑战的根本途径。

九、结论

供应商的短期行为对中小方案商带来了巨大的挑战，但也是促使企业自我反省和提升的契机。中小方案商应积极应对，采取多种策略化解困境。只有通过加强供应链管理、提升自身核心竞争力和寻求多方合作，企业才能在激烈的市场竞争中立于不败之地。

十、建议

（1）建立供应链预警机制。企业应建立对供应链风险的预警机制，及时发现并应对潜在的问题。（2）加强行业交流。与同行企业加强交流，共享市场信息和资源，共同提升行业竞争力。（3）政策支持。呼吁政府和行业协会对中小企业给予更多支持，如提供融资渠道、政策优惠等，帮助其应对供应链挑战。

十一、附录

附录一：A 公司基本情况表

项目	内容
公司名称	A 科技有限公司
成立时间	2015 年 5 月
注册资本	500 万元人民币
公司性质	民营中小企业
主营业务	智能家居解决方案的设计、开发与实施
主要客户	房地产开发商、酒店、高端住宅用户
员工人数	50 人

（续表）

项目	内容
核心竞争力	创新的产品设计、优质的客户服务
主要产品	智能照明系统、智能安防系统、家庭自动化系统
公司愿景	成为国内领先的智能家居整体解决方案提供商

附录二：B 供应商合作历史记录

合作起始时间：2016 年 3 月

合作内容：提供电子元器件和智能设备

合作关键节点：

（1）2016 年 3 月：签订首次供货合同，合作顺利开启。

（2）2017—2019 年：双方合作稳步发展，B 供应商成为 A 公司的主要供应商之一。

（3）2020 年初：双方签订年度合作框架协议，约定供货量和价格。

（4）2021 年下半年：B 供应商开始调整供应策略，出现涨价和供货减少的情况。

（5）2022 年初：双方就供货问题进行多次谈判，但未达成一致。

（6）2022 年 6 月：A 公司与 B 供应商签订两年期合作协议，锁定价格和供货量。

主要合作条款：

（1）供货范围：智能家居所需的核心电子元器件，包括传感器、控制模块、通信芯片等。

（2）结算方式：最初采用月结方式，后期调整为预付款方式。

（3）价格条款：根据市场行情，每年调整一次价格。

（4）质量标准：产品必须符合国家相关标准，且通过 A 公司的内部测试认证。

（5）违约责任：任何一方违反合同约定，需承担相应的违约责任，包括经济赔偿。

合作评价：

正面评价：（1）B供应商产品质量稳定，技术先进。（2）供货及时，售后服务较好。

负面评价：（1）2021年后，供应策略频繁调整，给A公司带来不确定性。（2）涨价和供货减少影响了A公司的业务发展。

附录三：市场供应链风险分析报告

报告日期：2022年5月

报告编制部门：A公司供应链管理部

1. 宏观环境分析

（1）全球经济形势：受疫情影响，全球经济复苏缓慢，供应链紧张。（2）原材料价格上涨：铜、铝、硅等原材料价格持续上涨，导致电子元器件成本增加。（3）芯片短缺：全球芯片产能不足，供需失衡，交货周期延长。

2. 行业现状

（1）市场需求旺盛：智能家居市场需求持续增长，竞争加剧。（2）供应商策略调整：大型供应商优先保障大客户，对中小客户供货减少。（3）新兴供应商崛起：部分新兴供应商技术进步，具备一定的供货能力。

3. 供应链风险识别

（1）价格风险：供应商频繁涨价，导致成本不稳定。（2）供货风险：供货不足或延迟，影响项目交付和客户满意度。（3）质量风险：更换供应商可能带来产品质量不稳定的问题。（4）财务风险：提前付款和涨价增加了资金压力，影响现金流。

4. 风险评估

（1）高风险：价格和供货风险评估为高风险，需要重点关注。（2）中风险：质量和务风险评估为中风险，需要采取预防措施。（3）低风险：法律和政策风险评估为低风险，但需持续监控。

5. 风险应对策略

价格风险应对：（1）与供应商谈判，签订长期合同，锁定价格。（2）寻找替代材料或元器件，降低成本。

供货风险应对：（1）开发新的供应商，建立多元化供应渠道。（2）增加安全库存，缓解供货延迟的影响。（3）质量风险应对：对新供应商进行严格的资质审核和产品测试。建立质量控制体系，持续监控产品质量。（4）财务风险应对：加强资金管理，优化现金流。寻求融资支持，增强资金实力。

6. 结论与建议

结论：当前供应链面临的风险较高，需引起高度重视。供应商的短期行为对公司的业务持续性构成威胁。

建议：（1）短期措施：立即与现有供应商展开谈判，确保供货稳定。（2）中期措施：加快新供应商的开发和评估，建立多元化供应链。（3）长期措施：提升自身技术实力，减少对特定供应商的依赖。

十二、总结

在全球经济复杂多变的背景下，供应商的短期行为已成为企业无法回避的问题。中小方案商应提高警惕，主动出击，采取有效措施保障自身的利益和发展。只有这样，才能在激烈的市场竞争中获得持续的发展动力。

思考问题：

（1）中小方案商应如何在面对供应商短期行为时，平衡短期利益与长期合作关系，以实现可持续发展？（提示：考虑中小方案商在供应链中的弱势地位，以及通过战略合作、技术创新和供应链多元化来提升自身竞争力）

（2）在供应链风险加剧的情况下，中小企业可以采取哪些具体措施来提高议价能力和抗风险能力？（提示：思考如何通过联盟合作、优化内部管理、拓展融资渠道等方式增强企业实力，以及如何建立有效的风险预警和应对机制）

（3）供应商的短期行为对行业生态系统产生了哪些影响？企业和行业协会应如何携手合作，营造健康可持续的供应链环境？（提示：分析供应商短期行为可能导致的市场失衡和信任危机，探讨行业自律和政策支持的重要性，以及集体行动的必要性）

■ 采购寻源基础

练习与思考

一、名词解释

1. 质量控制

2. 质量保证

3. 经济最有利标准

4. 全面质量管理

二、单项选择题

1. 下列哪一项不属于合同授予的标准？（　　）

　　A. 从资格预审短名单中选出最佳供应商

　　B. 比较供应商的短名单，选择最佳的方案

　　C. 着眼当前需求，签订具体合同

　　D. 选择价格最低的供应商

2. 遵守采购方所要求的程序、规则或制度、质量和环境管理体系、财务控制、风险评估和管理体系属于供应商评估"10C"模型中的（　　）。

　　A. 供应商履行合同的能力

　　B. 供应商满足采购组织目前和未来需求的产能

　　C. 有现成的控制系统

　　D. 供应商与采购组织的兼容性

3. 电子监控设备主要用于（　　）。

　　A. 关键阶段进行持续监控

　　B. 进行持续监控

　　C. 阶段性的审核

　　D. 完成后审核

4. 合同授予标准通常要平衡技术标准和（　　）。

　　A. 商务标准　　　　　　　　　　B. 质量标准

　　C. 供应商选择标准　　　　　　　D. 价值标准

三、多项选择题

1. 财务能力衡量的相关指标包括（　　）。
   A. 盈利性　　　　　　　　　　B. 现金流状况
   C. 负债情况　　　　　　　　　D. 成本结构

2. 检查财务指标的方法包括（　　）。
   A. 供应商企业三年来的营业额　　B. 被收购和并购的可能性
   C. 额外产能应急方案也要进行验证　D. 是否过度依赖少数客户

3. 质量定义的维度包括（　　）。
   A. 卓越　　　　B. 相对卓越　　　　C. 适用　　　　D. 不卓越

4. 服务评估维度包括（　　）。
   A. 有形物　　　B. 可靠性　　　　C. 一致性　　　D. 响应性
   E. 保障性

5. 采用竞争性招标方法时应关注于（　　）。
   A. 减少合同授予的数量　　　　　B. 减少合同授予的复杂性
   C. 减少产品质量　　　　　　　　D. 减少合同授予的主观性

四、简答题

1. 简要归纳评估技术能力的因素。
2. 简述评估质量时采购方应当注意的因素。

五、论述题

请论述采购方可以从哪些方面评估供应商的财务能力。

第四章

供应市场的分析

学习目标

- 了解市场分析的重要性
- 认识经济数据的衡量指标
- 掌握评估市场和供应商的二手数据，分析商品的定价及潜在销量
- 掌握供应商支出数据的汇编方法

基本概念

供求市场分析；供应商及买方分析；一手、二手数据；PESTLE 分析

第一节 需求分析

为了提升企业的综合竞争力，保证采购方当前和未来需求的满足，采购方必须系统研究影响商品和服务等因素的行为。在供应商搜寻的过程中，需求分析、供应商分析和供应市场分析是必不可少的重要环节。

需求分析是指为了确保采购行为的实现，对高价值、高用量、高风险的材料予以特别关注，采用标准的分析方式（如帕累托分析）准确预测其需求的行为。分析的目的是提前预估出需求材料在下一阶段的可能使

用量。

供应商分析是指企业在评估当前供应商的绩效的基础上，同时对潜在供应商进行识别、评估和预审的行为。

供应市场分析是指企业评估分析整个市场总体的供应情况。供应市场分析需重点考虑以下三个因素：一是将来的可获得性，包括采购物品短缺或中断的风险；二是市场价格、价格波动及其走势；三是影响供给或需求的环境因素。

小材料

目前国内露营市场参与者众多，国内外各大品牌同台竞技，包括海外奢牌、国产露营品牌和其他做露营产品的户外品牌。其中，牧高笛、迪卡侬、黑鹿等实力强劲。

（一）牧高迪

牧高笛户外用品股份有限公司成立于2003年，主要从事露营帐篷、户外服饰及其他户外用品研发、设计、生产和销售。

公司同时经营自有品牌牧高笛的品牌运营业务以及露营帐篷OEM/ODM业务。品牌业务以国内市场为主，不仅满足露营专业人士、户外爱好者的专业设备与服装需求，也为大众消费者提供外保护、内舒适的穿着体验；OEM/ODM业务为全球客户提供帐篷产品的研发生产服务，产品远销欧洲、澳大利亚、新西兰、亚洲和美国等国际市场。

虽然牧高迪早在2003年就进入了国内户外用品市场，但大多数产品还较为传统，其功能设计和外观并没有抓到年轻一代"精致露营"的需求。与其相比，山之客的优势是成立之初就抓住了"精致露营"进行产品创新，在这条细分赛道上，山之客暂时领先于牧高迪。作为初创品牌，山之客在打开市场方面还具有价格优势。但作为老品牌，牧高迪经验丰富，品控是他们的优势，且业内知名度也较高，品牌效应更好。

（二）迪卡侬

迪卡侬 2003 年进入中国市场，至 2021 年已遍布全国 46 座城市的 178 家商场。

迪卡侬能够提供连锁运动用品经营以至体育全产业链的支持，有丰富的自有品牌产品线，并根据运动类别的不同，分为 20 种不同名称的品牌。无论是初学者还是专业运动者，迪卡侬都能按需提供运动服饰、装备以及各种创意类运动产品。

迪卡侬的产品颜值普通，强调实用性，全产业链掌控的模式让其产品具有较高的性价比。但俗话说"做多不如做少，做杂不如做精"，"一把抓"的经营模式虽然为他们吸引到了大量的用户，但却有一定的局限性。"精致露营"市场所需要的产品与其全面的普遍适用的产品有较大差别。

（三）黑鹿

黑鹿露营 2008 年在杭州成立，致力于创造舒适精致的露营生活方式，通过设计完备的露营装备，让露营者感受到"精致露营"体验。其产品装备更注重舒适度与视觉表达，并积极传播露营生活方式，让更多人参与户外，体验精致的露营生活。产品融合潮流设计与功能灵感，在满足人们对功能性需求的同时，通过时尚大胆的设计和剪裁，打破了都市与户外的界限。

黑鹿的产品定位与山之客类似，但由于其单价略高，不具备很强的性价比，使许多新客户不愿意花高成本去尝试精致露营。

采购部门对供应市场的研究通常是指通过采取特定的行为对市场进行详细分析，特别是在进行新的采购或者发现了新的风险因素时，需要对市场供求信息进行专项研究。采购部门对供应市场研究的目标在于：（1）为企业提供微观信息，有利于企业拟定采购计划；（2）在供应环境发生改变时，指导企业积极应变，既包括抓住新的机会，也包括在遭遇威胁时做好准备，尽早获知供应市场上的变化。

一、需求预测的类型

为了避免生产成本的浪费和经营的损失,企业希望产出的数量尽可能接近最终出售给客户的数量。最理想的状况就是生产出的商品数量刚好满足实际需求的数量,与客户的订单量相吻合。因此,采购方分析相关需求和独立需求是极其重要的。

按需求的来源不同,企业内部的物料可分为相关需求和独立需求两种类型。

相关需求(也称非独立需求)是指根据物料之间的结构组成关系由独立需求的物料所产生的需求,如半成品、零部件、原材料等的需求。相关需求的需求数量和需求时间与其他的变量存在一定的相互关系,可以通过一定的数学关系推算得出。相关产品项目的需求取决于其所属的上级项目,这些外购项目的需求是根据生产计划和物料需求的结果来准确判定的。例如,生产1 000个单位的产品,每一个单位需要5个子模块,则最终需要下单采购5 000个子模块。

独立需求是指需求量和需求时间由企业外部的需求来决定,如客户订购的产品、科研试制需要的样品、售后维修需要的备品备件等。例如,维持机器正常工作状态所需的润滑油量和机器上正在加工的产品没有直接关系,但我们需要确定每天、每周、每月的润滑油用量的平均值,从而决定独立需求,独立需求的预测基础是预计使用量,也就是补货率。

二者之间的区别是:相关需求是计算出来的,而独立需求是预测出来的。从计算、预测这个角度来说,独立需求和相关需求是计划属性,而不是物料属性。

二、需求预测的方法

市场部门的一个关键职能就是为企业预测消费者偏好的产品类别及购买的数量,确保企业及时购入准确的物品类别及数目,高效地满足客户的需求。需求预测的准确性至关重要，同时对采购者也极具挑战性。预测通常包括以下三种重要的信息来源：一是历史数据（如产品销售额或产品使用量）；二是当前数据和信息，如通过销售记录和生产记录得到的数据信息；三是市场研究和环境监测，研究和监测信息可以帮助企业更好地了解产品市场（需求）和供应市场（供给）上可能存在的变化。

如果市场上产品价格下跌，需求就有可能会上升；如果产品价格上涨，需求就有可能回落。需求上升会导致供应紧缺的问题，但需求下降会导致库存积压的问题。为了确保和维持供给的准确性，对所有的预测都需要进行持续的监测。对于某些商品的需求项目，需求的预测较为容易。例如，如果一个产品将被市场淘汰，其需求必然会随着时间而降低；如果开展一场较大的促销活动，需求可能会出现上升的情况。季节性物品（如空调、电暖器）的需求会沿着一条可以预测的周期曲线波动。但多数情况下，产品的趋势不会这么明确，需要借助统计方法利用现有数据预测潜在需求趋势，从而推导出未来需求。

常见的一些可预测市场需求的统计方法如表4-1所示。

表4-1 统计预测方法

方法名称	详情
简单移动平均法	简单移动平均法是根据已有时间序列数据，按给定跨期，使用算术平均法计算各组数据的平均值，将此值作为下一期的预测值
加权移动平均法（指数平滑法）	加权平均法是在简单移动平均法的基础上加以优化，赋予跨期组内数据权重，用加权平均法计算各组数据的移动平均值
时间序列趋势分析	时间序列趋势分析是指通过分析时间序列，发现时间序列中的数据所反映出来的发展过程、周期、方向和趋势，进行类推或延伸，借以预测未来可能达到的需求水平
回归分析	回归分析是一种预测性的建模技术，它研究的是因变量（目标变量）和自变量（预测变量）之间的关系，通常用于预测分析，发现变量之间的因果关系

资料来源：英国皇家采购与供应学会.供应源搜寻[M].北京中交协物流人力资源培训中心，译.北京：机械工业出版社，2014.

小案例

某汽车A店某一车型1—12月的销量依次为30辆、31辆、33辆、34辆、35辆、37辆、36辆、35辆、36辆、38辆、37辆、39辆。请预测下一年1月份的汽车的销量。尝试用简单移动平均法和加权移动平均法预测需求量。

提示：简单移动平均法数学模型：$SMA_{t+1}=\dfrac{\sum\limits_{i=1}^{N}A_{t+i-n}}{n}$，$t$为移动跨期；$SMA_{t+1}$为$t$期末简单移动平均值，即$t+1$周期的预测值；$A_{t+i-n}$为$i$期实际值；$n$为周期数。其中$SMA_{t+1}=F_t$；$F=\dfrac{A_{t-1}+A_{t-2}+\cdots+A_{t-n}}{n}$；$F_t$为预测值。加权移动平均法数学模型：$SMA_{t+1}=\dfrac{\sum\limits_{i=1}^{N}\alpha_i A_{t+i-n}}{n}$，$a$为加权系数，$\sum\alpha_i=1$。

资料来源：王彦梅.基于移动平均法的汽车4S店新车销售需求预测分析［J］.中国商论，2019（18）：58-59.

值得注意的是，统计方法难以把所有影响需求波动的因素全部纳入需求预测的范围内。基于专业采购人员、供应商、顾问或其他利益相关者的知识、经验和判断，以下三种主观的或定性的方法可以用于企业产品预测。

（1）市场研究和消费者研究。该方法可以证实消费者潜在的兴趣和需求，特别是对于新产品，进而帮助采购企业确定销售走势、顾客的购买偏好及其背后的原因。

（2）专家意见采集。该方法是指采集一些在相关业务范围、市场以及领域（如消费者行为）中公认具有独到知识和经验的一类人的判断和看法。

（3）德尔菲方法。该方法是在专家意见的搜集结果的基础上，力求更加客观和严谨统计的一种方法。

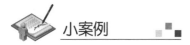 小案例

钢铁需求预测
（2022年4月SRO，成品钢）

地区	百万吨			同比增长率（%）		
	2021	2022（f）	2023（f）	2021	2022（f）	2023（f）
欧盟（27国）和英国	163.6	161.5	167.9	16.8	−1.3	4.0
其他欧洲地区	40.2	42.3	44.1	12.0	5.2	4.2
俄罗斯与其他独联体国家+乌克兰	58.5	44.6	45.1	1.5	−23.6	1.1
美墨加	136.9	141.0	144.7	20.5	2.9	2.7
中南美洲	50.7	48.5	50.3	30.7	−4.4	3.9
非洲	37.4	39.1	40.7	6.4	4.6	4.2
中东	48.3	50.2	51.7	2.9	3.8	3.2
亚洲和大洋洲	1 298.1	1 313.1	1 336.8	−1.4	1.2	1.8
全球	1 833.7	1 840.2	1 881.4	2.7	0.4	2.2
全球（中国除外）	881.7	888.2	919.9	13.2	0.7	3.6
发达经济体	399.4	403.7	413.5	16.5	1.1	2.4
中国	952.0	952.0	961.6	−5.4	0.0	1.0
新兴和发展中经济体	482.2	484.4	506.4	10.7	0.5	4.5
东盟（5国）	72.6	76.1	80.8	3.5	4.8	6.1
中东北非	65.2	68.0	70.3	3.2	4.3	3.5

第二节 供应商数据来源分析

当今,由于越来越多的采购决策基于大数据分析,用数据说话、重视定量分析逐渐成为企业采购过程中着重考虑的问题之一,越来越多的企业意识到大数据整合对供应链完整的重要意义。在进行供应商数据分析时,收集数据的涵盖范围主要包括一手数据、二手数据、第三方研究机构、经济指数、商品定价等渠道。

一、一手数据

一手数据是指为了特定目的而专门搜集的,直接来自有关源头(客户、供应链成员、行业分析师等)的数据,通常从调查、访谈、问卷、观察或者实验中获得。

一手数据主要来源包括:(1)与供应商的沟通。如采用信息征询函、采购方见面会、在线论坛、行业会展等方式,探讨供求市场的变化及发展。这些沟通对于供应商支出数据的收集能起到重要作用。(2)采购方建立的关于供应商和市场的数据库。包括供应商报价、绩效评估记录、市场风险评估、价格变动、需求预测等数据。企业应开展自身环境扫描检测、风险评估、PESTEL 分析[①]或 STEEPLE 分析[②]、SWOT 分析[③]、竞争对手和行业分析、标杆分析定价和价格走势分析等工作。

---

① PESTEL 分析又称"大环境分析",是分析宏观环境的有效工具,不仅能够分析外部环境,而且能够识别一切对组织有冲击作用的力量。
② STEEPLE 分析是一种从社会、技术、经济、环境、政治、法律、道德七个方面来分析企业组织发展的宏观环境的竞争环境分析方法。
③ SWOT 分析即基于内外部竞争环境和竞争条件下的态势分析,主要包含分析优势、劣势、机会与威胁。

以下六种方式可以有效地帮助买方建立数据库。（1）供应商的市场宣传。如广告、直邮、传单手册、销售代表拜访、网站等。其中报价单（包括电子报价单）上面详细的产品介绍、交易条件、价格表等信息尤为重要。（2）在线交易所、拍卖网站和供销论坛等。有些论坛上允许直接发出报价邀请和其他相关信息。（3）咨询信息服务机构。包括相关的专业机构。（4）专业采购咨询机构以及其他服务机构的专项报告和分析。（5）行业展销会、展览会、研讨会等。这些会展都可以提供机会让参展者接触到供应商代表或联系人，讨论供应商的报价和采购方的需要，以及采集相关信息，听取专家的行业分析和报告。（6）与同事、同行、供应商以及其他利益相关者之间非正式的交叉互动信息交换。

二、二手数据

二手数据是指出于使用目标被采集汇总的数据，常以参考指南或出版物的形式出现并以案头研究的方式加以运用。特别要注意的是，这些数据的使用需选用合适准确的参考数据源。

二手数据的来源包括政府和经济管理政策、行业协会出版物、国家经济信息和统计信息中心的统计报告、计算机数据库、联合数据以及图书馆和政府部门发布的数据。关于供应商的二手数据来源如下：（1）相关网站。包括企业主页、可检索数据库等。（2）供应商的印刷名录。包括一般性的名录和专门的行业/产业名录、厂商簿、行业名录等。（3）报纸、期刊、公告及专业的采购刊物。（4）公开的经济指标。如消费者物价指数、劳工市场指数以及各种商品价格指数。（5）已出版印刷或电子版的行业和市场分析。（6）政府印发的统计调查报告。（7）贸易促进协会的资料或网络信息。如行业协会、使馆、商会、出口协会、专业机构的专门资料及相关网站。（8）报价与比价网站。通过这些网站可以比较商品的市场价格。（9）图书馆。有些图书馆搜集了有关企业信息的相关资料。

上述二手公开数据需要后期加工和分析，才能转变为有意义的信息并用于支持供应链搜寻的决策。

补充资料

随着数据共享理念的推广与实践,二手数据在社会学中的应用越来越多。

二手数据具有以下优点:(1)较低的获取成本。二手数据在时间、人力、资源等方面存在明显优势。尤其是对那些没有项目资助的研究者来说,使用二手数据有很大的经济成本优势。(2)较大的数据量和较长的时间跨度。对于一手数据,由于时间、成本、收集难度等方面的限制,研究者收集足够大的数据量具有一定困难,而二手数据由于是从庞大的数据源中抽取出来的,因此样本量可以足够大,并且与一手数据只能提供截面数据相比,一些二手数据在时间跨度上较长,可以支撑研究者做纵向研究。(3)较强的客观性。由于二手数据不是研究者根据某一特定问题而专门收集的,因而这些数据在被用于特定的研究时,就属于需要验证假设的客观数据。

二手数据在实证研究中也有不利的方面,主要表现在:(1)关联性较差。由于二手数据不是为具体设计的研究主题而定制的数据,因此研究者在使用二手数据时不能很好地控制变量,从而无法达到研究目的。(2)数据评估费时。虽然二手数据获取比较方便,可以节省研究者数据获取的时间,但缺乏细节性的信息,因而研究者需要花时间了解数据的收集目的、方法、变量定义等方面的信息,评估、辨别并截取适用于研究目的的数据。(3)非公开数据获取困难。在计算机与互联网技术蓬勃发展的时代,研究者能够较为方便地获取大量的、公开的二手数据。但是,某些非公开的二手数据的可获取性还是较差的,有时还需要付出一些经济成本。

资料来源:沈婷婷.社会学研究者对二手数据利用行为分析[J].情报理论与实践,2016,39(5):95-100.

三、第三方研究机构

对于很多企业而言，及时获取全球各地供应信息极为重要，但是由于有些研究领域专业化程度高，很多企业不具备相应的知识和经验开展数据收集工作；加上获取所需数据的成本过高，难以有效地自行开展数据收集工作，因此，当地确切的数据信息必须由专业的第三方研究机构来提供。

四、经济指数

经济指数是指一些能够代表经济总体运行态势，同时也能识别经济发展阶段以及预测未来经济走势的重要参考指标。在经济领域中，经济指数用统计学的方法衡量一组数据的变化情况。经济指数的用途在于从不同视角追踪一个国家或一个供应市场的稳定性和健康程度。

常见的经济指数包括：（1）股票指数。股票指数为度量和反映股票市场总体价格水平及其变动趋势而编制的股价统计相对数。当股票指数上升时，表明股票的平均价格水平上涨；当股票指数下降时，表明股票的平均价格水平下降。因此，它是反映市场所在国（或地区）社会、政治、经济变化状况的晴雨表。（2）大宗商品价格指数。大宗商品是在国际上主要交易的石油、铜、大豆等产品，以这些产品价格编制的指数就是大宗商品价格指数。如高盛商品指数、标准普尔商品指数等。（3）消费者价格指数。该指数是衡量特定地理范围内一系列消费产品和服务的价格随时间改变而变动的指数。通过该指数可以观察和分析消费品的零售价格和服务项目价格变动对城乡居民实际生活费支出的影响程度。

补充资料

（1）PMI 指数（Purchase Management Index），即采购经理指数，反映了经济的变化趋势，是一个综合指数。按照国际上通用的做法，该指数由五个扩散指数（新订单指数、生产指数、从业人员指数、供应商配送时间指数、主要原材料库存指数）加权而成。

计算公式：

$$PMI 指数 = 订单 \times 30\% + 生产 \times 25\% + 雇员 \times 20\% + 配送 \times 15\% + 存货 \times 10\%$$

该指数是以百分比来衡量的，以50%作为经济强弱的分界点：当指数高于50%时，被视为经济扩张的讯号；当指数低于50%，尤其是非常接近40%时，则被视为经济萧条的讯号。

（2）工业生产指数，反映了一个国家或地区各种工业产品产量的综合变动程度，是衡量经济增长水平的重要指标之一。

在我国，工业生产指数是通过计算各种工业产品的不变价格产值来编制的。其基本编制过程为：首先，对各种工业产品分别制定相应的不变价格标准（记为 p_n）；然后，逐项计算各种产品的不变价格产值，加总起来就得到全部工业产品的不变价格总产值；最后，将不同时期的不变价格总产值加以对比，就得到相应时期的工业生产指数。

记 t 时期的不变价格总产值为 $\sum q_t p_n$（$t=0, 1, 2, 3, \cdots$），则该时期的工业生产指数就是固定加权综合指数的形式：

$$k_q = \frac{\sum q_t p_n}{\sum q_0 p_n}$$

采用不变价格法编制工业生产指数的特点是：只要具备了完整的不变价格产值资料，就能够很容易地计算出有关的生产指数；而且可以在不同层次上（如各地区、各部门、各企业等）进行编制，满足各方面的分析需要。

五、商品定价

初级产品指未经加工或因销售习惯而略作加工的产品，如天然橡胶、原油、铁矿石等农、林、牧、渔、矿业产品。初级产品（也称大宗商品）的贸易活动往往会涉及复杂的国际交易事务，所以有很多商品市场和交易所专门为该类贸易活动提供支持，同时可以起到决定价格的作用。

初级产品的大宗商品交易市场多半位于美国。纽约金属交易所分为纽约商业交易所、纽约贵金属市场两大分部，纽约商业交易所负责能源、铂金及钯金交易，纽约贵金属市场负责金、银、铜、铝的期货和期权合约交易。芝加哥商品交易所（Chicago Mercantile Exchange）负责谷物、大米、黄豆等商品交易。英国的主要交易市场有伦敦金属交易所（London Metal Exchange），负责铜、锌、锡、铝等金属的交易。此外还有国际石油交易所（The International Petroleum Exchange）等大宗商品交易市场。

从供应源搜寻的角度看，由于地理位置分布不均匀，大宗商品通常需要进行国际供应源搜寻，这一行为会带来复杂的风险问题，包括汇率兑换风险、运输风险、司法体系的差异、语言和文化障碍等等，这些风险的发生均会导致商品在价格上出现剧烈波动。例如：假设商品产量遭到天气状况的严重影响，商品会在世界市场上出现供应稀缺的情况，有限的供给会导致价格上升，使国际供应源搜寻面临更大的困难。

公司采购人员A在1月1日采购500吨大麦，此时单价为每吨1650元，将备货用以生产在5月1日销售的产品。如果5月1日之前大麦的价格低至每吨1500元，则公司将被迫以低于预期的价格将这些产品销售给顾客。但是，采购人员A可以在1月1日签订一份期货合同，并按照该合同每吨1650元的价格卖出本应于5月1日到期的500吨大麦。

随后，由于采购人员 A 已知道有客户以 1 650 元的价格购买了同样数量的大麦，到了 5 月 1 日，他可以凭借当时每吨 1 500 元的价格在期货市场买入 500 吨大麦的合约进行对冲。通过该期货合同的签订，该公司没有出现亏损，获得的期货买卖合同的利润恰好可以弥补大麦现货采购中的损失。

资料来源：英国皇家采购与供应学会.供应源搜寻［M］.北京中交协物流人力资源培训中心，译.北京：机械工业出版社，2014.

采购方在进行大宗商品的采购时，有必要持续监测的主要因素有两种：一是影响商品供应的相关因素，包括气候条件、自然灾害（如水灾、旱灾、火灾或作物病虫害）、政治不安定、产业配套不健全、出口配额以及一系列其他风险。例如，导致价格下降的因素包括大丰收、风险事件出现的概率降低、生产或出口配额取消等。二是商品价格的走势和波动。包括市场上商品价格指数以及商品销售标价的变动。采购方要做的就是密切关注相关因素的变化。

较多企业通常的解决方案是采用购买期货的政策，这意味着采购方可以在价格较低时大量买进，若后期价格上升，已有的库存可以维持需求，在情况变好之前不需要再次采购。但是，采购方有必要对这一政策的收益与采购额外库存的存储成本和保险费用进行权衡。除此之外，商品市场也提供了一些方法用于采购方抑制价格的波动，进行敏感的销量预测和支出预算，如签署期货合同、赋予企业在市场中买入或卖出特定数量商品的权利等等。需要特别注意的是，任何对采购方不利的期货合同本质上都归因于价格波动（如价格上涨）。对于采购方来说，套期保值合同比较有利。套期保值是指交易人在买进（或卖出）实际货物的同时，在期货交易所卖出（或买进）同等数量的期货交易合同作为保值。该合同在价格波动时可以对采购方有弥补损失作用。

小案例

东阿阿胶作为制药企业拥有合法的阿胶药品文号，为很多从事阿胶领

域的企业所羡慕，具有其特殊的"稀缺性"。

进入新世纪，特别是东阿阿胶拥有的药品文号进入央企序列后，这一稀缺性带来的价值发挥到了极致。在十几年时间里，东阿阿胶的出厂价涨了数倍，利润增长非常可观。

涨价带来的业绩增长，掩盖了企业的很多问题。特别是在医药产业近十年急剧转型的关键时期，企业还在"迷茫地奔跑"。持续涨价吸引了很多不具备阿胶规范生产能力的企业进入，原料源头驴皮供应紧张，使得东阿阿胶出厂价格相比之前继续上涨。

资料来源：杜臣.东阿阿胶业绩V型反弹带来哪些思考[N]，医药经济报，2021-04-06.

思考问题：

（1）商品供不应求，会导致市场供求出现什么样的情况？

（2）由于驴皮供不应求，为了确保收购价格稳定，东阿阿胶在收购原料时应注意什么问题？

第三节　供应市场分析

供应市场分析是一个采购方搜集、分析、评估相关市场以及供应商数据的重要过程。采购方搜集这些信息的目的是优化供应基础，使其在成本、质量及交货响应性等关键绩效因素方面满足企业的需要。

供应市场研究可以同时从宏观和微观两个角度展开：采购方通过宏观分析以获取市场宏观数据并形成对大趋势的认识，通过微观分析则可以寻找具体的商机和供应商，从而制定出多套商业方案。这些分析对于采购方应对市场发展变化是至关重要的。数据的分析和评估过程是形成采购方信息来源的关键。供应市场分析耗资耗时，应集中于对企业最具战略关键性的方面。

一、供应市场的现状分析

在分析供应市场时，第一步是从整体观察市场的结构特性，这些市场结构特性有可能是供应源搜寻策略制定的重要影响因素。这些市场结构特性指标包括买方数量、货物供应商的数量、定价方式、各产品的差异化程度、技术发展阶段等。

市场大体可以分为完全竞争、垄断、垄断竞争、买方垄断这四种类型。市场的不同类型影响着买卖双方的谈判立场，采购方必须注意供应市场的类型及相关特征。如果一个采购方面对的是一个垄断供应商，这个市场上的产品差异化程度很小，替代性产品也很少，那么采购方的谈判立场就很弱势，很难左右供应商的选择，寻找别家的难度也较高。如果采购方面对的是完全竞争市场，供应商很多，相近品质的产品也会很多，这时，采购方就可以拥有较大的话语权，因为采购方能够较容易地改用最具竞争力的供应商。

市场分析对于采购大宗商品的采购方而言尤为重要。与标准的制造业供应品采购相比，大宗商品（如金属、小麦、植物油、棉花）采购人员经常要面对价格变化、市场波动等因素的变化。除此以外，供应市场变化也会影响采购方供应源搜寻的战略和战术，特别是在不稳定的市场上，价格波动越大，采购时机对于采购总价的影响就越大。

二、供应市场的分析工具

对供应市场进行分析的工具主要有 PESTLE 分析、行业分析、SWTO 分析、风险分析、竞争对手分析、关键性成功因素分析、供应商分析、市场分析等。下面就 PESTLE 分析、行业分析、SWTO 分析进行详细解读。

（一）PESTLE 分析

该方法是对影响市场的外界环境因素进行分类，其中包括六大因素，分别是政治（Political）、经济（Economic）、社会文化（Socio-cultural）、技术（Technical）、法律（Legal）以及环境（Environmental）。具体详见表4-2。

表4-2 PESTLE分析表

因素	描述	分析
政治	税收风险、招聘法、环境法、贸易限制以及改革、关税、政治稳定性	政府政策发生改变造成的影响
经济	经济增长或萎缩、存款利率、货币汇率以及通货膨胀指数、工资水平、最低薪酬标准、工作时长、失业率水平、信用水平以及生活成本等因素	对产品服务的未来需求、供给和输入成本产生影响
社会	文化准则以及期望、健康意识、人口增长率水平、年龄分布、职业生涯态度、安全意识以及全球气候变暖	对客户的供应商以及其他利益相关者的需求和预测产生影响
技术	技术革新、新技术的产生、开辟既定市场的技术需要等	对企业带来的风险及对竞争对手的影响
法律	影响雇佣关系、原材料供应、配额、资源、进出口以及赋税水平的法律变化	应对新要求调整政策和做法的影响
环境或伦理道德	生态及环境层面的内容，很多因素都与经济或社会相关	造成合规性、市场压力或声誉风险等问题

资料来源：英国皇家采购与供应学会.供应源搜寻［M］.北京中交协物流人力资源培训中心，译.北京：机械工业出版社，2014.

（二）行业分析

该分析是基于行业的现状，根据行业的关键参与者以及行业内的竞争性质等因素，分析行业的现状及发展趋势。波特针对行业分析提出一个框架，认为一个行业或供应市场内的竞争激烈程度取决于五种环境力量的交互作用。这就是波特的五力模型，详见图4-1。

五力模型具体包含五个方面的因素，分别是潜在新加入者的威胁、替代品的威胁、采购方议价能力、供应商议价能力和行业内的竞争对手。

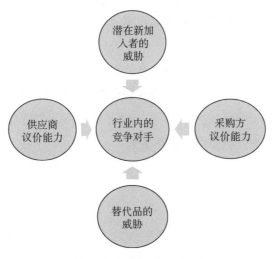

图 4-1 波特的五力模型

（1）潜在新加入者的威胁。新加入者给行业带来新生产能力的同时，将可能会与现存企业发生有关原材料、市场份额、渠道等诸多方面的竞争，最终导致行业中原有企业盈利水平降低，甚至会迫使原有企业退出市场竞争。竞争性进入威胁的严重程度取决于两方面的因素：进入新领域的障碍大小与预期现有企业对于进入者的反应情况。前者包括规模经济、资本需求、自然资源、政府政策、地理环境等诸多方面；后者主要是指现有企业采取报复行动的可能性大小，取决于有关厂商的财力情况、固定资产规模、行业增长速度等。

（2）替代品的威胁。替代品是指可以达到相同目的的不同产品，采购方可以轻易地实现替换，从而降低了供应商索取更高价格的可能性。替代品生产者进入市场，使现有企业必须提高产品质量、降低成本或者使其产品具有特色，不然其销量就会受影响，利润就难以增长。

（3）采购方议价能力。采购方所拥有的议价能力，使其可以在压低价格的同时，要求获得更高的质量和服务；或者通过利用需求方的有利位置，使供给方之间的竞争加剧，从而导致市场竞争更激烈。

（4）供应商议价能力。采购方要对供应商的议价能力进行研判。如果供应商相对于采购方而言数量有限或者规模较大，那么供应商所能提供的产品或服务质量对采购方的业务显得尤为重要，采购方很难替换供应商或替换的成本较高。

（5）行业内的竞争对手。行业内的竞争对手是评判行业内对抗激烈程度的重要因素之一，也是企业选择维持现状分享行业的利润或采取价格战等方式参与竞争的考虑因素之一。在现实情况中，当某个行业增长率低、产品或服务缺乏差异性，竞争就会趋于激烈。

"滴滴出行"于2012年创立，在2015年进行升级改造，当年产值14.3亿元，且先后获得全国网约车运营牌照、网约车汽车经营许可证。中国也因此成为全球第一个网约车合法化的国家。2018年，滴滴出行调整企业架构，升级安全管理体系，正式成为一家网约车平台公司。截至目前，滴滴在国内所涉及的出行和运输服务领域，也使其真正成为一站式移动出行平台。2019年1月，滴滴旗下的小桔车与北汽新能源成立名为"京桔新能源"的合资公司；7月，滴滴推出网约车开放平台，一汽、东风、广汽等品牌纷纷加入平台。滴滴这一系列发展过程引领了共享经济、智能出行的交通服务风潮，通过提升产业合作，降低了综合运营成本，也为司乘双方提供了一站式便捷的汽车服务。

滴滴目前存在的主要困难有以下几点：一是同行业者的竞争能力。从价格和服务方面看，伴随着战略联盟和融资规模扩大，"滴滴模式"逐渐显现出一些问题，如乘车补贴逐年减少、价格逐渐上升、服务质量有所下降等。种种问题的涌现，极有可能被一些后起之秀趁机抢占市场份额。二是替代品的替代能力。目前在北京、上海、南京、成都、广州、深圳等城市运营较广的共享单车品牌等，开始对滴滴构成威胁。三是供应商的议价能力。为司乘双方提供软件设施，在使用过程中，如果出现故障，出行服务就会中断。另外，在安全等方面存在一定的隐患。四是购买者的议价能力。随着"互联网+"时代的到来，电子商务、移动商务已逐渐渗透到人们生活的各个领域，城市交通日益拥堵，越来越多的人选择使用打车软件。但是，对于不能很好使用手机 App 的人群（如老年人）来说，滴滴并没有吸引力。

资料来源：杨新利."滴滴出行"商业模式发展现状探析——基于波特五力模型［J］.江苏商论，2020（7）：16-18.

思考问题：

（1）请简要说明波特五力模型的主要含义。

（2）根据波特五力模型并结合案例，指出滴滴现存的问题主要体现在哪几方面？相应的应对措施有哪些？

（三）SWOT 分析

该方法是基于内外部竞争环境和竞争条件下的态势分析，将与研究企业密切相关的内部优势 S（strengths）、劣势 W（weaknesses）、机会 O（opportunities）和威胁 T（threats）等，通过调查列举出来，并依照矩阵形式排列，然后用系统分析方法把各种因素综合起来加以分析，从中得出相应的结论，得出的结论对决策制定起到指导作用，如图 4-2 所示。

优势 S	劣势 W
机会 O	威胁 T

图 4-2　SWTO 分析图

优势是组织机构的内部因素，具体包括：有利的竞争态势、充足的财政来源、良好的企业形象、技术力量雄厚、规模经济显著、产品质量上乘、市场份额较大、成本优势等。

劣势是组织机构的内部因素，具体包括：设备老化、管理混乱、缺少关键技术、研究技术落后、资金短缺、经营不善、产品积压、竞争力差等。

机会是组织机构的外部因素，具体包括：新产品、新市场、新需求、外国市场壁垒解除、竞争对手失误等。

威胁也是组织机构的外部因素,具体包括:新的竞争对手、替代产品增多、市场紧缩、行业政策变化、经济衰退、客户偏好改变、突发事件等。

SWOT分析方法的优点在于其考虑问题是一种系统思维,而且可以把问题和对策一一对应,便于检验。

第四节 实 践 指 导

一、实践任务

通过本章的学习,引导同学们在进行供应市场调研时从采购、需求、数据源、市场等方面入手,要求同学们熟练掌握区分一、二手数据的能力,熟知影响定价的因素,以及能够灵活运用分析供应市场的工具;并且结合案例分析,拓展思维,进而更好地掌握本章的知识,并将其应用于实践。

二、实践步骤

(1)分组讨论并交流,找出分析案例中的关键问题。
(2)确定是否还需查找与已找出关键问题相关的背景资料。
(3)筛选并优化分析此案例的答题思路。
(4)明确构成小组分析逻辑的依据,并展开进一步的逻辑整理。
(5)小组形成文字报告并汇报。

三、实践要求

(1)彻底读懂案例——当小组分发到一篇案例时,成员需要对案例进行反复阅读，对案例中的重要信息尝试消化理解。在阅读的过程中，对案例中的背景资料、主要事实、面临的难题及难点、重要论点、重要结论和针对性的对策建议等内容进行一一记录，以方便下一个步骤的进行。

（2）分组交流讨论，大胆提出自己对问题的看法——对案例中的主要角色所面临的问题进行分析，尝试对案例所给的背景资料进行仔细阅读、筛选分类，归纳总结，若需要引证资料来佐证个人观点，可以依靠电子资料、图书馆实体资料等，获取相关领域的多方面知识，保证分析的正确性。

（3）全面并正确概括问题——在对案例进行认真分析之后，小组尝试根据案例的相关资料找出问题的症结所在，并对需要解决的问题进行正确概括，注意概括问题的逻辑性与针对性。

（4）撰写分析报告——报告中对资料的分析运用要求准确，以所学理论为指导分析资料；资料分析要求全面充实，紧扣主题，结构合理，层次清楚，中心突出。除此之外，提交的报告要注意格式规范，用词准确，表达通顺。

四、实践案例

采购市场规模破万亿，供应商生存状况堪忧

一、引言

随着全球经济的快速发展和市场竞争的日益激烈，采购市场的规模不断扩大。近年来，中国的采购市场规模已突破万亿元大关，显示出强大的市场潜力和活力。然而，在这庞大的市场背后，供应商的生存状况却不容乐观。许多供应商面临利润下降、竞争加剧、资金压力等多重挑战，生存状况堪忧。本案例将深入分析这一现象的成因、影响，并探讨可能的解决方案。

二、案例背景

1. 市场概况

2023年中国政府采购市场规模已超过3万亿元人民币，涵盖了制造

业、建筑业、服务业等多个领域。大型企业的集中采购也占据了全国采购市场的主要份额。采购模式也从传统的线下交易逐步向电子化、平台化方向发展。

2. 供应商困境

在市场规模快速扩大的同时，供应商特别是中小型供应商的生存压力却在增加。主要表现为以下四点。（1）利润率下降：大买家在采购过程中具有强大的议价能力，压低了供应商的利润空间。（2）竞争加剧：市场准入门槛降低，导致供应商数量增加，竞争更加激烈。（3）资金压力：回款周期延长，部分大买家拖欠货款，导致供应商资金链紧张。（4）合规成本上升：日益严格的监管和合规要求增加了运营成本。

三、案例描述

1. 公司简介

X制造有限公司（以下简称"X公司"）是一家位于东部沿海地区的中型零部件供应商，成立于2005年，主要为汽车制造商提供发动机零部件。公司拥有员工500多人，年营业额约为3亿元人民币。

2. 客户关系

X公司的主要客户是国内某大型汽车集团Y公司。双方自2010年开始合作，X公司成为Y公司的一级供应商，Y公司的采购额占据了X公司总销售额的70%。

3. 问题的出现

随着采购市场的扩大和竞争的加剧，Y公司开始采取集中采购策略，并通过竞标方式选择供应商。为了降低成本，Y公司不断压低采购价格，并延长了付款周期。主要表现在以下方面：（1）价格压力：Y公司要求X公司在原有价格基础上再降低10%，否则X公司将面临失去订单的风险。（2）付款延期：付款周期从原来的60天延长到90天，甚至更长。（3）质量要求提高：Y公司提高了产品质量和合规性的要求，但未相应提高采购价格。

4. X公司的困境

（1）利润大幅下降：在价格降低和成本上升的双重压力下，X公司的利润率从原来的8%下降到不足3%。（2）资金链紧张：延长的付款周期导致公司现金流紧张，难以支付供应商和员工的费用。（3）竞争威胁：市场上出现了新的供应商，以更低的价格争夺 Y 公司的订单。（4）质量和合规压力：为了满足更高的质量要求，X 公司需要投入更多的资金进行技术改造和质量控制。

四、问题分析

1. 采购市场规模扩大对供应商的影响

（1）议价能力失衡：大型买家在市场上占据主导地位，供应商的议价能力弱化。

（2）利润空间被压缩：买家通过压低价格来降低成本，直接挤压了供应商的利润空间。

（3）风险转嫁：付款周期延长和合同条款的不公平，使供应商承担了更多的财务和运营风险。

2. 供应商的内在问题

（1）过度依赖单一客户：X 公司 70% 的业务来自 Y 公司，缺乏多元化的客户结构。

（2）缺乏核心竞争力：产品同质化严重，无法通过技术和创新提升产品附加值。

（3）资金管理不善：缺乏有效的资金规划和风险控制，导致资金链脆弱。

3. 外部环境的挑战

（1）市场竞争加剧：新的进入者使得市场竞争更加激烈。

（2）政策法规变化：环保和质量标准的提高增加了合规成本。

（3）经济形势不确定性：宏观经济波动增加了市场风险。

五、应对策略

1. 谈判与合作

（1）重新谈判合同：X 公司应与 Y 公司进行沟通，寻求双赢的合作模式，如在降价的同时获得更大的订单量，或者争取更合理的付款周期。

（2）建立战略合作关系：通过提升产品质量和服务，增强与客户的黏性，建立长期稳定的合作关系。

2. 客户多元化

（1）开拓新市场：积极寻找新的客户，降低对单一客户的依赖。

（2）拓展产品线：开发新产品，进入新的市场领域，增加收入来源。

3. 提升核心竞争力

（1）技术创新：加大研发投入，提升产品的技术含量和附加值。

（2）质量提升：建立完善的质量管理体系，满足更高的质量要求。

4. 加强资金管理

（1）优化资金结构：加强应收账款管理，缩短回款周期。

（2）融资渠道拓展：通过寻求银行贷款、融资租赁等方式，缓解资金压力。

5. 成本控制

（1）精益管理：通过优化生产流程，降低运营成本。

（2）供应链优化：与上游供应商合作，共同降低原材料成本。

六、案例后续发展

1. 实施措施

X公司采取了一系列措施来应对困境。

（1）与Y公司谈判：成功将价格降幅控制在5%，并将付款周期缩短至75天。

（2）开拓新客户：成功与另一家汽车制造商Z公司达成合作协议，预计年销售额可增加1亿元。

（3）技术升级：投资500万元进行技术改造，提高生产效率和产品质量。

（4）资金筹措：通过银行贷款和股东增资，筹集了1000万元的运营资金。

2. 取得的成效

（1）利润率回升：通过成本控制和新客户的增加，利润率回升至5%。

（2）资金状况改善：资金链得到缓解，运营更加稳健。

（3）市场地位提升：产品质量的提升和客户的多元化使公司在市场上获得了更大的竞争优势。

七、启示与思考

1. 供应商需增强自身实力

在强大的市场压力下,供应商应积极提升自身的核心竞争力,通过技术创新和质量提升,增强市场话语权。

2. 建立平等的合作关系

供应商与采购方应建立互利共赢的合作关系,而非单纯的买卖关系。双方应共同面对市场挑战,实现长期稳定的发展。

3. 多元化经营

供应商应避免过度依赖单一客户或单一产品,积极开拓新市场和新产品,分散风险。

4. 加强风险管理

在市场环境复杂多变的情况下,供应商应加强对市场、资金、运营等方面的风险管理,建立完善的预警和应对机制。

八、结论

采购市场规模的扩大对供应商来说既是机遇,也是挑战。供应商应正确认识市场变化,积极调整经营策略,提升自身实力。同时,采购方也应承担起社会责任,与供应商建立公平、合作的关系,共同推动市场的健康发展。只有双方协力,才能实现共赢,共同应对市场的挑战。

思考问题:

(1)供应商应如何在强大的采购方压力下,提升自身的议价能力和市场地位?(提示:考虑通过技术创新、质量提升、品牌建设等方式增强核心竞争力,以及建立多元化的客户和产品结构)

(2)采购方在压低采购价格的同时,应如何平衡供应商的生存和自身的利益,建立可持续的供应链?(提示:思考采购方的社会责任,供应链合作的长期性,以及通过合作共赢实现双方面的利益最大化)

(3)政府和行业协会应采取哪些措施来改善供应商的生存环境,促进市场的公平竞争和健康发展?(提示:探讨政策支持、法律法规的完善、融资渠道的拓展,以及如何加强对大企业不公平采购行为的监管)

■ 采购寻源基础

前沿研究

招标采购项目中，采购人能否在采购项目启动前进行市场调研，尤其是价格方面的调研？法律法规上有什么依据？

从目前招标采购的法律法规、部门规章、相关规范性文件来看，并没有禁止采购人对所购产品进行市场调研。相反，一些制度规定是提倡采购人进行市场调研的。《政府采购货物和服务招标投标管理办法》（财政部令第87号）第十条指出："采购人应当对采购标的的市场技术或者服务水平、供应、价格等情况进行市场调查，根据调查情况、资产配置标准等科学、合理地确定采购需求，进行价格测算。"很多时候，采购人可能很早就启动了自己的前期市场调研，特别是价格方面的调研。这种情况并不鲜见。比如，在政府采购项目中，都要提前申报采购预算。在填报采购预算时，很多单位怕低报采购资金，通常会对市场行情进行一番"摸底"。在工程采购项目中，"摸底"范围、"摸底"项目可能更多、更细。举个简单的例子，项目业主要制定最高投标限价，可能就会向供应方询价：水泥多少钱一吨、钢筋多少钱一吨、载客量10人的电梯价格是多少……

总的来说，市场调研是企业正常的工作业务范畴。只要采购人能保证自己在市场调研后，不把调研过程中的一些主观因素加入采购文件中，采购文件本身没有瑕疵，就不会引来麻烦。不少采购人因为市场调研惹来麻烦，不是价格方面的调研引来的，而是在技术参数的设定上参考了特定商家或品牌的指标。比如，某些采购方委托一些供应商来制作技术需求，这些供应商在制作过程中就会对自己销售的产品有倾向性；有的采购单位提供的技术需求和规格是按照某一企业网站上的宣传信息制定的，无形中也埋下了倾向的伏笔；有的采购单位听说某产品不错，直接提出某厂家、某型号的技术参数……上述情形在采购实践中并不少见。在制定招标文件时，片面地引用这些指标，很容易引来排斥其他投标商的质疑或投诉。实际上，采购文件约定的技术参数应该是一个概括的范围，而不是一个绝对的数据或指标。可用"大于""相当于""类似于"这样的措辞来淡化相关矛盾，使采购文件真正做到无懈可击。

资料来源：冯君.采购人能否在采购项目启动前进行市场调研？[J].中国招标，2019（20）：36.

案例分析

近日，Strategy Analytics 射频和无线元件服务最新发布的服务报告《2021—2025 年蜂窝 UE 无线电元件预测：疫情后光明的 5G 未来》指出，到 2025 年，随着 5G 的发展，蜂窝用户设备中使用的无线电元件市场将继续增长；报告详细阐述了空中接口和无线电元件类型的增长预期。而 Strategy Analytics 手机元件技术服务发布的研究报告《半导体短缺威胁元件和智能手机市场》则阐述了各公司如何最大限度减少目前正在发生的短缺并满足激增的需求。

Strategy Analytics 射频和无线元件服务总监 Christopher Taylor 表示："最新的无线电架构、历史元器件价格和需求趋势表明，到 2025 年，毫米波（mmW）模块和 mmW 中频收发器的增长率最高，其次是分集接收和相关的开关滤波器模块、RF 开关和天线调谐器。5G 的迅速普及无疑将推动这些细分市场的增长。"

Strategy Analytics 手机元件技术服务副总监 Sravan Kundojala 补充说："正如几乎所有领先的半导体公司所报告的那样，在新冠疫情的暴发、日本福岛附近近期发生的地震、美国与天气相关的严重电力供应短缺以及中美贸易摩擦之后，需求的恢复要比预期的早且将供不应求。"强劲的需求将推动 2021 年蜂窝元器件的出货和销售增长，但是手机 OEM 和元器件供应商面临供应限制，它们必须采取积极行动，否则它们可能无法在今年发挥其全部增长潜力。

资料来源：供应短缺预示着强劲的蜂窝元件市场规模增长 [N].人民邮电报，2021-03-04.

思考问题：

（1）蜂窝元器件无法在 2021 年发挥全部增长潜力的阻碍因素有哪些？

（2）蜂窝元器件备受市场关注的原因有哪些？

练习与思考

一、名词解释

1. 需求分析

2. 二手数据

3. 简单移动平均法

4. PESTLE 分析

二、不定项选择题

1. 下列选项中不属于一手数据来源的是（　　）。
   A. 与供应商沟通　　　　　　　B. 相关网站
   C. 供应商和市场数据的数据库　　D. 行业展销会

2. 下列选项中属于市场参与者的是（　　）。
   A. 生产者　　　　　　　　　　B. 买方
   C. 贸易商　　　　　　　　　　D. 投机商

三、简答题

1. 供应市场的特性有哪些？

2. 供应市场的监测和分析包括哪些内容？

3. 请说明波特的五力模型。

四、论述题

1. 从供应源搜寻的角度，论述大宗商品采购面临的主要挑战及对策。

2. 采购方应怎样应对市场的不确定性？

3. 一手数据和二手数据各有哪些优缺点？

第五章

供应商的财务分析

> **学习目标**
>
> - 了解供应商财务评估的一些术语和基本原则
> - 熟知基础关键财务报表的构成要素
> - 识别关于潜在供应商财务绩效的主要信息源
> - 掌握潜在供应商的相关财务数据,掌握流动性、杠杆比率、盈利能力比率等指标的计算

> **基本概念**
>
> 财务报表;财务健康指标;信用评级机构作用

第一节 评估供应商财务状况的主要因素

供应商的财务状况评估反映了企业的当前交易是否盈利,同时企业是否具有长远的发展潜力也有所体现。

一个供应商的财务状况直接体现此供应商的经营业绩、行业实力、市场竞争力和发展潜力。

首先,采购方倾向于与财务稳定的供应商进行合作。若遇到财务状

况不佳的供应商，采购方应慎重考虑后续风险问题，选择其他供应商从而维持一个稳定的供应流；特别是财务紧张的供应商可能由于缺乏流动资金来支付已方供应商或人员的费用，从而影响合同的正常进行，甚至被迫停业。假如一个供应商的资金链经常断裂，与该供应商合作是存在巨大风险的。

其次，采购方应当寻求一个对于采购方和供应商均为合理的价格。采购方和供应商的价格谈判以商品的成本为基础，同时需考虑企业投资的合理利润率，以及长期投资的回报率。采购方应谋求一个对供应商和已方企业都较为公平的价格。

小案例

怎样认定供应商具有良好的商业信誉？

供应商提供的"财务状况报告"应是依法作出的，包括经审计的财务报告、银行出具的资信证明，以及专业担保机构出具的投标担保函。这些能够清晰准确反映供应商的商业信誉情况，间接反映供应商是否有健全的财务会计制度。因此，采购人以及采购代理机构编制采购文件时要设置供应商资格条件。

目前，对"财务状况报告"一般会提出以下三个要求中的一项：(1)供应商须提供上年度经审计的财务报表；(2)供应商基本开户银行出具的资信证明；(3)财政部门认可的政府采购专业担保机构出具的投标担保函。针对因故无法提供上年度经审计的财务报表的，允许提供采购文件规定的其他证明材料。

然而，在调研中，采购人、采购代理机构和政府采购监管部门普遍反映：目前要求的"财务报表"不一定能够清晰准确反映供应商的商业信誉情况。反映供应商是否具有健全的财务会计制度，可以有其他更好的方法来实现。

这有四方面的考量：

第一，有关机构在出具财务报表、提供相关证明文件时，均出于自己的专业特点和业务局限，并不能全面反映企业的情况。比如，某企业多次在投标中恶意串通，被多地财政部门罚款、停业，但在经审计的财务报表中，根本看不到相关记录。

第二，根据《中小企业促进法》及《政府采购货物和服务招标投标管理办法》（财政部令第87号）的规定，政府采购不得在企业股权结构、经营年限、经营规模和财务指标等方面，对中小企业实行差别待遇或者歧视待遇；供应商的规模条件不得作为资格要求或者评审因素。因此，"经审计的财务报表"所反映的数据，如资产、亏损、利润、纳税额等与政府采购并无关联。

第三，……企业的年度报告，内容丰富并且公开可查。因此，以是否被列入经营异常名录或者严重违法企业名单来证明是否"具有良好的商业信誉"，应该更为合理。

第四，国家正在推进优化营商环境的政策落到实处。《国务院关于第一批清理规范89项国务院部门行政审批中介服务事项的决定》（国发〔2015〕58号）明确，对建筑企业资质认定等多项行政审批，已经不再要求申请人提供经审计的财务报告、资信证明等作为受理条件。这也意味着，要求供应商参与政府采购活动出具"经审计的财务报表"，与优化营商环境的新常态不相适应。

因此，在深化政府采购制度改革的背景下，降低供应商的交易成本，精简供应商参与政府采购活动所需提供的资质证明材料，应该进入研究规范之列。供应商只需提供市场主体证明，其他材料诸如财务状况报告、纳税和社会保障资金等要求，可以实行承诺制。与此同时，要扩大供应商信用记录查询范围，采购人、采购代理机构可以通过查询中标成交供应商的信用记录，最终完成声明材料真伪的核实。主体证明、资格承诺、中标成交后查询，三者结合，可以构建起高效的供应商资格审查新模式。

资料来源：刘亚利.怎样认定供应商具有良好的商业信誉？[N].政府采购信息报，2020-03-16（002）.

■ 采购寻源基础

第二节　供应商财务信息的来源

一、供应商的财务信息来源

采购方可以通过以下五种方式获取供应商的财务信息。（1）供应商公布的财务报表和账目：资产负债表、损益表、现金流量表及其他财务报表。（2）供应商和市场的二手数据，比如：行业媒体（及其网站）对财务报表和成果的分析；研究机构的公开财务报告。（3）信用评级网站，若支付一定的费用，即可提供供应商的信用状况信息，如信用中国（浙江）（http://credit.zj.org.cn/）。（4）邀请供应商的财务主管向采购方的采购和财务经理介绍他们当前和预期的财务状况。（5）与该供应商的其他采购方交流该企业的财务状况。

某高校家具政府采购项目公开招标，预算金额 2 000 万元。中标结果公示后，投标人 F 在法定期限内对中标结果依法提出质疑。质疑称：中标供应商 a 无质检认证及环保证书，按照招标文件应当扣减分数，而且 a 业绩存在弄虚作假的嫌疑。采购代理机构组织了原评标委员会协助处理质疑，经复核发现，a 公司确实无十环认证及环保证书，应当扣减。

根据《政府采购质疑和投诉办法》，质疑事项成立，影响了采购结果，依法确定了第二中标人 b 为本项目中标人。随后，采购人及采购代理机构以书面形式报告了本级财政部门，且回复了质疑。

中标结果更正公告发布后，a 却提出了质疑：现中标人 b 因排污受到过行政处罚，罚款为 5 万元。此外，采购代理机构未同时告知我公司领取中标通知书，违反《政府采购货物和服务招标管理办法》的规定。采购代理机构受理质疑后，针对第一个质疑事项，按照招标文件及政府采购规定的媒介查询均未查询到行政处罚。而对于第二个质疑事项，采购代理机构表示，中标公告发布后第二天刚好遇到春节放假，因此，在中标公告上发布时，标注了"请尽快领取中标通知书"字样。

案例分析

根据《财政部关于在政府采购活动中查询及使用信用记录有关问题的通知》，各级财政部门、采购人、采购代理机构应当通过"信用中国"网站（www.creditchina.gov.cn）、中国政府采购网（www.ccgp.gov.cn）等渠道查询相关主体信用记录，并采取必要方式做好信用信息查询记录和证据留存，信用信息查询记录及相关证据应当与其他采购文件一并保存。因此，财政部门、采购人和采购代理机构应当通过指定网站查询相关主体信用记录。

那么，这是不是意味着对于供应商的质疑内容，采购人和采购代理机构就可以不管了呢？业界专家建议，非指定网站中留存的违法情况应积极向处罚部门核实。如果供应商在参加政府采购活动前三年内确实存在重大违法记录，应认定其投标无效，并对其虚假承诺进行处罚。

对于中标（成交）通知书应如何发出的问题，《政府采购法》没有规定中标（成交）通知书的发出形式，《民事诉讼法》规定的送达方式则有七种：直接送达、留置送达、委托送达、邮寄送达、转交送达、电子送达及公告送达。政府采购送达方式一般来说有直接送达、邮寄送达、电子送达。目前采取的主要方式是，采购人或采购代理机构通知供应商到本单位领取中标、成交通知书，即直接送达。在信息化时代，可以采取两种方式。

一是采用传统邮寄方式，发出纸质的中标（成交）通知书；二是采取现代通信设备发出通知，如传真、手机短信、即时通信、电子邮件等方式。

就本案例而言，采购人或者采购代理机构其实可以与中标、成交供应商约定中标（成交）通知书发出的方式和时间。在中标公告上标注"请尽快领取中标通知书"字样的同时,再通过短信等方式告知供应商。

资料来源:政府采购信息网,http://www.caigou2003.com/cz/aldp/4699664.html,2020-04-22.

二、获取供应商财务信息来源的途径

最容易获取的供应商财务信息来源的是供应商公开的财务账目。公开的财务账目中的财务杠杆比率、营运资本水平以及利润率等可以帮助采购方更好地了解供应商的财务能力。

但是,需要重视的是,供应商的财务账目只是历史数据,如果能补充相关财务预测,并将其与同类型企业的账目进行比较,这些数据就能成为采购方有用的信息来源。

采购方如何获得供应商更为详细的财务信息呢?某些商业公司可以为获取供应商的信用和财务信息的企业提供一系列服务。例如,可以提供的资料包括:(1)关于指定供应商的《商务信息报告》,内容包括企业结构图、企业概况以及历史交易,财务报表,行业前景和公开报告,企业信用状况以及商业资料公司给予的信用评级等。(2)关于指定供应商的《全面深度报告》,内容包括企业结构图、企业概况以及历史支出,公开报告,行业对比,信用限额建议,财务报表,商业资料公司给予的信用评级,商务信用和财务压力指数等。(3)关于指定供应商的《信用评估报告》,内容包括信用限额建议、报告监测及行业支付标杆等。

第三节 供应商财务状况的分析工具

一、财务报表中的基本术语

资产(asset)是指企业过去的交易形成的、由企业拥有或者控制的、

预期会给企业带来经济利益的资源。

固定资产（fixed assets）在会计学中指企业用于生产商品或提供劳务、出租给他人，或为行政管理目的而持有的，预计使用年限超过一年的具有实物形态的资产。固定资产一般使用年限较长、单位价值较高，并且在使用过程中保持原有实物形态，包括建筑物、机械仪器、运输工具以及其他与生产、经营有关的工具、器具和设备等。

流动资产（current assets）是指现金及预期能在一年或者超过一年的一个经营周期内变现或者运用的资产。流动资产主要包括货币资金、交易性金融资产、应收款项、存货、其他流动资产等。

负债（liability）是指企业过去的交易或者事项形成的、预期会导致经济利益流出企业的现时义务，也就是企业资产总额中属于债权人的那部分权益，表现形式有短期借款、应付票据、应付账款、预收账款等。

流动负债（current liabilities）是企业将在一年或超过一年的一个营业周期内偿还的债务。流动负债包括短期借款、应付账款、应付票据、应付工资、应付福利费、应交税金、应付股利、应付利息、预收账款、预提费用、其他应付款、其他应交税款等。

长期负债（long-term liabilities）是指偿还期在一年或一个营业周期以上的债务，主要包括长期借款、应付债券、长期应付款等。

收入（income or revenue）是指某一个体（包括个人或者企业）在销售商品、提供劳务及转让资产使用权等日常活动中所形成的经济利益的总流入，通常包括营业收入、投资收益、公允价值变动收益、资产处置收益、其他收益、营业外收入等。

支出（expenditure）是企业在生产经营过程中为获得另一项资产或清偿债务所发生的资产的流出。如企业为购买材料、办公用品等支付或预付的款项；为偿还银行借款、应付账款及支付账款或支付股利所发生的资产的流出；为购置固定资产、支付长期工程费用所发生的支出和生活中的消费支出。

营运资本（working capital）是企业的现金、净总库存和债权减去债务的流动资金的净额。由于营运资本是流动资产减去流动负债后的净额，因此，流动资产和流动负债的变化，都会引起营运资金的增减变化。

二、供应商财务状况的分析工具

借助供应商财务状况的分析，不仅可以了解供应商的经营实力和财务稳定性，还能降低供应变动所带来的风险。

如何判断供应商财务状况是否出现问题？

首先，采购方可以分析以下三类问题是否发生：第一，供应商是否出现利润率下降、盈利较少或者企业出现亏损这些问题；第二，现金流管理是否得当，是否出现现金大量外流使其难以承担短期负债和费用；第三，股份资本低于借贷资本，导致财务成本过高，供应商为了要归还借款，面临"杠杆比率过高"等问题。除此之外，采购方还可以收集供应商以下七方面的信息：（1）交货和质量绩效是否快速恶化；（2）企业是否更换银行和审计师；（3）高级管理人员是否在短期内离职；（4）是否更换分包商；（5）时间未到供应商是否就催款；（6）企业询问信息回复是否不及时；（7）有关于供应商负面的媒体报道。以上七点信息都暗示着供应商财务不稳定的风险。

其次，对供应商进行财务核查也可以判断其是否面临财务困难。具体包括：（1）供应商的三年营业额（总收入）；（2）供应商三年的盈利能力，以及其毛利润和净利润的差；（3）固定资产总值、固定资产回报率以及已投资资本回报率；（4）供应商的借贷规模，以及资产负债率；（5）供应商被收购或并购的可能性；（6）供应商是否过度依赖于少数大客户，若一家或几家客户停止业务往来，该供应商可能会面临财务困难；（7）供应商是否具有足够的产能以完成订单。

三、资产负债表

（一）资产负债表的界定

资产负债表（balance sheet）也称为财务状况表，表示企业在一定日期（通常为各会计期末）的财务状况的主要会计报表。资产负债表利用会计平衡原则，将符合会计原则的资产、负债、股东权益等交易科目分为"资产"和"负债及股东权益"两大区块，在经过分录、转账、分类账、试算、调整等会计程序后，以特定日期的静态企业情况为基础，汇成一张报表。其报表功能除了企业内部纠错、防止弊端、确定经营方向，还可让所有阅读者用最短时间了解企业的经营状况。概括而言，资产负债表是指反映企业在某一特定日期的财务状况的报表。它是根据"资产＝负债＋所有者权益"会计恒等式编制的。

（二）资产负债表的结构与内容

资产负债表的结构，包括表首标题、报表主体和附注三部分。

资产负债表中的项目分为资产、负债和所有者权益三类，分别结出总额。

资产和负债应当区分流动资产和非流动资产、流动负债和非流动负债列示。

资产负债表中资产类项目金额总计与负债类和所有者权益类项目金额总计必须相等。各项资产与负债的金额一般不应相互抵销。

资产负债表除了列示各项资产、负债和所有者权益项目的期末余额外，通常还列示这些项目的年初余额。通过对年初、期末数的比较，可以看出各资产、负债及所有者权益项目的净变动及其结果。这种格式的资产负债表通常称为比较资产负债表。

（三）资产负债表的分析实例

表 5-1 所示为某公司的资产负债表。

表 5-1 某公司资产负债表

资产	期末余额	负债和所有者权益	期末余额
流动资产		流动负债	
货币资金	5.00	应付账款	55.00
应收账款	27.00	应交税费	10.00

(续表)

资产	期末余额	负债和所有者权益	期末余额
存货	45.00	流动负债合计	65.00
流动资产合计	77.00	非流动负债	
非流动资产		长期借款	40.00
固定资产	149.00	非流动负债合计	40.00
非流动资产合计	149.00	负债合计	105.00
		股东权益	
		股本	45.00
		盈余公积	76.00
		股东权益合计	121.00
资产总计	226.00	负债及股东权益总计	226.00

注：表中的统计时间为2021年1月1日—2021年12月31日，单位：万元。

上述资产负债表中传递的信息如下。

（1）截至2021年12月31日的时点上，该企业拥有流动资产77.00万元，固定资产149.00万元，总资产为流动资产和非流动资产之和，即149.00万元＋77.00万元＝226.00万元。固定资产包括房屋、建筑物、机器、设备等用于长期生产或经营的资产。由于固定资产流动性较弱不具备流动性，通常需要较长时间才能转变为现金。

（2）流动资产是企业可以在一年内或超过一年的一个营业周期内变现或运用的资产，其中货币资金为5.00万元，应收账款为27.00万元，存货为45.00万元。流动资产的总和为77.00万元。

（3）流动负债是指企业需要将在一年内或超过一年的一个营业周期内偿还的债务，其中包括应付账款55.00万元和应交税费10.00万元，总计流动负债为65.00万元。

（4）净流动资产为流动资产减去流动负债后的余额：净流动资产＝77.00万元－65.00万元＝12.00万元。净流动资产为正数表明企业在短期内具有较好的偿债能力。

（5）总资产减去流动负债后的数额为 161.00 万元，这意味着在流动负债偿还之后，企业仍然拥有 161.00 万元的资产可以用于长期运营。

（6）长期负债为一笔 5% 利率的抵押贷款，金额为 40.00 万元。这类负债的偿还期限通常超过一年。

（7）净资产为总资产减去所有负债后的余额，即 226.00 万元 −（65.00 万元 + 40.00 万元）= 121.00 万元。净资产代表企业的所有者权益，包括股东投入的资本和企业留存的利润。

（8）资本和储备金由普通股股本和留存利润构成。其中普通股股本为 45.00 万元，留存利润为 76.00 万元，总计 121.00 万元。留存利润是留存利润是权益下的一个科目，税后净利润会增加留存利润，股东分红会减少留存利润。

通过该表可以看出，企业在 2021 年具有较强的资产基础和一定的短期偿债能力，且资本和储备金较为充足，为企业未来的运营和发展提供了有力支持。

小问题

参照上面的讲解内容，请解读下面这张某公司的资产负债表（表 5-2）。

表 5-2　某公司资产负债表

资产	期末余额	负债和所有者权益	期末余额
流动资产		流动负债	
货币资金	5.00	应付账款	36.00
应收账款	29.00	应交税费	20.00
存货	42.00	流动负债合计	56.00
流动资产合计	76.00	非流动负债	

（续表）

资产	期末余额	负债和所有者权益	期末余额
非流动资产		长期借款	40.00
固定资产	128.00	非流动负债合计	40.00
非流动资产合计	128.00	负债合计	96.00
		股东权益	
		股本	35.00
		盈余公积	73.00
		股东权益合计	108.00
资产总计	204.00	负债及股东权益总计	204.00

注：表中的统计时间为2022年1月1日—2022年12月31日，单位：万元。

四、利润表

（一）利润表的界定

利润表（income statement / profit and loss account）是用来反映企业在特定会计期间内的收入、支出以及最终净收益的财务报表。通过利润表，企业可以了解其经营活动的财务成果，即在一定期间内获得的营业收入减去相应的经营成本和费用后所产生的利润或亏损情况。利润表的编制基于配比原则，即将一定期间内的营业收入与该收入所产生的费用相对应，从而得出该期间的净利润或净亏损。利润表通常用于评估企业的盈利能力和运营效率，是企业财务报表的重要组成部分。

（二）利润表的结构与内容

利润表一般由表头和表体两部分组成。表头包括企业的基本信息和利润表的编制日期，表体则是利润表的主体部分，详细列示企业的收入、成本、费用及其计算过程。常见的利润表格式有多步式和单步式两种，其中多步式利润表通过多个步骤逐步计算出企业的营业利润、税前利润和净利润。

利润表的主要项目包括以下九项。

(1)营业收入：反映企业在销售产品、提供服务等经营活动中获得的总收入。

(2)销售成本：与营业收入相关的成本，包括生产或购买商品的费用。

(3)毛利润：营业收入减去销售成本后的差额，表示企业的初步盈利能力。

(4)销售费用：企业在经营过程中发生的各种费用，包括管理费用、销售费用等。

(5)销售利润：毛利润减去销售费用后的剩余利润，未扣除利息和税金的部分。

(6)利息支出：企业在借贷活动中发生的利息费用。

(7)税前利润：销售利润减去利息支出后得出的利润，表示企业在缴纳税款之前的盈利情况。

(8)税金：企业根据税法规定缴纳的各种税款。

(9)净利润：税前利润减去税金后的剩余部分，表示企业最终获得的收益，理论上可以用于股东分红或留存企业内部。

通过多步式利润表，企业能够逐步计算出其不同阶段的盈利情况，帮助管理层和投资者更全面地了解企业的财务状况和盈利能力。

(三)利润表的分析实例

表 5-3 所示为某公司的利润表。

表 5-3　某公司利润表

项目	金额
一、营业收入	196.00
减：营业成本	151.00
销售费用	11.00

■ 采购寻源基础

（续表）

项目	金额
管理费用	11.00
利息费用	2.00
二、营业利润	21.00
三、利润总额	21.00
减：所得税费用	10.00
四、净利润	11.00
减：应付股利	7.00
五、当期留存收益	4.00
加：年初留存收益	72.00
六、年末留存收益	76.00

注：表中的统计时间为 2021 年 1 月 1 日—2021 年 12 月 31 日，单位：万元。

上述利润表中传递的信息如下：

（1）营业收入。2021 年，公司实现销售额 196.00 万元，这是企业销售产品或服务所获得的总收入，未扣除成本与费用。

（2）营业成本。销售成本为 151.00 万元，这包括了公司为生产或销售产品所产生的直接成本。扣除销售成本后，公司的毛利润为 45.00 万元。

（3）费用。公司在 2021 年发生的销售费用为 11.00 万元，管理费用同样为 11.00 万元。另外，公司为 5% 贷款支付了 2.00 万元的利息费用。扣除所有费用后，公司的税前利润为 21.00 万元。

（4）所得税费用。公司需缴纳的税款为 10.00 万元。税前利润减去税款后的税后利润为 11.00 万元。

（6）应付股利。公司将税后利润中的 7.00 万元分配给股东作为现金股利，剩余的 4.00 万元被留存为当期利润。

（7）留存收益。在当期留存收益 4.00 万元的基础上，企业加上 2021 年之前积累的 72.00 万元留存收益，使留存收益总计达到 76.00 万元。这部分留存收益将用于企业未来的运营或投资。

通过利润表，可以看出公司在2021年实现了良好的盈利，税后利润为11.00万元，企业不仅实现了股东分红，还留存了一部分利润，用于增强公司未来的财务稳定性。

小问题：

参照上面的讲解内容，请解读下面这张某公司的利润表（表5-4）。

表5-4　某公司利润表

项目	金额
一、营业收入	209.00
减：营业成本	157.00
销售费用	14.00
管理费用	11.00
利息费用	2.00
二、营业利润	25.00
三、利润总额	25.00
减：所得税费用	10.00
四、净利润	15.00
减：应付股利	8.00
五、当期留存收益	7.00
加：年初留存收益	76.00
六、年末留存收益	83.00

注：表中的统计时间为2022年1月1日—2022年12月31日，单位：万元。

五、现金流量表

（一）现金流量表的界定

现金流量表（statement of cash flows）是企业财务报表的重要组成部

分,用来反映企业在特定会计期间内的现金流入和流出情况。现金流量表能够详细记录企业的现金来源和用途,涵盖了经营活动、投资活动以及筹资活动三个方面。与资产负债表和利润表不同,现金流量表关注的是企业现金的实际流动,而不是利润或负债。它帮助企业了解在经营过程中是否拥有足够的现金来满足日常运营、投资需求和债务偿还,是评估企业流动性和偿债能力的重要工具。现金流量表通过揭示企业现金流动的详细信息,提供了一个清晰的财务健康状况评估视角。

(二)现金流量表的结构与内容

现金流量表分为三个主要部分:经营活动产生的现金流量、投资活动产生的现金流量和筹资活动产生的现金流量。每一部分都显示了企业在相关活动中的现金流入和流出情况。

(1)经营活动产生的现金流量:这是指企业日常运营中产生的现金流入和流出,包括销售商品或提供服务收到的现金、支付供应商的款项、支付员工工资、缴纳税款等。经营活动的现金流量反映了企业核心业务是否能够持续产生现金,是衡量企业盈利能力的重要指标。

(2)投资活动产生的现金流量:投资活动主要涉及企业对长期资产的购置和处置,如购买固定资产、无形资产或出售这些资产所产生的现金流。还包括对其他公司的股权投资、债务投资等。投资活动产生的现金流量反映了企业在未来发展的资金使用情况,较大规模的投资流出表明企业在扩展或加强其运营能力。

(3)筹资活动产生的现金流量:筹资活动涉及企业通过发行股票、借款或偿还债务等融资行为所产生的现金流入和流出。筹资活动的现金流量反映了企业通过外部资金支持其运营、投资以及偿还债务的情况。如果企业现金流入主要来源于筹资活动,而非经营活动,这可能表明企业存在一定的财务风险。

现金流量表的结构使企业可以逐步了解不同活动中的资金流动情况,帮助管理层和投资者分析企业的财务状况,评估企业在未来的持续经营能力和资本运作效率。

（三）现金流量表的分析实例

表 5-5 所示为某公司的现金流量表。

表 5-5 某公司现金流量表

项目	金额
一、经营活动产生的现金流量	
经营活动产生的现金流量净额	54.00
支付的各项税费	−10.80
二、投资活动产生的现金流量	
购建固定资产和其他长期资产支付的现金	−9.00
处置固定资产和其他长期资产收回的现金	1.20
投资活动产生的现金流量净额	−7.80
三、筹资活动产生的现金流量	
分配股利、利润或偿付利息支付的现金	−2.80
吸收投资收到的现金	3.20
偿还借款和债券支付的现金	−30.00
筹资活动使用的现金流量净额	−29.60
四、现金及现金等价物净流出	0.80
期初现金及现金等价物余额	9.20
期末现金及现金等价物余额	8.40
五、销售利润向净现金流调节	
销售利润	42.00
折旧	13.60
增 / 减项目	
库存增加	−0.40
应收账款增加	−1.80
应付账款增加	0.60
经营活动净现金流入	54.00

注：表中的统计时间为 2021 年 1 月 1 日—2021 年 12 月 31 日，单位：万元。

上述现金流量表中传递的信息如下。

（1）经营活动产生的现金流量：经营活动在2021年产生了54.00万元的净现金流入，表明企业的核心业务运作良好，能够为公司带来可观的现金流。与此同时，企业在经营活动中支付了10.80万元的各项税费，影响了整体的现金流净额。

（2）投资活动产生的现金流量：投资活动的现金流量显示出企业在购置固定资产及其他长期资产方面投入了9.00万元的资金。同时，通过处置固定资产及其他长期资产，回收了1.20万元的现金。最终，投资活动的净现金流为-7.80万元，表明投资活动对现金流造成了一定的负面影响。

（3）筹资活动产生的现金流量：企业通过筹资活动支出了2.80万元用于支付股息及利息。同时，吸收了3.20万元的外部投资。然而，还款借款和债券支付的金额达到了30.00万元，导致筹资活动整体现金流出为-29.60万元。

（4）现金及现金等价物的净增额：期初现金9.20万元，期末只有8.40万元，该企业当期现金是净流出0.80万元。这表明企业的整体现金状况较年初有所下降，流动性降低。

（5）销售利润向现金流调节：销售利润方面，锁定利润对现金流贡献了42.00万元，但在企业扩展活动中消耗了13.60万元。此外，库存的增加和应收账款的增长对现金流分别带来了0.40万元和1.80万元的负面影响。整体来看，销售利润对现金流产生了正面的推动作用，但受部分项目的调节影响。

这五个部分清晰地展示了企业在2021年各类活动对现金流的影响，反映了经营、投资和筹资活动的综合结果。

第四节　供应商的财务分析比率

一、财务分析比率简介

财务分析比率是用来衡量和评估企业财务状况和运营绩效的重要工

具，通过不同的财务比率，企业能够对其盈利能力、偿债能力、运营效率以及市场价值等多个方面进行全面的分析。以下是常见的财务分析比率的分类和简介。

（一）盈利能力比率

（1）净利润率：反映企业最终盈利能力。公式为：

$$净利润率 = \frac{净利润}{营业收入} \times 100\%$$

它表示每单位营业收入中有多少成为了最终的净利润。

（2）毛利润率：衡量企业在扣除销售成本后的初步盈利能力。公式为：

$$毛利润率 = \frac{毛利润}{营业收入} \times 100\%$$

它显示了企业在控制成本方面的能力。

（3）销售利润率：表示企业经营活动的盈利能力，反映在销售成本扣除后的利润水平。公式为：

$$销售利润率 = \frac{销售利润}{营业收入} \times 100\%$$

（4）资产回报率：反映企业利用其资产创造利润的能力。公式为：

$$资产回报率 = \frac{净利润}{总资产} \times 100\%$$

（5）股东权益回报率：衡量股东投入的资本能够获得的回报，公式为：

$$股东权益回报率 = \frac{净利润}{股东权益} \times 100\%$$

（二）流动性比率

流动性比率用于衡量企业的短期偿债能力，显示公司能否在短期内偿还其流动负债。

（1）流动比率：衡量企业的短期偿债能力，流动比率越高，表明企业的短期偿债能力越强。公式为：

$$流动比率 = \frac{流动资产}{流动负债}$$

（2）速动比率：更严格的流动性比率，排除库存等流动性较低的资产。公式为：

$$速冻比率 = \frac{流动资产 - 存货}{流动负债}$$

（三）杠杆比率

杠杆比率用来衡量企业利用债务融资的程度，显示企业的财务风险。

（1）资产负债率：衡量企业资产中有多大比例是由债务融资的。公式为：

$$资产负债率 = \frac{总负债}{总资产} \times 100\%$$

（2）权益乘数：反映企业的财务杠杆水平。公式为：

$$权益乘数 = \frac{总资产}{股东权益}$$

（3）利息覆盖率：衡量企业支付利息的能力，该比率越高，表明企业支付债务利息的能力越强。公式为：

$$利息覆盖率 = \frac{息税前利润}{利息支出}$$

（四）运营效率比率

运营效率比率是衡量企业的运营效率，显示公司如何有效地管理其资产和负债。

（1）存货周转率：衡量企业库存的管理效率。公式为：

$$存货周转率 = \frac{销售成本}{平均存货}$$

（2）应收账款周转率：衡量企业管理应收账款的效率。公式为：

$$应收账款周转率 = \frac{营业收入}{平均应收账款}$$

（3）资产周转率：显示企业如何利用其资产创造营业收入，公式为：

$$资产周转率 = \frac{营业收入}{总资产}$$

（五）市场价值比率

市场价值比率用于衡量企业在资本市场上的表现。

（1）市盈率：衡量投资者为每单位利润所支付的价格。公式为：

$$市盈率 = \frac{每股价格}{每股收益}$$

（2）市净率：衡量企业的市场价值相对于其账面价值的比例。公式为：

$$市净率 = \frac{每股价格}{每股账面价值}$$

财务分析比率通过不同的角度，帮助分析企业的财务健康状况和运营效率。它们不仅能为管理层提供决策依据，还能帮助投资者、债权人等外部利益相关者更好地理解企业的财务状况。

二、财务比例的具体应用

（一）盈利能力比率的计算举例

（1）企业的三大盈利能力比率——净利润率、毛利润率和销售利润率的具体计算如下，这些数据来自于本章中的利润表（表5-3和表5-4），分别为2021年和2022年的财务信息。以下是具体的比率计算及说明。

1. 净利润率

净利润率用于衡量企业在扣除所有费用和税款后的最终盈利能力。它显示每单位营业收入中有多少转化为了净利润，净利润率越高，表示企业的盈利能力越强。

根据表5-1至表5-5中的数据，2021年的营业收入为196万元，净利润为11万元。计算得出：

$$净利润率_{2021} = \left(\frac{11.00}{196.00}\right) \times 100\% = 5.61\%$$

根据表 5-1 至表 5-5 中的数据，2022 年的营业收入为 209 万元，净利润为 15 万元。计算得出：

$$净利润率_{2022} = \left(\frac{15.00}{209.00}\right) \times 100\% = 7.18\%$$

从 2021 年到 2022 年，净利润率有所提升，这表明企业的成本控制及整体盈利能力有所增强。

2. 毛利润率

毛利润率反映的是企业在扣除销售成本后的初步盈利能力。毛利润率越高，意味着企业的产品或服务的直接成本较低，盈利空间较大。

根据表 5-1 至表 5-5 的数据，2021 年的营业收入为 196 万元，毛利润为 45 万元。计算得出：

$$毛利润率_{2021} = \left(\frac{45.00}{196.00}\right) \times 100\% = 22.96\%$$

根据表 5-1 至表 5-5 的数据，2022 年的营业收入为 209 万元，毛利润为 52 万元。计算得出：

$$毛利润率_{2022} = \left(\frac{52.00}{209.00}\right) \times 100\% = 24.88\%$$

毛利润率的提升表明企业在控制销售成本方面做得更好，或产品的定价策略更加有效。

3. 销售利润率

销售利润率反映企业在扣除销售和管理费用后的盈利能力，表明企业的日常经营活动的盈利情况。销售利润率越高，说明企业的运营效率越高。

根据表 5-1 至表 5-5 中的数据，营业收入（2021 年）为 196.00 万元，销售利润（即毛利润减去销售费用、管理费用等后的利润）为 21.00 万元。计算得出：

$$销售利润率_{2021} = \left(\frac{21.00}{196.00}\right) \times 100\% = 10.71\%$$

根据表 5-1 至表 5-5 中的数据，营业收入（2022 年）为 209.00 万元，销售利润（即毛利润减去销售费用、管理费用等后的利润）为 25.00 万元。计算得出：

$$销售利润率_{2022} = \left(\frac{25.00}{209.00}\right) \times 100\% = 11.96\%$$

2022 年销售利润率上升，说明企业在运营管理上有所优化，特别是在控制运营成本方面取得了较好的成效。

（二）流动性比率的计算举例

1. 流动比率

流动比率衡量企业的短期偿债能力，表明企业能否用其流动资产来偿还流动负债。流动比率越高，表示企业短期偿债能力越强。

根据表 5-1 至表 5-5 中的数据，2021 年的流动资产为 77 万元，流动负债为 65 万元。计算得出：

$$流动比率_{2021} = \frac{77.00}{65.00} = 1.18$$

根据表 5-1 至表 5-5 中的数据，2022 年的流动资产为 76 万元，流动负债为 56 万元。计算得出：

$$流动比率_{2022} = \frac{76.00}{56.00} = 1.36$$

流动比率在 2022 年有所上升，表明企业的短期偿债能力有所增强，流动资产能够更好地覆盖短期债务。

2. 速动比率

速动比率是一种更严格的流动性指标，它排除了存货，因为在流动资产中，存货的流动性（变现能力）相对较低。速动比率更能反映企业的短期偿债能力。

根据表 5-1 至表 5-5 中的数据，2021 年的流动资产为 77 万元，存货为 45 万元，流动负债为 65 万元。计算得出：

$$速动比率_{2021} = \frac{77.00-45.00}{65.00} = 0.49$$

根据表 5-1 至表 5-5 中的数据，2022 年的流动资产为 76 万元，存货为 42 万元，流动负债为 56 万元。计算得出：

$$速动比率_{2022} = \frac{76.00-42.00}{56.00} = 0.61$$

2022 年速动比率的提升意味着企业的即时偿债能力有所改善，特别是在应对紧急资金需求方面有所增强。

第五节 实 践 指 导

一、实践任务

通过本章学习，引导学生从多维度进行财务评估，要求学生了解供应商财务评估的一些基本原则和术语，根据潜在供应商的相关财务数据，掌握流动性、盈利性、杠杆比率等指标的计算方法。收集有关案例资料，借助案例分析法加深对财务评估的理解，从而更好地实现课程教学目标。

二、实践步骤

（1）分组讨论并交流，找出分析案例中的关键问题。

（2）确定是否还需查找与已找出关键问题相关的背景资料。

（3）筛选并优化分析此案例的答题思路。

（4）明确构成小组分析逻辑的依据，并展开进一步的逻辑整理。

（5）小组形成文字报告并汇报。

三、实践要求

（1）彻底读懂案例——当小组分发到一篇案例时，成员需要对案例进行反复阅读，对案例中的重要信息尝试消化理解。在阅读的过程中，对案例中的背景资料、主要事实、面临的难题及难点、重要论点、重要结论和针对性的对策建议等内容进行一一记录，以方便下一个步骤的进行。

（2）分组交流讨论，大胆提出自己对问题的看法——对案例中的主要角色所面临的问题进行分析，尝试对案例所给的背景资料进行仔细阅读、筛选分类，归纳总结，若需要引证资料来佐证个人观点，可以依靠电子资料、图书馆实体资料等，获取相关领域的多方面知识，保证分析的正确性。

（3）全面并正确概括问题——在对案例进行认真分析之后，小组尝试根据案例的相关资料找出问题的症结所在，并对需要解决的问题进行正确概括，注意概括问题的逻辑性与针对性。

（4）撰写分析报告——报告中对资料的分析运用要求准确，以所学理论为指导分析资料；资料分析要求全面充实，紧扣主题，结构合理，层次清楚，中心突出。除此之外，提交的报告要注意格式规范，用词准确，表达通顺。

四、实践内容

A公司对于战略合作供应商的财务状况评估

A公司是一家大型家居用品连锁企业。这家公司没有自己的生产设备，所有在连锁卖场经营销售的产品都是通过供应商网络进行全球采购。A与一些重要的供应商建立了战略合作伙伴关系。

集中采购中心负责管理这些供应商关系，每年要对这些供应商进行审核，其中包括重要的财务分析，以确保采购方能够清楚地认识与识别风险，管理与控制风险，进而有效地规避与承担风险；同时，也要保证核心供应商供应资源的有效性。

B公司是新近引入的供应合作伙伴，在2014年度审查过程中，A公司

采购寻源基础

集中采购中心特别收集了该公司过去两年的财务状况用于进一步分析。资产负债表与损益表如下:

资产负债表　　　　　　　　　　　　　　　　　　　单位:百万元

	2013年金额	2014年金额
固定资产		
厂房	750	1 450
设备	1 500	2 700
流动资产		
库存	1 000	1 550
应收账款	1 250	1 700
现金	300	100
流动负债		
应付账款	1 550	1 700
应缴税	300	350
银行透支		1 000
长期负债		
长期贷款	750	1 300
资本和储备金		
股本	1 000	1 899
留存利润	1 200	1 251

损益表　　　　　　　　　　　　　　　　　　　　　单位:百万元

	2013年金额	2014年金额
营业额	7 500	8 250
销售成本	6 500	7 500
毛利	1 000	750
销售和一般管理费用	75	100

（续表）

	2013年金额	2014年金额
息税前利润	925	650
应付利息	70	85
应付税款	300	350
息税后利润	555	215
股东分红	112	164
当期留存利润	443	51
前期留存利润	757	1 200
留存利润总计	1 200	1 251

思考问题：

（1）指出用于分析B企业的使用资本回报率。

（2）计算2013年和2014年的使用资本回报率（假设2012年使用资本3 500）。

（3）利用相关分析结果，对结果和趋势作简要评价。

五、实践范例

×公司的采购

×公司是一家民用飞机制造企业，其产品涵盖小型四座飞机到大型百座级飞机等多种机型。

采购

×公司需要采购很多种类的产品和服务，公司既需要为整机生产采购必需的小型零件和大型组装件（如飞机引擎），还需要采购很多大型生产机械和设备，尤其是公司要推出新机型时。

×公司目前拥有很多供应商，但为了能够获得最先进的技术，公司有时仍需寻找新的供应源，特别是计划生产新机型时。×公司的多数供应商都很可靠，但也有供应商存在延迟交付以及质量不合格等问题。

发展

×公司正在根据一些航空公司客户的需求研发一种新机型。该机型主要质量要求包括乘客座椅的舒适性和耐用性，以及控制设备和引擎在技术方面设计创新的可能性，采购经理A与设计团队和生产团队进行了沟通，了解这种新型飞机所需的很多部件可以从现有供应商处采购，但一些主要部件可能需要从国际供应商处采购，因为国际供应商具有较高的生产能力，其产品不仅在质量和价格上更具竞争力，还在设计和创新方面具备足够的能力和资源。

问题

A认为引擎需要从新的供应商处采购，因为现有供应商不具备×公司要求的创新能力，鉴于引擎的重要性以及潜在成本，他准备考虑进行国际采购。

而对于乘客座椅，A想要继续从现有供应商FF公司那里采购。FF公司是一家国内供应商。然而，FF公司曾出现过质量问题和交付延迟的问题，给×公司带来了很大的麻烦。

A相信，与FF公司签订合同后，对其进行管理和开发能够带来好处。A还考虑采取一些激励措施鼓励FF公司进行改进。但是，在管理这些曾经表现优秀而现在成绩不佳的供应商方面，采购团队缺乏经验。

采购团队在搜寻新供应源以及国际采购方面也没有很多经验，例如：团队从来没有在选择新供应商前开展过采购调研，也从来没有对潜在供应商进行财务评估。因此，A意识到需要拓展采购团队成员的能力，使他们能够有效地开展新的采购工作。

思考问题：

（1）结合案例，指出×公司可以用于发现供应商财务困难的五个非财务信号。

（2）×公司可以通过检查资产负债表对供应商进行财务评估。指出"资产"和"负债"的含义，并分别举例说明资产和负债的表现形式。

（3）解释为什么×公司的潜在供应商必须证明其拥有良好的现金流？

 前沿研究

财务综合评估体系一般应当包含三个方面的内容：（1）短期偿债能力分析；（2）营运能力分析；（3）盈利能力分析。鉴于在融通仓信用融资模式下，具备放贷能力的第三方融通仓对于上下游企业的净现金流量难以清楚了解，因此我们分别从短期偿债能力、营运能力和盈利能力三个方面筛选出注重上下游企业现金流量信息以及体现公司是否具备良好经营状况的九项财务指标。

在融通仓信用模式中，上下游企业均属于短期融资，因此短期偿债能力是进行财务分析时必不可少的内容。如果企业缺乏流动性和短期偿债能力，将直接威胁到债权人——融通仓的经营安全。一般而言，企业使用现金及现金等价物偿还短期负债相对比较合理，因此我们筛选出现金比率、速动比率以及现金流量与流动负债比率三项现金流信息较高的财务指标，进而分析各个指标对企业短期偿债能力的影响。

企业资金的流动性是指在企业运营过程中满足短期现金需求的能力，不同形式的资产其变现能力不同，所以其满足短期现金需求的能力不同，一般来说应收账款、存货、流动资产的变现能力很大程度上决定了企业资金的流动性。在融通仓信用模式中，不同企业的资产变现能力都会对其本身流动性产生非常重要的影响，进而使整条融资供应链的运作出现问题，最终使融通仓自身信贷风险加大。因此，我们选取在融通仓信用模式下能较好反映资产流动性的三项指标：存货周转率、应收账款周转率以及流动资产周转率，期望较好地反映不同指标对企业运营能力的影响程度。

在融通仓信用模式中，融资供应链各个企业的获利能力，对融通仓企业本身的盈利水平及资产安全程度有着极其重要的影响。在这种融资模式中，上下游某一个企业经营不善或者由盈转亏将使整体供应链的盈利水平大幅降低，融通仓依靠扩大业务规模获利的能力将会大大减弱。因此，我们通过选取主营业务毛利率、盈利现金比率、主营业务鲜明程度三项能较为明确体现企业盈利的指标，并对不同指标影响度进行分析，来反映融通

采购寻源基础

仓信用模式下的不同指标对企业盈利能力的影响。

以上九项指标中,尽管有的指标之间可能高度相关,但指标之间的相关性对最后的权重影响不大,因此在财务指标选取时,应以对企业净现金流量影响权重较大者优先。

案例分析

如何在采购环节降低成本

降低成本、增加利润,是财务管理一直以来的追求。在采购环节如何降低成本?

供应商受益维度

从供应商角度分析,企业降低成本可以使用付款条件折扣,在资金富余的情况下减少承兑比例,准时付款,让供应商在价格上折让;给供应商找更低价的上游供应商,换取价格的下降;借助外部专业知识为供应商降本,换取价格的下降。此外,可长久绑定生产管理水平高的供应商;如果供应商达不到较高的生产管理水平,公司可以协助整改完善,换取价格的下降;如果供应商送过来的货总是无法通过质检,可以通过飞行检,派驻质检员和IE工程师上门协助供应商提升效率和品质,实现生产降本,换取价格的下降。还可集中散件打包给一家供应商做半成品或部件,增加单个供应商份额,换取价格的下降;直接提高份额最大的供应商的采购份额,以此换取采购价格的下降。

建立财务核价体系

实行采购三方比价,选最低价入围。采购时,让供应商按固定格式填写价格分项。财务人员在供应商的陪同下逐个审核分项,如现场测量使用的原材料的重量、冲孔环节的时间、工人在冲孔环节的工作工时等,并与供应商共同对测量结果签字确认。对于不实成本,要求供应商解释,财务人员与供应商都认同的价格即是最后的价格。这种方法要求财务人员熟悉供应商制造的每个流程、加工工艺和成本的明细构成。财务人员要掌握供应商的物料清单，了解大宗物料的市场价格，根据工艺路线核算出标准工时，根据工艺路线了解生产所需的设备及场地核算出制造费用。

其他方式和途径

通过"互联网+"的方式，发起设立材料网，与同行组团采购；减少收货时间和流程，专人上下货，换取供应商降本；研发新产品时，让供应商充分参与，吸引设计上的降本创意；寻求替代物料，与供应商一起研发替代物料；每年招标两次，如上半年降价3%，下半年降价2%。企业可以选择参股供应商的方式，前提是非常了解供应商的潜在负债；多维度评估供应商绩效，每年末位淘汰；管理供应商的每个动作，如产品质量、交货期、可靠性、降本创意等。监控物料价格走势图，在淡季锁定价格或囤积实物。对预期涨价的物料与供应商签订协议，锁定成本。实行全阶段砍价，买入前、采购中、采购后不断询价、比价。直接找供应商，不找代理商，去掉中间环节。此外，实行全员降本制度，让人人参与。以上方法在实际应用中是一套组合拳，企业应根据不同的采购品类应用合适的方法。如今，信息传递的效率越发重要，整个供应链的协同也就更为重要。对于采购量大、金额高且在产品中非常关键的重要原辅材料，企业可将对内的价值链管理延伸到供应商端。只有关注对方的成本和生产控制过程，才能实现双方共赢。

资料来源：康愉子.如何在采购环节降低成本[N].中国会计报，2021-05-28（008）.

思考问题：

（1）结合案例，在采购环节降低成本的途径有哪些？

（2）除了案例提到的降低成本的方法外，还有其他方法吗？

（3）财务核价体系可以包含哪些统计指标？为什么设计这些指标？

练习与思考

一、名词解释

1. 比率分析

2. 资产负债表

3. 损益表

4. 现金流量表

二、单项选择题

1. 下列哪种情况是一家公司经营效率不佳的信号？（　　）

  A. 利润率下降　　　　　　　　B. 利润率上升

  C. 营业额下降　　　　　　　　D. 营业额上升

2. "杠杆比率过高"是指（　　）。

  A. 借贷资本低于股份资本　　　B. 借贷资本高于股份资本

  C. 借贷资本等于股份资本　　　D. 不存在

3. 最容易获取的供应商信息来源是（　　）。

  A. 财务账目　　　　　　　　　B. 信用报告

  C. 企业官网　　　　　　　　　D. 特殊机构

4. 下列选项中，不属于资产负债表中反映的账户是（　　）。

  A. 固定资产　　　　　　　　　B. 流动负债

  C. 留存利润　　　　　　　　　D. 管理费用

三、多项选择题

1. 供应商财务账目中的重要报表有（　　）。

  A. 资产负债表　　　　　　　　B. 损益表

  C. 现金流量表　　　　　　　　D. 利润表

2. 损益表显示了供应商在某一时刻的（　　）。

  A. 收入　　　B. 支出　　　C. 利润　　　D. 亏损

3. 财务困难的标志包括（　　）。

  A. 交货和质量绩效快速恶化

  B. 高级管理人员在短期内相继离职

  C. 企业更换审计师和银行

  D. 时间未到就催着结款

四、简答题

1. 资产负债表显示了什么?
2. 现金流量表可以提供哪些信息?
3. 请说明资产负债表中固定资产和流动资产的不同。

五、论述题

1. 采购方看到哪些线索就可判断供应商财务状况不佳?
2. 请列出采购方可以对潜在供应商实施的财务核查项目。
3. 从哪些来源可以获得关于某个供应商的财务信息?

第六章

公共部门的供应源搜寻

 学习目标

- 了解公共部门供应链的驱动要素
- 了解时间因素对于竞争性招投标程序的影响
- 熟悉合同授予的程序
- 掌握公共部门与私营部门采购环境的差别

 基本概念

竞争；资金价值；电子投招标；竞争性招投标

第一节 公共部门简介

一、公共部门的界定

公共部门是指被国家授予公共权力，并以社会的公共利益为组织目标，管理各项社会公共事务，向全体社会成员提供法定服务的组织。它包括政府机构和国有企业，负责提供公共产品或进行公共管理。它以增进公众利益为目标，为社会大众提供教育、基础设施、交通运输、社会保障及

多项服务。

二、公共部门的职能

公共部门的职能包括保护以及提供社会保障。除此之外，公共部门还负责提供公共服务，如卫生和教育、国防、法律服务和公共秩序的维护等。

三、公共部门与私营部门的区别

公共部门和私营部门的主要区别在于，公共部门的主要目标是实现财富和经济之间的平衡，而私营部门的首要目标是营利。公共部门组织通常由政府拥有和运营，而私营部门组织通常不由政府拥有或运营。

四、公共采购

公共采购是指使用公共资金为公共部门进行的采购，资金包括政府筹集的资金和公共企业筹措的资金。世界贸易组织将公共采购界定为可由政府控制或指导的公共部门采购，包括政府投资或贷款的采购以及公共企业投资或贷款的采购。我国财政部门管理的政府采购是指由财政预算提供资金为政府机关和事业单位进行的狭义的政府采购。公共采购要对公众负责，接受政府代表公共部门的管理。

五、公共部门采购和私营部门采购的区别

私营和公共部门的组织与环境在一些关键方面存在差异，具体见表6-1。

表6-1 公共部门采购与私营部门采购之间的区别

差异的领域	私营部门	公共部门
目标	提高利润	达到一定的服务水平
责任	采购人员向主管负责	采购人员最终对一般公众负责
利益相关者	采购有需要考虑的一定的利益相关者	采购必须为广大的一级和二级利益相关者提供价值
活动	组织的生产能力和资源用于生产货物/服务	通过供应外包的或采购的产品/服务创造增值
法律限制	受到公司法、劳动法、产品质量法等监管	这些法律也适用于公共部门
竞争	很多企业间存在激烈竞争	通常没有竞争
资金价值	以最低成本获得竞争优势、客户价值和利润最大化	在价值/成本许可的条件下,保持和提高服务水平
物品的多样性	用于特定产品/服务组合的专业库存列表	提供多样化服务所需的品种广泛的物品/服务
公开性	供应商与采购方之间的交易有保密性	保密性有限,公众要求透明度
预算限制	投资受限于是否有好的投资机会	投资受到来自外部的开支限额的约束
信息交换	不得与其他企业交换信息	公共部门的采购愿意交换信息并使用共享电子采购平台、联合采购等
采购政策	各企业不同,如需要迅速行动,可简化手续	需要遵守法定指南
供应商关系	在可能的情况下发展长期关系	强制性的竞争性招标

资料来源:英国皇家采购与供应学会.供应源搜寻[M].北京中交协物流人力资源培训中心,译.北京:机械工业出版社,2014.

总的来说,不管是公共部门还是私营部门的采购都面临一些重要问题,如企业社会责任、可持续性发展、客户服务改进、减少无效成本等。

第二节　公共部门的供应源搜寻

公共部门的采购是指公共部门为了开展日常政务活动或为公众提供公共服务的需要，在财政的监督下，以法定的方式、方法和程序（按国际规定一般应以竞争性招标采购为主要方式），利用国家财政性资金和政府借款，从市场上为政府部门或所属公共部门购买商品、工程及服务的行为。

一、中央政府采购

中央政府采购负责统一实施中央政府采购目录所列项目的集中采购。属于中央预算的政府采购项目，国务院确定并公布集中采购目录和采购限额标准。中央政府采购的主要目标是：通过与政府部门合作，帮助政府达到其效率目标，从而提高公共服务水平；在中央政府的采购中要厉行节约，提高关键采购项目的成功率。

补充资料

《中央国家机关政府集中采购目录实施方案（2020年版）》中有关采购的执行要求

（一）履行采购人主体责任。各采购单位应当切实履行在采购活动中的主体责任，对采购需求和采购结果负责。在确定采购需求前，应当认真开展采购需求调查，根据国家经济和社会发展政策、部门预算及绩效目标、采购管理制度、市场情况编写采购需求；确定采购方式时，应当根据需求特点合理选择，依法依规采用邀请招标、竞争性谈判、竞争性磋商等非公开招标方式，避免因过度公开招标影响采购执行效率；项目完成后,应当严格按照采购合同开展履约验收工作,确保采购结果实现相关的绩效和政策目标。国采中心将继续加强各品目采购需求标准体系建设,为各单位编制采购需求提供参考;不断完善电子卖场、协议供货、定点采购等小额分散采购项目供应商履约管理机制,加强单独委托项目履约服务,协助各单位开展履约验收工作。

(二)落实政策功能。各采购单位应当积极落实节约能源、保护环境、扶持不发达地区和少数民族地区、促进中小企业发展等政府采购政策。国采中心将不断完善采购文件范本,将政府采购相关政策要求嵌入采购需求,并要素化为各采购品目具体的技术、服务指标,优化评价权重设计,为各单位落实政策功能提供参考;加强政府采购政策实施的电子化工具运用,在电子卖场中积极探索特色场馆、加挂标识、搜索排序等技术手段,保障采购政策实施效果。

(三)完善内控管理。各部门主管预算单位应当积极发挥本部门(本系统)政府采购监督管理职责,建立健全本部门(本系统)政府采购内控管理机制,各采购单位应当加强对采购各环节的内部控制和风险管理。国采中心将进一步优化升级电子交易系统,交易信息按照统一格式在网上公示,接受社会监督,同时,将系统发现的采购人规避公开招标和批量集中采购、采购价格畸高等异常情况及时推送至各部门主管预算单位,通过技术手段,帮助各单位加强内控管理。

(四)其他有关事项。相关品目采购执行方式、限额标准等,将根据政策制度变化及时调整,具体执行通知详见中央政府采购网"通知公告"专栏。关于涉密政府采购项目、工程建设项目招投标等采购服务事宜,将另行通知。

资料来源:中国政府采购网,http://www.ccgp.gov.cn/zcfg/bwfile/202005/t20200525_14348922.htm.

二、地方政府采购

地方政府采购是根据各个地方预算实施的政府采购项目,地方政府采购目录由地方政府确定并公布。属于地方预算的政府采购项目,省、自治区、直辖市人民政府或者其授权的机构根据实际情况,可以确定分别适用于本行政区域省级、设区的市级、县级的集中采购目录和采购限额标准。

 补充资料:

海南施行最新政府集中采购目录及标准
——预算400万元及以上金额采用公开招标方式

经省政府批准,《海南省省级2023—2025年政府集中采购目录及标准》近日公布。政府采购货物或服务项目,采购预算金额达到400万元以上(含400万元)的,采用公开招标方式。这是海南日报记者1月30日从省财政厅获悉的。

纳入集中采购目录且限额标准以上的项目必须委托集中采购机构代理采购。采购人可以不受行政区域、预算管理级次所限委托集中采购机构组织开展集中采购活动。2023—2025年政府采购限额标准为200万元。采购人使用财政性资金采购的货物、工程和服务项目,采购预算金额达到限额标准(含)以上的,应实行政府采购。采购预算金额未达到限额标准的项目,属于非政府采购项目,由采购人按照相关预算支出管理规定和本单位内部控制采购规程组织实施。

政府采购货物或服务项目,采购预算金额达到400万元以上(含400万元)的,采用公开招标方式。政府采购工程公开招标数额标准按照《必须招标的工程项目规定》执行,具体标准为施工单项合同估算价在400万元以上;重要设备、材料等货物的采购,单项合同估算价在200万元以上;勘察、设计、监理等服务的采购,单项合同估算价在100万元以上。

采购人采购公开招标数额标准以上的货物或服务,因特殊情况需要采用公开招标以外的采购方式的,应当按预算管理级次在采购活动开始前获得县级以上人民政府采购监督管理部门的批准。

> 政府采购工程以及与工程建设有关的货物、服务，采用招标方式采购的，适用《中华人民共和国招标投标法》及其实施条例；采用其他方式采购的，适用《中华人民共和国政府采购法》及其实施条例。
>
> 前述采购目录及标准自2023年1月1日起施行，有效期至2025年12月31日。
>
> 资料来源：中国政府采购网，http://www.ccgp.gov.cn/zcdt/202302/t20230208_19430530.htm。

三、公共部门供应源搜寻的原则

采购原则是贯穿在公共部门供应源搜寻的过程中，为了实现政府采购目标而设立的一般原则。主要有以下三条：

（1）公开、公平、公正的原则。这是市场经济的一项基本原则，也是政府在从事采购活动时应当遵循的基本原则。其基本要求是：第一，政府采购过程，除法律另有规定外，必须向社会公开，其中包括采购政策、采购计划和采购的具体过程；第二，不得对供应商有歧视；第三，采购机关与供应商在采购过程中处于平等地位；第四，必须严格依照法律规定的程序采购。

（2）效益原则。也称为"物有所值"原则，是指政府的采购活动必须讲求经济和社会效益。其基本要求是政府所采购的物资和服务与其所支付的价格是对等的，并且是政府所需要的。

（3）维护社会公众利益原则。这一原则是指财政性资金的使用要把社会公众利益放在首位，注重社会效益。这一原则体现了我国政府采购的社会主义性质，是建立公共财政的必然要求。

四、政府采购模式

从我国的实际情况来看，由于各地经济基础差别很大，同时为了便于政府把握宏观调控指向，更大限度地节约资金，调动供需各方的积极性，在我国推行政府采购制度，其采购模式的选择宜采用集中和分散相结合、以集中为主的模式。有条件的单位可以在有关部门授权的前提下分散采购。

公共部门采购最佳实践包括基于准确数据确定采购需求的优先顺序、节省纳税人资金、提高透明度以及遵守法律法规。与私营部门相反，公共部门的目的是在一定的预算范围内，向公众提供高效率的服务等内容。

第三节 公共部门采购的具体要求

一、公共部门采购的法律法规简介

法律法规对公共部门和私营部门采购有以下要求：一是应确保购入的商品、服务符合相关标准和要求；二是确保所有的采购行为符合政策、现行政令以及法定程序；三是确保采购中的竞争性供应和资金价值能够符合道德；四是确保供应链操作符合法律、法规和标准的要求。

二、公共部门采购的模式

公共部门采购的模式主要有三种：集中采购模式、分散采购模式、混合采购模式。集中采购模式是指政府设立专业部门为其他部门采购统一提供服务的一种采购形式。它可以包括集中定价、分开采购，集中订货、分开收货付款，集中订货、分开收货、集中付款等多种典型模式。分散采购模式是政府采购的一种非集中采购形式，用于采购集中采购目录以外的物品、工程和服务。它可以由采购单位自行组织，也可以委托采购代理机构。分散采购有利于协调供料和存储环节，并增强基层工作的弹性与成效。混合采购模式是一种采购策略，其中一些需求由一个部门集中采购，一些需求由需求单位分散采购。例如，新加坡财政部集中采购计算机和纸张等大宗产品，而其他项目则由各个部门采购。

三、公共采购当事人

公共采购当事人是指在政府采购活动中享有权利和承担义务的各类主体，包括采购人、供应商和采购代理机构等。首先，采购人在政府采购活动中需要维护国家利益和社会公共利益，公正廉洁，诚实守信，执行政府采购政策，并严厉打击围标、串标等违法行为。其次，公共采购供应商是指参加公共采购市场的合法供应主体，具体是指向采购人提供货物、工程或者服务的法人、其他组织或者自然人。供应商可以通过向财政部门提出投诉来保护其合法权益。最后，公共采购代理机构是指在政府采购活动中根据采购人的委托代理政府采购事宜的机构，包括事业单位性质的集中采购机构和经财政部或者省级财政部门认定资格的中介性质的采购代理机构。

四、公共采购方式

《政府采购法》规定，公共采购有六种方式：公开招标、邀请招标、竞争性谈判、单一来源采购、询价和竞争性磋商。

公共采购的公开招标是指采购人采购货物或者服务应当采用公开招标方式，采购人不得将应当以公开招标方式采购的货物或者服务化整为零或者以其他任何方式规避公开招标采购。

公共采购的邀请招标采购是指采购人从符合相应资格条件的供应商中随机抽取三家以上供应商，并以投标邀请书的方式邀请其参加投标的采购方式。符合下列情形之一的货物或服务，可采用邀请招标采购：具有特殊性，只能从有限范围的供应商处采购的；采用公开招标的费用占政府采购项目总价值的比例过大。

公共采购的竞争性谈判是指买方或机构与多个供应商（至少三个）进行谈判，以确定中标人。它不同于竞争性招标，竞争性招标使用类似于公开招标的"综合评分法",并根据最低价格授予合同。符合下列情形之一的货物或者服务采购,可以采用竞争性谈判方式展开:招标后没有供应商投标或者没有合格标的或者重新招标未能成立的;技术复杂或者性质特殊,不能确定详细规格或者具体要求的;采用招标所需时间不能满足用户紧急需要的;不能事先计算出价格总额的。

公共采购的单一来源采购适用于达到了限额标准和公开招标数额标准,但所购商品的来源渠道单一,或属专利、首次制造、合同追加、原有采购项目的后续扩充和发生了不可预见紧急情况不能从其他供应商处采购等情况。符合下列情形之一的货物或者服务,可以采用单一来源采购方式:只能从唯一供应商处采购的;发生了不可预见的紧急情况不能从其他供应商处采购的;必须保证原有采购项目一致性或者服务配套的要求,需要继续从原供应商处添购。

公共采购的询价主要适用于采购的货物规格、标准统一,现货货源充足且价格变化幅度小的政府采购项目。

公共采购的竞争性磋商是指采购人和政府采购代理机构通过组建竞争性磋商小组与符合条件的供应商就采购货物、工程和服务事宜进行磋商。该方式是由磋商小组采用综合评分法对提交最后报价的供应商的响应文件和最后报价进行综合评分。使用竞争性磋商方式时,成交通知书应当在成交供应商确定后两个工作日内发出。

小案例

一份高校采购自招中标公示引发的思考

一、产生思考的一则公示

2012年南京某高校官网上发布的一份校内货物采购自行招标中标公示如下:"教学科研仪器设备采购中标公示,经2012年2月21日下午1:30在学院招办会议室开标、评标,评委会评定'教学科研仪器设备采购(编号NCZB2012203)'中标单位为:南京××××仪器设备有限公司。现予公示。相关投标人如果对以上评定结果持有异议,可在本公示公布之日起的三日内以书面方式向我院招标办反映,电话:××××××××,也可以书面形式向学院监察科反映,电话:××××××××,逾期将不再受理。中标单位2月24日起到××××学院行政A号楼105室学院招标办公室领取中标通知书。××××学院招标办2012-2-21。"

二、公示所引发的相关问题

高校的教学科研设备采购招标工作依据什么现行法规进行操作?这似乎不应该成为问题。对比我国颁布实施的《政府采购法》和《招标投标法》两法可以知道:《政府采购法》所规范的是机关、事业单位、团体组织,使用财政性资金(预算内资金、预算外资金)采购依法制定的集中采购目录以内的或者采购限额标准以上的货物、工程和服务的行为;《招标投标法》所规范的是依法提出项目、进行招标的法人或者其他组织,使用国有资金(财政性资金、国有企事业单位的自有资金和借贷资金)投资的工程建设项目。显然,两法规范的主体范围不一样。关于公示所引发的首要问题是,学校的这次采购活动依据《政府采购法》还是《招标投标法》进行操作?

我们对比两法可以知道,对高校而言,如果采购用资金的性质(如财政性资金)及采购项目内容用途(是否为建设工程及配套货物、相关服务)确定了,则依据的法律法规就明确了。于是,我们对资金问题进一步深入了解,经过学校财务部门确认,本次采购的教学科研仪器设备所需资金来源为财政性资金,其用途明确为教学与科研之用。同时,相关职能部门核实,本次采购的仪器设备为本省政府采购集中采购目录外的产品,其总额经比对在本省政府采购集中采购规定限额以内(采购总额≤10万元)。学校本着规范货物采购程序、严格采购操作要求的目的,根据学校采购规章规定对省采目录外限额内产品一次性采购货物标的≥3万元的采购活动依然必须在校内以"公开招标"方式进行操作。

综上所述,本次采购活动应该依据《中华人民共和国政府采购法》及相关配套法规操作进行。对照现行法规相关条款要求,就不难归纳出本次中标公示主要存在的问题有:(1)缺少项目招标公告日期;(2)缺少中标金额、中标人地址;(3)缺少采购项目名称、用途、数量、简要技术要求及合同履行日期;(4)缺少评标委员会成员名单。高校招标人在教学科研用仪器等货物的自行采购招标过程中出现一些问题不足为怪,但值得思考、需要改进。

资料来源:高国民,刘宁沂.一份高校采购自招中标公示引发的思考[J].中国招标,2014,1146(2):15-17.

五、公共采购预算

公共采购预算是采购当局根据发展计划和行政任务通过规定程序批准的年度计划。它是行政单位财政预算的一部分。根据《政府采购法》的规定,负有编制部门预算职责的部门在编制下一财政年度部门预算时,应当将该财政年度政府采购的项目及资金预算列出,报本级财政部门汇总。

第四节 实 践 指 导

一、实践任务

通过本章学习,引导学生掌握公共部门与私营部门采购环境的差别,要求学生掌握了解公共部门供应链的驱动要素,熟知合同授予的程序。收集有关案例资料,借助案例分析法加强对公共部门供应源搜寻的认识,从而更好地实现课程教学目标。

二、实践步骤

(1)分组讨论并交流,找出分析案例中的关键问题。
(2)确定是否还需查找与已找出关键问题相关的背景资料。
(3)筛选并优化分析此案例的答题思路。
(4)明确构成小组分析逻辑的依据,并展开进一步的逻辑整理。

（5）小组形成文字报告并汇报。

三、实践要求

（1）彻底读懂案例——当小组分发到一篇案例时，成员需要对案例进行反复阅读，对案例中的重要信息尝试消化理解。在阅读的过程中，对案例中的背景资料、主要事实、面临的难题及难点、重要论点、重要结论和针对性的对策建议等内容进行一一记录，以方便下一个步骤的进行。

（2）分组交流讨论，大胆提出自己对问题的看法——对案例中的主要角色所面临的问题进行分析，尝试对案例所给的背景资料进行仔细阅读、筛选分类，归纳总结，若需要引证资料来佐证个人观点，可以依靠电子资料、图书馆实体资料等，获取相关领域的多方面知识，保证分析的正确性。

（3）全面并正确概括问题——在对案例进行认真分析之后，小组尝试根据案例的相关资料找出问题的症结所在，并对需要解决的问题进行正确概括，注意概括问题的逻辑性与针对性。

（4）撰写分析报告——报告中对资料的分析运用要求准确，以所学理论为指导分析资料；资料分析要求全面充实，紧扣主题，结构合理，层次清楚，中心突出。除此之外，提交的报告要注意格式规范，用词准确，表达通顺。

四、实践内容

根据英国"可持续采购小组"的定义，可持续采购是指获得全生命周期的资金价值，不仅对本组织，而且也对社会和整个经济都有利，同时对环境损害最小。

根据英国商务办公室的定义，可持续采购是指将公共采购视为实现更广大社会经济政策目标的杠杆的一种采购政策，这些目标包括：环境或绿色事务，支持中小企业和少数群体企业，公平交易事务，成年人的基本技能、残障、种族以及性别平等，创新，促进市场持续、竞争地发展。

公共部门向其供应链要求更高水平的可持续性的理由包括：可持续采购有着直接且人所共知的责任，并且要确保花在产品和服务上的公众的钱能够将社会的利益最大化。

关于可持续采购的好处，英国政府列出了八条：

（1）实现整个生命周期的资金价值。
（2）满足政府对于可持续发展的要求。
（3）能经得起日趋严苛的公众审查。
（4）履行国际上可持续发展义务。
（5）为可持续性技术扩展市场。
（6）维持和提高人们的生活水准。
（7）保护环境。
（8）从长期经济效益上来看，能够节约金钱。

五、实践范例

对中直机关采购中心来说，服务要面向采购人、供应商等不同群体，服务对象点多面广，服务方式各有不同。经过多年积累，不断完善，中直机关采购中心注意紧跟时代步伐，以全流程数字化驱动政府采购智能化，为采购人和供应商提供更加良好的用户体验。其运用数字化手段为各采购主体做好服务、办好实事，提升用户使用体验，切实解决实际困难，为采购人、供应商提供更加优质高效的服务。

以数字化驱动智能化，提升用户体验

在服务采购人方面，中直机关采购中心于2018年研发并上线运行了采购人管理系统，中直机关各采购单位可以依托互联网进行在线委托、签订采购协议、修改采购文件、确认采购结果、查询项目进度。例如，以往纸质函件送审确认，需要人工送达或文件交换，耗费大量的时间、资源。采购人系统上线后，采购人可使用CA证书对函件进行电子签章，签章完成后，在线发送到采购中心，项目经办人可实时接收采购人来函，及时开展下一步工作，有效缩短了项目周期。以往采购项目归档需要整理大量的纸质文件，工作比较烦琐。采购人系统上线后，实现了真正意义上的全流程数字化，工作人员只需在系统上点选所需文件，打包并刻录光盘即可完成归档工作。

在服务供应商方面，中直机关采购中心建设了手机端网页，开通了采购中心微信公众号，实现了计算机终端、移动平台、微信公众号自动同步。中直机关采购中心在官方网站和中心的大屏幕展示公众号二维码，各采购主体关注公众号后，能够随时随地掌握招标公告、结果公告等项目动态。在去年上线运行的新版供应商系统中，供应商只需将采购文件下载、投标文件递交、远程开标解密、采购合同签订、中标通知书领取等常用功能放置在"我的桌面"，就可以通过点击桌面相应模块直接进行操作，省去了以往烦琐的流程，得到了供应商的广泛好评。

以数字化驱动标准化，降低投标难度

因部分供应商投标经验不足，有时会在投标文件中出现低级失误，导致无效投标或造成丢分。为有效解决此类问题，中直机关采购中心早在2018年组织协议供货、电子商城项目中就探索试行准入承诺制，对于可以通过互联网或者相关信息系统查询到的标准化证明材料，供应商可在招标文件中直接承诺是否满足相应条件，无须再提供详细证明。当前，承诺制已在更多中直机关政府采购项目中试行，简化了准入程序，减少了因资格审查材料提供不齐全等问题导致的无效投标。

以数字化驱动远程化，节省投标成本

2020年6月，中直机关采购中心上线了远程开标系统，供应商"足不出户"，即可远程对投标文件进行解密，完成开标过程，实现了"零距离"投标，有效落实了优化营商环境的政策要求，大大节省了供应商投标的经济成本和时间成本。供应商只需一台连接互联网的电脑即可参与投标，省去了纸质投标文件制作成本和往返开标场所的交通成本。同时，在传统的现场开标中，供应商需依次使用CA证书对投标文件进行解密，而且需在开标场所等待开标结果，耗时较长。上线远程开标系统后，开标时间大大缩短，首个采用远程开标的某学院项目，历时仅4分钟即告完成。对于参与供应商多达数百家的协议定点采购项目,以往开标需要近1天时间,采用远程开标仅用不到1个小时即顺利完成,为供应商节省了大量的时间成本。

资料来源:吴永明.以数字化驱动政府采购 为人民群众办好实事[N].中国政府采购报,2021-06-01(005).

前沿研究

英国"可持续采购小组"成立于2005年,其任务是拟定一个分步骤的公共采购转型计划,让英国在2009年前跻身于可持续性方面的领先国家之列。

该小组召集了一系列政府和非政府组织来分析可持续采购道路上的关键障碍,并且为克服这些障碍拟定了一个国家行动计划。该小组在2006年6月提出的报告《未来的采购》阐述了其发现和建议。

(1)以身作则。在可持续性采购方面,缺乏一个长期坚持的示范者是一个关键性的障碍。很多公共部门采购者没有获得要求把可持续性发展目标放到重要位置的明确指示。解决这个问题,需要政府上层明确表明对可持续性采购的支持,从政府目标和独立监督的绩效管理机制两个方面同时着手。

(2)令出多元。公共采购方面的指示和信息总是互相冲突。报告建议将相关政策进行合理化整合,形成一个统一的满足多方面采购要求的框架。

(3)提升标杆。当前中央政府的最低标准应当加以执行,并且拓展到其他公共部门领域。该小组建议与供应商一同明确对未来的需求,将低于最低标准的产品和服务逐步淘汰出局。

(4)提升能力。公共部门必须提高可持续采购的能力。如果不能以专业、高效的方式进行采购活动,可持续采购就无从谈起。所有的采购也都必须由具有适当技能的人员来执行。

(5)清除不利于可持续采购的因素。要呼吁所有的公共组织都仔细检查自己的预算安排，确保其安排能够鼓励和支持可持续采购。

（6）创新。公共部门必须抓住创新和为社会谋福利的机会，同时更聪明地利用市场，从而更好地管理风险。

该小组提出了促进可持续采购议程的三大基石：

（1）灵活的框架，指引公共部门的领导者采取行动，提升实施可持续采购的能力和成熟度。

（2）对采购支出进行优先排序。

（3）为公共部门采购人员提供专家建议和支持工具包。

案例分析

2020年2月，武汉火神山、雷神山医院边设计、边施工、边深化，在短时间内建成专业传染病医院，为我国战胜新冠疫情争取了时间。但很少有人知道，在火神山、雷神山医院建设过程中，投资控制和工程计价面临着很大挑战，而正是"成本补偿"这一计价方式的使用，保障了工程顺利竣工。

财政部5月10日发布的《政府采购需求管理办法》（以下简称《办法》）提出，采购人要围绕实现采购需求对合同的管理做出安排，采购方式、合同定价方式的选择应当符合法定适用情形和采购需求特点。

成本补偿合同适用于"急、新、难"的情形。实际上，成本补偿并不是一个"新面孔"，在建设工程当中应用已久。成本补偿又称"成本加酬金"，是指由业主向承包商支付工程的全部合法实际成本，并按事先约定的某种方式支付酬金作为管理费和利润的合同定价方式。成本补偿合同即以成本加约定酬金来定价的合同，俗称"开口合同"。成本补偿是相对于固定价格而言的。在合同订立阶段，由于合同履行中存在不确定性因素，使得成本估算不够充分、精确，这种情况并不能使用固定价格合同，而成本补偿合同恰恰是一个很好的选择。

《中华人民共和国政府采购法（修订草案征求意见稿）》规定，成本补偿这一定价方式适用于"履约过程中因存在不确定性而无法准确估算采购成本的情形"。此次发布的《办法》也提出，"不能完全确定客观指标，需由供应商提供设计方案、解决方案或者组织方案的采购项目"，根据实现项目目标的要求，可以选择成本补偿方式定价。

"实践中，成本补偿合同主要应用于两大类项目：一类是'急'；一类是'新'。"长期从事政府采购工作的北京大岳咨询有限公司质量管理与培训部总监宋雅琴向记者介绍，"急"就是紧急项目，例如火神山、雷神山这类救灾抢险的紧急工程，需要立即实施，来不及详细计划招投标；"新"则是指新型项目，采购人此前没有做过同类项目，采购范围在开始时也无法准确界定。这两类项目适合采用成本补偿合同，即在项目完成时实报实销，并给予一定补偿。

据了解，2013年开始实施的《建设工程工程量清单计价规范》指出，"紧急抢险、救灾，以及施工技术特别复杂的建设工程可采用成本加酬金合同"。在新冠疫情期间，湖北、广西、杭州等地均发布相关政策，规定应急抢险工程可采用成本加酬金计价方式。

中机国际招标有限公司总经理岳小川则认为，除了紧急和新型项目，成本补偿合同还适用于工程特别复杂，工程技术、结构方案难以预先确定的项目，如研究开发性质的项目，以及施工风险较大的项目，这类项目参与者难以预测或控制全部不确定因素。

"成本补偿合同还特别适用于建设周期较长的工程，这类工程存在许多不确定性，各种风险难以评估，而成本补偿合同恰恰解决了这个问题。"一位采购代理机构从业人员说。

对于服务类项目，住建部等在《关于推进全过程工程咨询服务发展的指导意见》中提出，"全过程工程咨询服务酬金可按各专项服务酬金叠加后再增加相应统筹管理费用方式计取，也可按人工成本加酬金方式计取"。记者了解到，在国际上，许多项目管理合同、咨询服务合同等也多采用成本补偿方式计取。

资料来源：牛向洁.政府采购如何用好成本补偿合同？[N].中国政府采购报，2021-05-28（003）.

■ 采购寻源基础

思考问题：

（1）"成本补偿"的定义是什么？在哪些政府采购的情形下可以使用？

（2）"成本补偿"合同在政府采购项目中使用时应特别注意哪些问题？

练习与思考

一、名词解释

1. 公众问责

2. 资金价值

3. 限制性程序

4. 谈判程序

二、单项选择题

1. 下列哪种情况不属于合同授予标准的原则？（   ）

　　A. 非歧视　　　　B. 平等性　　　　C. 互利性　　　　D. 竞争性

2. 下列不属于公共采购基本程序的是（   ）。

　　A. 限制性程序　　　　　　　　　B. 竞争性会谈

　　C. 电子拍卖　　　　　　　　　　D. 谈判程序

3. （   ）是指采购者以招标公告的方式广泛邀请不特定供应商参加投标，它是政府采购的主要采购方式。

　　A. 邀请招标　　　B. 公开招标　　　C. 竞争性谈判　　　D. 询价

三、不定项选择题

1. 下列哪种情况，属于公共部门与私营部门在采购上的区别？（   ）

　　A. 目标　　　　　　　　　　　　B. 竞争

　　C. 物品的多样性　　　　　　　　D. 预算限制

2. 下列属于"英国可持续采购议程"内容的是（   ）。

　　A. 令出多头　　　　　　　　　　B. 提升标杆

C. 以身作则 D. 创新
3. 可持续采购带来的好处包括（　　）。
   A. 保护环境 B. 履行国际义务
   C. 节约金钱 D. 有一定的自由度
4. 采购方可以根据供应商的哪几个方面对投标者进行评估？（　　）
   A. 供应商的个人状况 B. 专业资质
   C. 技术能力 D. 财务能力
5. 政府采购的限额标准形式有（　　）。
   A. 最低限额标准 B. 最高限额的标准
   C. 邀请招标的标准 D. 公开招标的标准
   E. 单一来源采购

四、简答题

1. 简述《欧盟采购指令》的目的。
2. 公共部门供应源搜寻的挑战具体体现在哪几个方面？

五、论述题

　　分析公共部门从国际供应商处采购时需要考虑的四种有关法律、监管或组织要求方面的因素。

第七章

电子供应源搜寻

 学习目标

- 了解电子采购的流程
- 了解内部网与外部网的具体使用及相关利弊
- 熟悉电子商品名录的相关内容
- 掌握电子投招标的优点和弊端

基本概念

电子商务；电子请购；电子投招标；电子拍卖

第一节　电子供应源搜寻的含义

一、信息与通信技术的发展

信息与通信技术是信息技术与通信技术相结合而形成的一个新的概念。通信技术与信息技术属于两个不同的范畴：通信技术侧重于消息的传播技术，而信息技术侧重于信息的编码、解码以及在通信载体中的传输方式。随着科技的进步，通信技术与信息技术渐渐融合成为一个范畴，助力社会发展。

我国已步入人工智能时代，伴随着信息化的发展，信息与通信技术的应用越来越关键。网络通信技术的广泛应用，无论是为企业发展，还是为人们的日常工作生活，都带来了巨大变革。信息与通信技术的发展从本质上改变了人们进行采购活动的方式，具体体现为：一是提高了采购信息处理的速度，买卖双方通过互联网能够就交易进行实时的对话，提高了采购方和供应商的效率；二是买卖双方可以获得更加广泛的知识与信息，较少限制地使用采购信息资源；三是促进了全天候的采购商务，互联网采购能够使采购方和供应商不受国际时区和地理距离的限制，更好地提供服务；四是现代通信技术可以建立虚拟化的关系、团队以及组织，对于供应商的关系与供应链的开发提供了非常重要的支持。

二、互联网的使用对采购成本的作用

互联网是一个大型的全球性的计算机网络，使计算机能够通过电信连接进行通信。

麦肯锡管理咨询公司在1997年进行的一项研究表明，互联网对商业最大的影响是节约了交易成本以及互动成本，即采购方在进行供应源搜寻时用于寻找合适的供应商的成本。

第一，利用互联网可以将采购信息进行整合和处理，统一从供应商订货，以求获得最大批量折扣。

第二，利用互联网将生产信息、库存信息和采购系统连接在一起，可以实现实时订购，企业可以根据需要订购，最大限度降低库存，实现"零库存"管理。这样的好处是：一方面减少资金占用和减少仓储成本，另一方面可以避免价格波动对产品的影响。

第三，通过互联网实现库存、订购管理的自动化和科学化，可最大限度减少人为因素的干预，同时能以较高效率进行采购，可以节省大量人力和避免人为因素造成不必要损失。

第四，通过互联网可以与供应商进行信息共享，可以帮助供应商按照企业生产需要进行供应，同时又不影响生产和增加库存产品。

想一想：
哪些企业通过互联网采购降低了企业成本？试举例说明。

三、电子采购和电子供应源搜寻

电子采购（e-purchasing）是由采购方发起的一种采购行为，是一种不见面的网上交易，如网上招标、网上竞标、网上谈判等。电子采购比一般的电子商务和一般性的采购在本质上有了更多的概念延伸，它不仅仅完成采购行为，而且利用信息和网络技术对采购全程的各个环节进行管理，有效地整合了企业的资源，帮助采购方和供应商双方降低了成本，提高了企业的核心竞争力。可以说，企业采购电子化是企业运营信息化不可或缺的重要组成部分。电子采购使企业不再采用人工办法购买和销售它们的产品，在这一全新的商业模式下，随着买主和卖主通过电子网络而联结，商业交易开始变得具有无缝性，其自身的优势是十分显著的。

电子供应源搜寻可以界定为使用互联网对如何以及从哪里获得服务或产品进行决策和制定战略的行为，也就是指使用电子化工具执行供应源搜寻全过程的行为。

电子采购流程与手动采购流程高度相似，但前者开展起来要迅速得多。电子采购的流程及应用如图7-1所示。

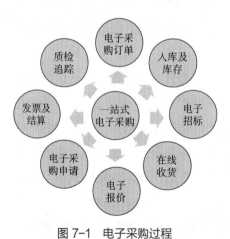

图7-1 电子采购过程

四、电子供应源搜寻工具

电子采购分阶段过程中对应的采购工具及其作用如表4-1所示。

表4-1 电子采购过程对应的采购工具

采购过程的阶段	电子功能与工具
识别与定义需求	电子功能：可以检查实时库存，需要时发出请购单 工具：可以使用开支分析、趋势分析和投资分析等工具，支持生成电子规格和电子合同
市场搜寻	电子功能：可以使用供应市场情报工具；可以获得关于产品目录、供应商和供应商绩效数据方面的资料，对供应商进行鉴别、评估以及资格预审，并验证价格信息 工具：发出投标邀请或报价邀请，接收并评估标书；参加拍卖或进行反向拍卖；发出按需分批发货采购单（按框架协议或系统合同），对于低价值采购物品让合作伙伴控制库存和送货；获得供应商和供应品市场方面的数据以便于拟定谈判计划；生成和发送采购订单或合同（并自动更新合同管理数据库）

资料来源：英国皇家采购与供应学会.供应源搜寻[M].北京中交协物流人力资源培训中心，译.北京：机械工业出版社，2014.

电子供应源搜寻方面的工具主要有五类。

（1）电子商品名录：为了便于客户在网上搜寻产品，提供产品信息和服务的电子名录。

（2）供应商门户网站与市场交流网站：这些网站上有很多采购方或者供应方有关需求与供给的信息。除此之外，供应商门户网站与市场交流网站还可以作为资料存档平台，支持买卖双方随时访问以往的供给信息。

（3）在线供应商的评估：评估为客户提供第三方报告、客户反馈、标杆对比报告、市场情报工具等电子数据内容。有了这些数据，采购方和供应商就能够对合同条款进行更好的协商，对库存进行更有效的管理。

（4）电子拍卖：卖方可以借助网上拍卖平台运用多媒体技术来展示自己的商品，从而避免了传统拍卖中实物的移动，足不出户就可进行网上竞拍。该方式的驱动者是传统的拍卖中间商和平台服务提供商，是传统拍卖形式在线实现。

（5）电子招投标：以数据电文形式完成的招标投标活动。也就是说，部分或者全部抛弃纸质文件，借助计算机和网络完成招标投标活动。

五、电子供应源搜寻的优势

电子供应源搜寻相比传统供应源搜寻具有以下三点优势。

一是通过提高采购效率,从而降低供应商和采购方双方的搜寻信息的成本。

二是电子供应源搜寻与管理全过程都是透明的,可以提高采购商品的质量和能力。

三是电子供应源搜寻可以帮助买家更好地分析市场现状,跟进市场行情,从而更有效率地作出供应源搜寻决策。

要想实现利用电子供应源采购获得利益的最大化,电子供应必须被置入一个完整的采购战略中。电子供应源搜寻系统虽然在实现商业利益方面拥有非常大的潜能,但我们不能仅此就认为电子供应源搜寻能够替代线下的供应源搜寻。

依托"互联网+"降低采购成本

借助企业资源计划(ERP)、"互联网+",利用大数据等加强成本核算,向成本要效益,寻求高质量发展,成为企业转型升级的重要途径。

谷麦光电自成立以来,致力于发展成为国际一流的光电显示应用产品产业链和解决方案供应商。公司财务总监张修普认为,"互联网+"行动计划,确定了新一轮互联网革命的本质特点是产业互联网,也宣告了新经济发展时代的到来。在产业互联网时代,互联网与企业的方方面面正在融合,企业也在从营销端、采购端、生产端不断谋求互联网化。

谷麦光电在明确了采购向互联网转型的目标之后,重新搭建企业的采购平台,补充调整企业采购知识、审批流程、供应商管理策略等相关的业务政策,逐步实现集团全面网络采购。张修普告诉记者,向"互联网+"

转型以来，谷麦光电的采购寻源范围已从广东省面向全国，让以前的货比三家，变成货比三十家甚至上百家，实现线上线下同台竞争，直接对接厂家，省去了中间环节；同时采用了全网询价、封闭报价、反向竞价等相关措施，确保了采购成本的降低；再加上货到付款、账期支付、承兑汇票等多种灵活结算方式，综合降低了企业的采购成本。

谷麦光电借助互联网采购，对企业生产采购计划、物资标准化、采购管理、质量验收标准、仓储管理、财务结算、生产反馈体系、售后服务等全方位进行改造，重新构建了企业的供应链管理。

资料来源：韩福恒.货比"百家"降成本 资金把控保"供血"[N].中国会计报，2019-01-11（005）.

第二节 电子请购系统

一、电子请购

电子请购（electronic requisition）是指以简化采购流程为目的，从用户处获取请购单信息，并通过互联网系统将需求信息提供给有关请购人，告知其请购要求的过程。

电子数据库中包含所有采购材料和零部件的记录代码号、描述、使用量记录、当前余额，以及近期的请购价格与供应商细节，随着收货量、发货量和库存水平不断自动更新，电子请购系统将在库存达到预设水平或生产计划完成时自动生成再订购订单。

二、制订需求计划的系统

需求计划系统可从源头制定采购方采购需求，从客户需求的源头控制企业的采购需求与计划，每一个采购需求量都有据可依，减少不合规的多采购或少采购的情况，从根本上减少人为干预而导致的不必要的损失。

有关制订需求计划的工具主要包括：

（1）资源计划的集成系统。如物料需求计划（material requirement planning, MRP）、制造资源计划（manufacturing resource planning, MRP）、企业资源计划（enterprise resource planning, ERP）等等。这些工具的相同之处在于均研发设计了一整套在逻辑方面相互关联的程序、决策规则以及记录系统，用于管理各个相关需求品项。它们能将一个主生产计划（master production schedule, MPS）和一个物料清单转换成按时间阶段划分的净需求，在适当的时间自动触发请购程序。

（2）设计与开发系统。该系统可以通过分析新产品设计生产所需的材料、部件、配料等内容，生成请购单，请购单包括具体商品需求细节。

三、电子销售点系统

电子销售点系统（electronic point of sale, EPOS）可以与库存管理系统连接起来，从而触发自动库存请购以及补货系统。电子销售点系统的销售点装置采用条形码和无线视频识别标签，与IT系统相连用于记录销售点终端的销售量，从而使每种产品的成本结构及当前库存状态数据都集中存储在中央数据库中。当一个产品在销售点售出时，系统自动对该产品的库存状态进行调整。这样就可以做到及时对所有库存状态或库存记录的实时更新。系统根据实时信息触发电子请购。当库存水平降到预设再订货点时，EPOS系统生成补货通知，从而提高了跟踪销售、购买和订单的效率和准确性，减少了维护手动解决方案所需的时间。

EPOS系统的主要优势有四点：一是能够高效且准确地处理客户交易，降低时间成本；二是有利于库存管理，系统提供大量实时订单信息，自动生成补货清单；三是有助于进行需求预测、生产计划设定和补货数量安排；四是有利于获得关于损耗、利润率、销售趋势和消费者采购模式等方面的数据，以便支持采购决策。

EPOS系统是一个由计算机硬件、软件、外围设备组成的系统。EPOS

系统在物品采购中的具体应用体现在：硬件有助于计算机系统的功能和数据的存储，软件有助于记录销售和更有效地开展业务，外围设备用于将信息输入计算机以存储和处理数据。该系统负责执行各种任务，如销售、结账、库存监视、付款等。它是旨在帮助企业处理大量销售和客户的最佳系统之一。

四、电子订单

电子订单是在数字方式下签订的客户订单。订单管理系统跟踪与订单相关的所有信息和流程，包括输入、库存管理、订单履行和售后服务。在线订单的典型处理包括在订单页面上显示付款状态为已付款或部分付款，向客户发送收据并提供电子邮件地址，以及将订单发送给客户。

电子订单履行是接收、包装、装运和向客户交付产品的过程。它包括需求无缝集成、实现端到端订单可见性、存储库存、拣货和包装产品、运送在线订单、交货和退货等步骤。

小问题：

据了解，通过 ShipMonk、ShipBob、Fishbowl、NetSuite Suite Commerce、Bolt、ShipHero 等系统均能完成电子订单的自动化库存管理，生成拣货单、拣货项目、包装、装运和跟踪流程。

请问：能完成电子订单的系统还有哪些？请就其中的一个品牌介绍其具体应用。

五、电子合同

根据联合国国际贸易法委员会《电子商务示范法》以及世界各国颁布的电子交易法，同时结合我国的有关法律规定，电子合同可以定义为双方或多方当事人之间通过电子信息网络以电子的形式达成的设立、变更、终止财产性民事权利义务关系的协议。根据上述定义可以看出，电子合同是以电子的方式订立的合同，主要是指在网络条件下当事人为了实现一定的目的，通过数据电文、电子邮件等形式签订的明确双方权利义务关系的一种电子协议。

电子合同的优点在于以下三方面：一是可以高效地对标准合同条款进行修改；二是可以更好地保证合同内容不外泄，增加保密性；三是可以将合同数据高度集成，从而使采购方和供应商能够在线上访问详细信息、管理合同版本、获取供应商绩效数据等。

第三节 电子拍卖

一、电子拍卖简介

电子拍卖是一个供应商使用电子手段显示可量化且涉及估价标准的投标要素新价格的过程。电子拍卖平台涉及网站、电子屏幕、移动应用程序和短信平台。投标人可以足不出户地使用互联网在线投标。

电子拍卖在采购中分为两种方式。一种方式是在拍卖中由供应商通过网络来提供商品，然后由潜在采购方出价并参与竞买，在公平竞争中，出价最高者胜出。另一种方式是在反向拍卖中由采购方首先表明自己的要求，然后在供应商之间展开公平竞价。供应商可以在拍卖过程中降低自己的报价进行竞争，满足要求的最低报价即可获得订单。

二、电子拍卖的优缺点

电子拍卖的应用在采购行为中已经越来越普遍化，电子拍卖的优势具体体现在：一是简化了采购流程，节省了时间；二是在线拍卖提供了在线比较价格的机会；三是电子拍卖不受地理限制，使用方便快捷。反向拍卖的电子拍卖方式给采购方带来的好处主要体现在以下六方面：一是能够减少供应商的耗时，达到请购前置期不断缩短的效果；二是可以利用竞争机制，为采购方获得更低的价格；三是可以提醒现有的供应商改变其报价来保持或增加其竞争力，从而为采购方带来实际的优惠；四是采购方可以通过在线反向拍卖渠道来接触到更多优质供应商，获取更多的市场信息；五是能够使采购方花费更少的时间和精力，从而更快速地达到自己的目的；六是采购方可以提高购买保质期短或快速贬值产品或服务的效率。概括来说，在生产规格或所选供应商对采购方不构成影响的情况下，才考虑使用追求价格最低的反向拍卖过程。对于需要协作和大量谈判的复杂产品或项目而言，则不适合使用反向拍卖流程。

电子拍卖的主要缺点包括买卖双方之间缺乏面对面的互动，这可能会导致产生信任问题；此外，还存在失去信誉良好的供应商的风险，并且有可能以低价赢得供应商，但供应商不履行其需要完成的义务。除上述不利因素外，在线交易中始终存在不可预测性因素，商品质量可能与电子平台上呈现的物品预期不符。

 补充资料

如今，网上拍卖已经不是新生事物了。网络拍卖活动涉及房地产、机动车、股权、收藏品、艺术品等资产。2020 年初，突如其来的新冠疫情让以线下拍卖方式为主的拍卖行业受到较大影响。

根据调研，2020 年上半年，受疫情影响，6.26% 的企业不同程度存在暂缓拍卖的情况。根据调研情况估计，1 月下旬以来全国范围内被迫暂缓的拍卖活动不少于 2 000 场。这些被困于疫情的传统拍卖企业，不得不将部分业务转移到线上进行，所以我们可以看到，大量的传统拍卖企业开始转为线上运营。相较于传统拍卖，线上拍卖形式具有时间短、频率高、效率快的特点，机动灵活、保障性强、主题鲜明，是疫情期间拍卖企业维持正常运营的选择途径。

资料来源：阿里云，https://developer.aliyun.com/article/780052。

■ 采购寻源基础

第四节 电子招投标

一、电子招投标简介

电子招投标是以数据电文形式完成的招标投标活动，可以借助计算机和网络实现电子化采购供应链能力。

电子招投标是基于网络通信过程实现的，这种招投标形式具有较强的竞争性。采购的电子招投标过程主要操作步骤包括：(1) 提出投标邀请。招标邀请一般发布在采购方的电子招标网站上，供潜在供应商浏览，具有公开性。需要说明的是，一些企业会将招投标文件供感兴趣的供应商下载。(2) 供应商对投标邀请做出响应，用安全电子邮件将其标书发送到电子招标系统并注册为投标者。(3) 采购方通过前端网站分析投标情况和相关数据，并对有关查询给予回应等。(4) 到投标期时，评标团队可以选择公开标书并通过在线协作进行评标。(5) 系统应用自动打分和评估等功能对电子投标文件中的内容进行自动打分。(6) 将评标结果自动通知中标者和未中标者，给予反馈。

总的来说，电子投标流程包括注册、发布投标信息、提交标书、开标和确认交易协议。风险识别和管理是确保成功实施流程的重要组成部分。

二、电子招投标的优势

电子招投标的优势主要体现在能获取大量数据和指标，且电子招投标相对线下招投标更能创建公开、公平和公正的市场竞争秩序，降低管理成本和交易成本，优化招标代理机构内的资源利用，规范工程建设，并允许远程评标。

三、电子招投标的缺点

电子招投标的主要缺点是由于缺乏统一的技术标准和数据接口而存在信息孤岛，从而导致了数据库之间的信息难以共享，降低了电子投标的优势。其他缺点还包括成本高、处理时间长、发现违规行为的难度增加，以及由于竞争加剧，投标人成功的机会降低等。

四、电子招投标的注意事项

电子招标和投标的注意事项主要包括：设计标书以减少投标操纵，遵循密封投标中涉及的步骤和注意事项，了解电子招投标中的危险信号，管理电子投标环境中的新型欺诈风险。

五、电子招投标的最佳实践

电子投标的最佳实践包括：审查所有文件和附录、尽早提交投标响应、设计在线投标响应并牢记最终目的、编写更好的广告并通过添加负面关键词来优化流量、改进登录页面、测试投标门槛，以及通过利用数字解决方案提高投标的竞争力等内容。

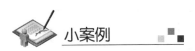
小案例

四川省将建统一电子招标和采购平台

四川省政府网站 2 月 11 日公布《关于进一步加强和规范全省招投标监督管理工作的方案》。该方案由省监察厅、省发展改革委和省政府法制办联合制定，试图解决目前招投标中存在的人为因素干扰大、评标专家操纵招标结果以及政府采购价高质次、过程不够透明等突出问题。

根据该方案，四川省将建立全省统一的电子招标（采购）平台，逐步实现网上投标、电子辅助评标和异地远程评标等，实现通用货物政府采购"全覆盖、全流程、全上网、全透明"。同时，将搭建全省统一的公共资源交易服务平台、招标（采购）信用记录平台，实行所有公共资源交易信息、违规处罚信息等统一发布、及时公开。

统一管理　新建省公共资源交易服务中心

针对当前全省公共资源交易市场分散、管办不分的问题，四川省将建立规范统一的公共资源交易服务平台，新的"四川省公共资源交易服务中心"将与省政府政务服务中心合署办公，实行统一进场交易、统一信息发布、统一操作规程和统一现场管理。四川省将进一步健全招投标监督管理体制，配齐配强专职人员，做到招投标监督管理工作有专人抓、专人管。在省发展改革委增设"招标投标管理处"，对外挂"四川省招标投标管理办公室"牌子，加强监管力量，同时在省监察厅内设"招标投标监察室"，加强对有关招投标行政监督管理部门的行政监察。

严格审查　成立项目招投标复审委员会

网上投标、电子辅助评标和异地远程评标将渐成常态。四川省将建立全省统一的工程建设项目电子招标平台，以解决招投标中存在人为因素干扰大、限制排斥潜在投标人和代理机构、评标专家操纵招标结果等突出问题。同时，通过建立全省统一的政府采购电子平台（即"网上超市"），实现通用货物政府采购"全覆盖、全流程、全上网、全透明"的目标。目前，全省政府采购电子平台建设已启动。我省将探索建立工程项目评标复审机制，成立项目招投标复审委员会（或定标委员会），对评标委员会的评标过程和结论进行复核和审查。参与复审的人员将采取随机方式确定，并实行严格的廉政承诺制度。该机制将首先在省重大项目中试点。

信用管理　实行"一地受罚、处处受制"

招标投标违法行为，今后将被记录在案并在全省统一的平台上"曝光"，还可能面临市场禁入。我省将推动全省招标（采购）诚信体系建设，加大惩处力度，通过与全省统一的电子招标（采购）系统的无缝对接，实行"一地受罚、处处受制"的招标（采购）信用管理制度。统一的投诉举报处理机制和招标（采购）违法行为记录公告平台也将建立，依托全省统一的电子招标（采购）系统，形成互联互通的信用共享机制，并实行严格的市场准入和禁入机制，招标投标违法处罚信息将统一发布、及时公开。我省还将制定公共资源交易监管过错责任追究制度，对利用职权插手和干预招标（采购）、不认真履行监督管理职责以及规避招标等行为，将依法查处。

资料来源：王小玲.我省将建统一电子招标和采购平台［N］.四川日报，2011-02-12（002）.

第五节 实 践 指 导

一、实践任务

通过本章学习，引导学生了解电子采购的流程及好处，使用内部网与外部网的利和弊，掌握电子销售系统的使用逻辑以及电子商品名录的相关内容，了解电子投招标的好处和坏处，要求学生细读案例情况与分析，通过观察案例并举一反三，提高自我观察与分析能力，从而更好地了解并熟知电子供应源，熟知电子商务、电子请购、电子投招标、电子拍卖相关的基本概念。

二、实践步骤

（1）分组讨论并交流，找出分析案例中的关键问题。
（2）确定是否还需查找与已找出关键问题相关的背景资料。
（3）筛选并优化分析此案例的答题思路。
（4）明确构成小组分析逻辑的依据，并展开进一步的逻辑整理。

（5）小组形成文字报告并汇报。

三、实践要求

（1）彻底读懂案例——当小组分发到一篇案例时，成员需要对案例进行反复阅读，对案例中的重要信息尝试消化理解。在阅读的过程中，对案例中的背景资料、主要事实、面临的难题及难点、重要论点、重要结论和针对性的对策建议等内容进行一一记录，以方便下一个步骤的进行。

（2）分组交流讨论，大胆提出自己对问题的看法——对案例中的主要角色所面临的问题进行分析，尝试对案例所给的背景资料进行仔细阅读、筛选分类，归纳总结，若需要引证资料来佐证个人观点，可以依靠电子资料、图书馆实体资料等，获取相关领域的多方面知识，保证分析的正确性。

（3）全面并正确概括问题——在对案例进行认真分析之后，小组尝试根据案例的相关资料找出问题的症结所在，并对需要解决的问题进行正确概括，注意概括问题的逻辑性与针对性。

（4）撰写的分析报告——报告中对资料的分析运用要求准确，以所学理论为指导分析资料；资料分析要求全面充实，紧扣主题，结构合理，层次清楚，中心突出。除此之外，提交的报告要注意格式规范，用词准确，表达通顺。

四、实践内容

（一）案例选择

利用电商平台采购航天物资的探索

中国运载火箭技术研究院是中国航天事业的发祥地，为中国航天史上地位最重要、规模最大、历史最长的运载火箭研制、试验和生产单位，承担长征三号、长征五号、长征七号、长征九号、海基火箭、可回收火箭、空天运输器、国际空间站、探月探火、深空探测等众多国家重大航天型号的研发制造任务，具有重要战略意义。

中国运载火箭技术研究院物流中心，负责全院的物资采购、质量检验、物资机加、仓储配送等供应链服务工作，发展至今已形成强大的供应商网络资源，10万平方米全自动立体库房、数万平米甲类与丙类化工品库房、多场景金属物资库房、高标准电子元器件库房；金属、非金属等材料的机加工，常用物资的封装包装，20万吨物资运输配送能力；电子元器件、原材料、机电产品、标准紧固件、火工品等物资的检验质保、技术研发、应用验证以及领先的供应链信息系统平台，致力于构建先进、全球化的航天物资供应链体系。

随着航天事业的蓬勃发展，中国运载火箭技术研究院研制的各型号航天运载工具所需要原材料种类不断更新、数量持续增长、质量不断提升，其中有相当一部分原材料为进口物资。由于进口物资的更新与增长，现行的进口物资供应链运营模式已逐渐不能满足用户发展需求，因此物流中心积极探索、实践进口物资的新供应模式。

现状问题

在现行模式下进口原材料、元器件、设备仪器等物资产品，通过供方名录下的合格进口物资中间商询比价、框架协议或公开招标方式采买。但这种通过中间商向国外原厂间接采买进口物资的模式，其货源渠道掌握在中间商手中，将会造成以下隐患风险：

1. 采购价格

在跨境采购业务链条中增加中间商环节，中间商将赚取利润，采购方将增耗采购成本。如果中间商垄断国外货源，蓄意提高售价，则采购方别无其他渠道，只能被动接受售价，在这种情形下，不但不利于降本增效，控制采购成本，增加集团核心竞争力，而且将会恶化供应市场，各供方竞相恶意竞争，造成供应商失控，严重恶化供应市场，造成长期性混乱。采购部门在确认用户物资需求与库存储量后，下达新的采购计划，按规定需寻源询价各中间商，询价时效为7～14天。在询价结束后，综合供方报价、周期、技术服务等方面确定中标方（定源），但其报价高于历史价格、异常于市场行情或集团进口物资价格目录,则需通过价格谈判确定合同价(定价),该流程至少需要2~3天时间。在定源定价后,与中标方商议货物标的、交付方式、结算模式、质量要求、违约责任等合同条款,顺利情况下5天内与供方签订合同完毕;此时供方开始从海外原厂采买,从向海外厂家下单至派送往往需要45~60天的供应周期。

因此,在通过中间商采买进口物资的模式下,从用户提交需求到物资发放再到用户大概需要60~80天。但在目前即将搭建成为全球唯一国际空间站、嫦娥探月、载人登月、迈向火星探索新征程等诸多项目背景下,百余航天型号正加紧预研、试验、制造、发射,现行进口物资的供应时效已逐渐不能满足用户科研生产进度。

2. 货品质量

通过中间商采购进口物资,其采购供应过程掌握在中间商手中,当其把不符合质量要求、贴标套牌甚至假冒伪劣的产品供应给采购方,将存在重大质量隐患。同时,中间商负责进口物资的原厂采买、运输、仓储、派送等环节,如出现意外造成货品质量受损,采购方将很难溯源追查。

3. 信息资源

采购、使用单位很少或几乎没有与国外原厂联系,需要通过中间商了解厂家产能、供应能力、价格走势、新研产品、应用进展、货源渠道等信息资源,其信息存在一定的不可获取性、失真性与滞后性,采购方无法真实、及时、全面地掌握海外厂商与产品的信息。

资料来源:高维川. 关于在航天供应链系统中利用电商平台采购进口物资的探讨[J]. 物流技术与应用,2021,26(2):126-128.

思考问题:

(1)中国运载火箭技术研究院物流中心在实物采购上遭遇到了什么困难?

(2)如果中国运载火箭技术研究院物流中心采用电子采购的方式购买所需物品,其优缺点是什么?

(3)针对电子采购可能存在的潜在问题,请每个小组设计一套应对方案。

五、实践范例

湖北：政府采购实现全程电子化

2020年10月21日，湖北省交易（采购）中心顺利完成了省福利彩票发行中心视频型彩票终端机专用设备采购项目的网上开标、在线评审。这标志着升级改造后的省政府电子采购平台实现了政府采购"不见面"开标、政府采购执行环节全流程电子化的预期目标。

2020年以来，作为提升招标采购电子化建设水平、优化业务流程，打造公平、阳光、高效、便捷交易采购平台的重要举措，湖北省交易（采购）中心于2020年9月完成了电子采购平台的升级改造。升级改造后，该平台实现了公开招标、单一来源采购等6种政府采购方式的全流程电子化，并与省财政厅政府采购管理系统、省政府采购网及政府采购专家库数据互通，实现了相关资料无纸化并"一键归档"。该平台还具备远程异地评审、人脸识别、大数据分析等功能，实现了政府采购执行环节"一网通办"，实现以信息化手段提高采购效率、降低交易成本、促进公平公开公正。该中心负责人表示，后续将积极推进政府采购计划受理、在线监管、采购执行、质疑处理、合同签订、信用评价等在线完成，最终实现政府采购全流程电子化。

资料来源：湖北：政府采购实现全程电子化［J］. 中国政府采购，2020（11）：6.

前沿研究

联合国《采购指南》6.1修订版中电子招标内容节选

联合国项目事务署的电子招标被理解为通过以下方式进行招标：（1）使用电子邮件；（2）使用联合国项目事务署电子采购系统；（3）使用电子逆向拍卖系统。

这些都可以成为提高采购过程效率和效力，以及改善招标过程环境特征的有效途径。只要得到招标人授权代表的认可，电子投标就具有法律约束力,并以联合国项目事务署在投标文件中确定的文件格式提交。除非联合国项目事务署与其客户之间的项目协议有要求,否则不必提交硬拷贝投标书。

必须注意的是,投标文件中规定的截止日期同样适用于硬拷贝和电子投标。如果通过电子邮件或联合国项目事务署电子采购系统提交投标书,则接收时间戳应为联合国项目事务署专用收件箱服务器或传真收到投标书的日期和时间。联合国项目事务署不对网络问题等造成的任何延误负责。投标人应全权负责确保在联合国项目事务署规定的投标截止日期或之前通过电子采购系统或专用收件箱或传真收到其投标书。招标人应在从收到电子邮件、联合国全球市场网站(UNGM)或电子采购系统下载任何文件之前检查其是否存在病毒,但联合国项目事务署应采取一切合理步骤确保其不会上传损坏的投标文件。

联合国项目事务署无法考虑电子文件是否含有病毒,或是否因任何原因而被损坏或无法读取。在将文件上传到电子采购系统或通过电子邮件提交之前,投标人必须使用当前的病毒检查软件检查构成其供应商提交文件的电子文件中的病毒,并从任何此类文件中删除所有病毒。联合国项目事务署对任何电子提交文件的丢失、受损、销毁、损坏或难以辨认概不负责。招标过程的文件要求、归档不得解释为限制使用任何电子数据交换手段,除非电子媒体坚持采购原则,并允许对采购过程进行充分的审计跟踪。如果不允许提交电子投标文件,则通过电子方式收到的任何提交文件将被拒收。同样,如果使用电子采购系统进行投标,并且除非招标文件中特别允许,否则通过电子邮件或硬拷贝收到的提交文件将被拒收。

资料来源:财政部国库司翻译整理.联合国《采购指南》6.1修订版(二十三)[N].中国政府采购报,2021-04-27(003).

案例分析

"互联网+"背景下家电制造业采购模式的优化选择

伴随着互联网和数字化经济的蓬勃发展,传统采购模式已经不能满足大多数企业的采购需求。电子采购应运而生,在国际市场上越来越受欢迎。为响应智能制造的发展趋势,政府部门积极发挥政策导向作用,制定了一系列电子采购鼓励措施。"互联网+"采购模式的广泛应用进一步推动了企业、政府等各方主体提质增效目标的达成。这也为电子采购的发展提供了良好的社会环境和充足的发展动力。

本案例结合A公司的采购业务,对合理的制造业物资采购平台要求如下:

(一)采购业务的智慧化

L公司在进行物料采购时,交货准时性不稳定、供应商选择以价格为主、对供应商控制力不足以及出入库单据审核效率低等问题,使得采购环节耗费了大量的时间和资金。采购员工作繁重,采购效率不高,且投入成本大,投入产出没有明显优势。针对L公司进行物资采购平台的智慧化设计,能够系统解决传统采购中的弊端,提高采购环节的效率,以此来提升企业的效益。

(1)平台上架,智能筛选。供应商入驻平台,标明供应的商品和价格以及相应的联系方式,并附上企业的经营许可证明和产品质量检查说明。企业在物资采购平台上上传招标公告,供应商根据自身供应情况进行投标,企业通过价格、数量、信誉等关键词智能筛选供应商,从而节省了选择供应商和联系供应商的时间,提高了采购效率。针对L公司在供应商的选择上出现的交货不及时、供应商选择标准模糊等问题,平台招标、智能筛选能够为供应商选择提供其他的衡量标准,缩短了人工寻找和联系供应商的时间,减少了人力成本。

(2)成本统计,智能管控。在物资采购平台上进行采购时,生成的每一笔订单都会由平台进行汇总和统计,以便清晰掌握采购成本以及对采购成本进行更加合理的掌控。同时,过往的采购成本数据为企业下一阶段的采购成本预算的计划和控制提供了可靠的数据来源。

(3)信息上传,智能共享。采购过程中所产生的订单数据和各种所需手续的要求都会在电子平台上展示,包括交货时需要出示的单据以及填写的内容都会在平台上有严格的注释说明和规定。平台定期校验货物编码是否一致,保证在交接过程中双方不会出现单据的缺少或者数据上的纰漏。

信息由双方共享，及时解决信息孤岛所造成的沟通不畅问题。由于供应商发票不合格、数据填写错误、货物编码不符合等问题，L公司在打单环节往往会花费相当长的时间。平台实现了单据材料的完备和规范，标准化的操作提高了打单环节的审核速度，减少了工作人员的工作量。

（二）供应商管理一体化

物资采购业务涉及多个部门主体，从生产部门下发生产计划、采购部门制定采购清单，到供应商供给物料，再到财务、销售等部门对资源的统一调配和管理。其中最为核心和关键的环节是对供应商的选择和管理。合格的采购平台在供应商的管控方面应实现分步管理、统一监控。

（1）前馈控制——资质审核、优胜劣汰。前期通过物资采购平台吸引优秀的供应商入驻，整合供应商信息，对供应商的服务能力、研发能力、生产能力等方面进行全面综合评价，以此来判断其是否具备建立合作伙伴关系的资质，保障企业的安全生产。个性化、分级化的智能筛选功能是采购平台适应企业业务的重要体现，L公司所需采购的生产物资规模大、品类多，针对不同采购需求在供应商的选择方面也应当体现差异化。对于大批量、单品种的物资更需要从战略层面选择可以长期合作的对象，能够有效降低合作风险以及增强整条供应链的竞争能力。对于小批量的零星物资的采购，往往更注重在保证质量的前提下价比三家，尽可能最小化采购成本。

（2）事中控制——流程可视、跟踪记录。每一次的采购业务都应当实现全程透明化、可视化，每一笔物资供应情况都有准确记录。既要保证过程公开、结果公平，又要实现责任到人、落实到岗。避免出现以权谋私和追责困难的问题。同时，平台要实时追踪每笔订单中在途物资的态，方便送货员、仓管员以及采购部门的业务员有效沟通和快速反应。L公司仓库中呆滞件的资金占用比例较高主要是因为其生产计划与原材料采购计划不能够很好地协调统一，形成信息的滞后。平台通过对接企业生产子系统、仓库管理系统，将所记录的物资采购数据及时、准确地反馈给生产部门和仓管部门，以此实现企业各部门业务的高效衔接。

（3）反馈控制——定期评价、分级管理。通过定期的考核评价不断更新供应商信息库，根据供应商的绩效评价结果，平台对供应商实行分级管理。从公司自身的战略目标出发，综合考虑供应商控制的等级，投入合理的资源进行控制，最大限度保证供应商的稳定性。反馈控制与前馈控制的链接，能够形成供应商管理机制的闭环。平台通过短期或长期合作，对供应商的服务水平、生产能力、合作信誉等方面重新记录考核，建立动态供应商准入机制。下游客户在平台上浏览L公司发布的各类商品信息后，可于平台直接下单，操作流程简单高效。该构想的提出打破了以往平台功能单一化的现状，充分利用平台资源实现信息共享，实时缩短供求双方的交易距离，为L公司拓宽客户群体提供可能。

（4）面向供应链的集成化服务。在"互联网+"的杠杆撬动下，L公司依靠整合供应链建设起对物料的全方位追溯的信息网络，信息流、资金流与物流充分融合，为到货及时、提高L公司的生产率和库存周转率创造条件。数据资源的交流与共享降低了"牛鞭效应"带来的信息失真性，实现前向关系、企业、后向关系的协调与集成一体化。同时，平台的柔性化设计保持了整个运作机制的动态平衡，L公司借此成功将风险分担于上下游，减少外部不确定性对本企业的冲击，良好的合作关系也增强了供应链的弹性。

资料来源：周师佳，张千缘，汪丽媛."互联网+"背景下家电制造业采购模式优化研究［J］.商业经济，2021（5）：58-60.

思考问题：

（1）在"互联网+"背景下的采购模式和传统的采购模式有哪些相同点与不同点？

（2）结合案例，分析L公司在"互联网+"背景下如何优化其采购？

（3）在今后的发展中，L公司借助"互联网+"的发展，可以在哪些方面进一步优化其采购模式？

练习与思考

一、名词解释

1. 电子商品名录

2. 电子招投标

3. 电子销售系统

4. 电子请购

二、单项选择题

1. 下列属于电子供应源搜寻工具主要类别的是（　　　）。
   A. 电子请购　　　B. 电子商品名录　　　C. 电子销售系统　　　D. 电子订单
2. 下列不属于供应源搜寻过程的是（　　　）。
   A. 了解　　　B. 合同　　　C. 授权　　　D. 拍卖
3. 下列不属于电子投招标的缺点的是（　　　）。
   A. 技术性较强　　　B. 安全问题　　　C. 质量降低　　　D. 成本高

三、多项选择题

1. 公共部门中使用电子供应源搜寻的好处是（　　　）。
   A. 利于协作　　　　　　　　B. 节约成本
   C. 提高效率　　　　　　　　D. 便于集中于战略管理
2. 电子供应源搜寻工具的主要类型包括（　　　）。
   A. 电子拍卖　　　　　　　　B. 电子投招标
   C. 电子商品名录　　　　　　D. 电子销售系统

四、简答题

1. 在线产品目录应当提供哪些功能从而确保高效运行？
2. 请描述在线供应商产品目录中的互动元素。
3. 请列出电子供应源搜寻工具的主要类型。

五、论述题

1. 试论述电子销售系统的主要优点。
2. 信息与通信技术的发展对人们经营业务的方式带来了哪些改变？
3. 请论述使用外部网系统的潜在好处。

第八章

私营部门的供应源搜寻

学习目标

- 了解产品与安全标准的相关组织
- 了解影响私营部门的相关监管机构
- 熟悉有关私营部门的一些相关术语
- 掌握非营利、私营以及公共部门供应源搜寻的相关法律、法规

基本概念

私营部门监管机构；产品与安全标准

第一节 私营部门组织的概况

一、私营部门组织的界定

私营部门由不属于政府的私营组织组成，通常包括公司（营利和非营利）和合伙企业。

私营部门内组织的类型可以根据不同的标准进行区分。私营部门首先可以根据控制权和所有权进行区分，包括有限公司、合伙企业和个人经营

企业。其次，可以根据规模进行分类，包括大型跨国企业和中小企业。再次，可以根据进行的商务活动区分，包括从事原材料采掘的第一产业、从事制造的第二产业和从事服务的第三产业。

 补充资料

个人经营企业是一种企业实体和个人在法律上不存在差异的经营方式。具体是指，在经营过程中，由个人提供经营的所需资金，个人对其债务负责。

合伙企业是个人之间基于相同的利润观点共同经营的一种企业类型。一个商业合伙企业的合伙人人数为2—20人，但对于专业的合伙企业，如会计师事务所或律师事务所等，合伙人的人数没有限制。

与个人经营企业类似，合伙企业的合伙人没有独立的法律身份，这意味着：合伙人共同拥有合伙企业的资产，且个人负责企业债务；合伙人有权参与企业的管理，并作为企业的代理；更换合伙人则表示合伙企业终止，并重新创建一个新的合伙企业。

有限公司是私营部门中最为常见的企业形式，它是按公司组建的实体，即被视为一个独立于个人所有者（即股东）的法律实体（即法人）。公司可以凭借公司名义拥有资产、签订合同并承担责任。如果公司负债，则从公司所拥有的资产中扣除。不能要求公司的个人所有者从其个人资产中支付公司债务，其债务责任仅限于投资于该公司的金额。

股东作为一个公司股份出资的人，即公司的所有者。随着公司的发展，可能邀请其他人认购公司的股权。所有认购股权的资金归该公司所有。公司通常不能将资金退还给股东，在公司停止交易和关闭的特殊情况下除外。

公司可以注册为公共有限公司或私人有限公司。它们的主要区别如下：首先，公共有限公司的股份对一般公众开放，少部分公共有限公司的股份可以在证券交易所交易，其被称为上市公司。私人有限公司的股东通常是公司的董事。与私人有限公司相比，公共有限公司可筹措到资

> 金的数目更大。其次,公共有限公司的股份、董事、年度大会、财务等
> 都要遵守详细的公司法律规定。对于私人有限公司而言,则没有较多约
> 束,因为公司所有者与管理者一般都是相同的人员。
>
> 资料来源:英国皇家采购与供应学会.供应源搜寻[M].北京中交协物流人力资源培训中心,译.北京:机械工业出版社,2014.

二、私营部门的采购

私营部门购买者受不同于公共部门购买者的法律法规约束。私营部门组织可以作为个人独资企业、合伙企业或公司成立,通常从销售、投资和其他业务相关领域获取收入。在制定采购计划和执行合同时,采购商应在国家和部门机构层面识别、评估和管理风险。私营部门采购流程包括起草合资协议和分包协议、准备投标报价、制定建议书请求,以及利用私人融资举措交付公共部门项目等等。

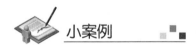
小案例

原料如何国内采购　内销市场怎样拓展
——东莞百余民营企业家赴鄂"寻方"

改革开放以来,东莞在经济社会发展方面取得了令世人瞩目的成绩,但也逐渐感受到土地资源、能源紧缺所带来的压力。特别是从"三来一补"企业发展起来的加工制造业越来越显现出"两头在外,大进大出"方式的弊端——原料来自国外、产品也销往国外。赚着微薄的加工费,却造成较严重的污染。必须寻求突围之法!此次东莞市个体劳动者私营企业协会赴鄂考察团正是抱着这样的想法到湖北了解原材料采购和内销市场拓展方面的信息,谋求"两头在外"向"两头在内"转变。

湖北省有关领导向记者介绍,湖北在拓展内销市场、原材料供应等方面有得较为明显的优势,正符合东莞企业采购原料、扩大内销的需求。全

国1/5的人口集中在中部地区,而湖北自古以来就是九省通衢之地,位于中部地区的中间,加上中部地区很多省份GDP正在向1万亿元迈进,经济发展水平越来越高,消费市场的容量与空间十分巨大,是企业开辟和拓展内销市场的"风水宝地",加上湖北省的矿产资源、农副产品丰富,能满足制造企业采购原材料的需求。

同时,湖北省有86所高校、120万在校大学生、2 000多所科研机构、54名两院院士,能与东莞开展更广泛的产学研合作。

东莞市个体劳动者私营企业协会会长袁世豪则表示,东莞的民营企业家大多是从贴牌加工起步的,过去不必为市场开拓而操劳,但没有自己的市场,最可怕的就是"一旦没有订单,企业就会立刻'断粮'"。很多企业家已意识到这一点,并在市委、市政府推动经济社会双转型的指引下,开始寻求转变。此次组织东莞民营企业家到湖北考察交流就是抱着这样的目的。据介绍,本月底,市个体劳动者私营企业协会还将组织家具行业的企业家代表北上黑龙江,以行业协会的名义集中采购200万立方米/年的木材资源,解决企业的原材料供应难题。

在鄂期间,考察团还将到武汉、鄂州等地的企业进行实地考察。

资料来源:赵丽萍.我市百余民营企业家赴鄂"寻方"[N].东莞日报,2008-04-17(A07).

第二节　私营部门资金的来源

一、私营部门的采购资金来源

私营部门的采购资金可以通过两个渠道获得,即内部渠道和外部渠道。内部融资是将作为融资主体的既有法人内部的资金转化为投资的过程。内部融资的主要来源有:货币资金,资产变现,企业产权转让,直接使用非现金资产等；外部融资是指吸收融资主体外部的资金。外部资金来源渠道较多，应根据外部资金来源供应的可靠性、充足性以及融资成本、融资风险等，选择外部资金来源渠道。外部资金的主要来源有：中央和地方政府可用于项目建设的财政性资金，商业银行和政策性银行的信贷资金，证券市场的资金，非银行金融机构的资金，国际金融机构的信贷资金，企业、团体和个人可用于项目建设投资的资金，外国公司或个人直接投资的资金等等。

小知识

私营部门和公共部门采购的区别和联系

采购除了可按采购方式分为招标采购和非招标采购，按采购对象分为以货物和工程为主的实物采购和以咨询服务为主的智力采购以外，还可以按采购主体分为公共部门采购（public procurement）和私营部门采购（private sector procurement）两大类。公共部门采购是指使用公共资金（包括政府筹集的资金和公共企业筹措的资金）为公共部门进行的采购，而私营部门采购则指使用私有资金进行的采购。世界贸易组织（WTO）所谓的政府采购（government procurement）实际上指公共采购，即可由政府控制或指导的公共部门采购，包括政府投资或贷款的采购和公共企业自己投资或贷款的采购，也可称为广义的政府采购。西方国家国有企业不多，还有一些企业已私有化，大部分公司均为私有，所以政府采购占公共采购的很大比重。我国财政部门管理的政府采购是指由财政预算提供资金为政府机关和事业单位进行的狭义的政府采购。公共采购要对公众负责，接受政府代表公共部门的管理，而私营企业采购不完全受政府支配。世界银行业务手册中有对公共采购和私营部门采购的比较和世行所能接受的私营部门采购程序。

私营部门采购和公共采购的共同点

私营部门采购和公共采购的目的相同，即获得资金的最大价值和适当、有效地使用采购资金。公共采购和私营部门采购的共同点有：

（1）组织：联合使用集中和分散采购，提高采购的经济性和有效性。

（2）货源：通过资格预审选择，发展维持可靠和稳定的货源。

（3）竞争性招标：双方均遵从竞争性招标的一般准则。

私营部门采购和公共采购的不同点

公共采购使用公共资金，在透明、公平和责任方面有更高的要求，采购程序复杂、费时，需要多级审查批准。私营部门采购可由做具体采购工作的人员决策，不需要详细的文件。

资料来源：杨大伟.公共采购，政府采购和私营部门采购[J].中国招标，2001（6）：14-15.

二、私营企业采购资金管理面临的主要挑战

概括来说，私营企业采购资金管理面临的挑战主要表现在以下三方面：

一是物资采购资金使用的规范性需加强，企业需要严格管理现金流，如需要保证从供应商那里获得较长的赊账期，资金保障需要特别关注。

二是若企业成本控制较严，拥有的支出预算有限，私营企业需注意潜在的财务不稳定性问题（如现金流短缺等）。

三是私营企业需要高度重视供应链财务的稳定性，以便能够对小批量、短生命周期和快速周转的需求作出快速反应。

第三节 私营部门采购的主要特点

私营部门采购的主要特点包括需要使采购政策和程序与组织的核心价值观、使命和主题相一致，管理声誉和声誉风险，以及通过商品交易或等价交换将货物所有权从供应商转移给用户等，具体包括以下三方面。

一、重视品牌的重要性

品牌忠诚度可以帮助品牌与其客户建立更牢固的关系，提高客户忠诚度并推动品牌增长。品牌定位是在消费者心目中塑造品牌良好形象的过程。品牌也被认为是国家软实力的重要代表。在当今复杂的法律和商业环境中，品牌建设、管理、维护和风险控制对私营企业来说越来越具有挑战性。

品牌管理涉及随着时间的推移增加产品线或品牌感知价值的技术。这些技术包括制定规则、让员工加入（包括第三方）、定义工作流程、集中资产和促进区域营销。战略品牌管理还包括创建一份公司价值观清单，确定品牌定位，调整品牌定位和价值观，创建营销材料，通过不同的接触点创造积极和难忘的品牌体验。

最佳实践包括：提高客户满意度，以客户为中心，增强适应性和灵活性，通过社交媒体提高品牌知名度，定义品牌形象，定期与客户接触，并将员工转变为品牌大使等内容。

二、整合供应商与采购方的利益

整合供应商与采购方的利益是私营部门创新采购的一个主要特征，双方建立信息交换和共享机制有助于控制制造过程和产品质量，同时有助于降低采购和物流成本，促进技术进步，增强核心竞争力。双方制定的战略采购计划包括分析、选择规划，并将其纳入项目采购计划，从而增加规模效益、改进规划和推动合作。

改善供应商和采购商之间的关系可以通过以下方式实现：主动沟通、理解合同义务、创造一致沟通的渠道、制定稳固的供应商关系协议、将供应商视为合作伙伴、及时付款、保持定期沟通和优先合作。

三、创新供应链采购方案

很多在私营部门中挖掘出来的供应链方法被视为新兴的最佳实践方

式，同样也可用于公共部门采购。

供应链和物流方面的创新包括最后一公里交付、自助服务、自助物流、按需仓储、人工智能、区块链、机器人、3D 打印、物联网和其他技术的综合运用。

 小案例

创新供应链采购方案的工具

Oracle Demantra 是 Oracle 提供的需求管理和供应链管理工具。它支持自动预测过程，将需求预测与供应限制、客户承诺和库存计数等因素进行映射。Oracle Demantra 还提供最先进的贝叶斯马尔可夫预测、同行的使用评论、基于互联网的需求管理软件和促进商业优化等功能。

SAP Integrated Business Planning for Supply Chain 是一种基于云的解决方案，它结合了销售和运营规划、预测和需求、响应和供应、需求驱动的补货和库存规划。它具有帮助改进供应链管理、预测和需求规划的功能。它还提供了有关 SAP Integrated Business Planning 最新版本的技术信息，如安全标准、产品体系结构和部署。

Project44 是一个供应链可见性解决方案，它提供了运输中货物的实时可见性，以帮助管理供应链复杂性，并减少与延迟、滞期费等相关的成本。这是一个由技术和物流专家开发的创新平台，用于解决真正的供应链问题。它为物流专业人员提供了承运人连接和运输工作流自动化，以及供应商可见性，以邀请供应链中的任何一级上游供应商，即使他们不是 Project44 的客户。先进的可见性平台帮助托运人、承运人和物流专业人员使其供应链更加高效和有效。

思考问题：

请做一个小调研，了解私营企业主要应用什么工具优化供应链的管理？

私营部门可以通过开发符合其范围和绩效目标的成本分析模型、数字

化其供应链、实施强有力的战略、从基于成本的供应链转向价值驱动的供应链以及采用创新技术来降低供应链成本。

第四节　私营部门采购的目标

私营部门采购的目标是实现物有所值，这意味着目标是以适当的价格、从适当的来源购买商品和服务。私营部门采购的最佳做法包括供应链管理、供应商关系管理、库存管理、供应商细分、技能和创新技术投资、多维度（价格、质量、服务）评估货物价值，以及通过竞争性招标流程授予合同。

一、盈利能力

采购团队可以通过材料管理、库存管理及合同订立与交易的管理等多方面节约成本，如可通过有效的谈判和合同、采购过程的有效率管理、库存管理和电子采购工具的有效使用，从而为企业获得盈利。如果将节省的成本计入企业，也可以成为企业盈利的一部分。

更为重要的是，采购人员必须关注企业的长期利益和价值。这也是对潜在供应商应进行多方位的深入评估，而非仅关注采购价格的原因。如某供应商是否可以提供技术共享、准时制交货、在成本的降低和过程的改进上持续协作等服务，那么与该供应商建立长期合作伙伴关系也更具备盈利性。追求利润的企业采购人员，在采购时可能会面临降低成本的压力，但这并不意味着为了获得最低价格而要作出其他方面的牺牲。较高质量、较高价格的材料可能会减少废料和返工的成本，长期而言，使用较高质量的材料可能比使用劣质材料还要便宜。

二、市场份额

私营部门的主要特征之一是竞争激烈。因此,保证竞争优势以赢得更多客户和更优质客户,获得更高的生命周期价值,是私营部门战略包括供应链管理的核心。私营部门的竞争优势是拥有更高效地向客户提供价值的能力。市场份额是在竞争性市场中衡量私营部门绩效的一个关键绩效指标。它表明企业是否能通过市场扩张或者获得更多的市场份额从而提高销售额。

供应链优化可以帮助私营部门降低成本、减少库存并提高资产利用率,通过电子商务集成降低交易成本和库存水平,以增加收入并保持或增加市场份额,优化供应链结构获得最大化利润。

三、股东价值

保证公司盈利性的目的之一是回报股东在企业中资本投资的价值。优化供应链有助于提高效率,扩大业务范围,最大化企业和股东价值。人工智能和机器学习是一种颠覆性技术,可用于改造客户供应链并增加股东价值,正迅速成为供应链管理的重要组成部分,助力私营部门降低成本并保持商业环境中的竞争力。

想一想:

人工智能可用于分析大量数据以增强需求预测,提供见解以提高生产力,并通过聊天机器人重新定义客户支持。人工智能系统还可以在无需人工干预的情况下自主作出优化供应链部分的决策。区块链、人工智能和物联网等人工智能技术可用于供应链优化,以提高效率并降低人为错误风险。

思考问题:

请结合搜索资料想一想,人工智能在网络直播购物中有哪些优化供应链服务的具体应用?

四、企业社会责任

企业社会责任是一套指导公司管理和运营的公司治理原则。企业社会责任是公司治理的重要组成部分，公司在优化供应链时，考虑其企业社会责任政策非常重要。

私营企业可以通过以下方式提高供应链的可持续性：绘制供应链图、向供应商传达期望、确定供应商绩效基准、制定培训和能力建设计划、发出 ESG 要求非常重要的一致信息、通过简化供应链流程减少浪费、通过引入透明度确保合乎道德的采购并最大限度地减少生产过剩。

小案例

ESG 影响中药企业投资　头部企业踏上创新之路

中药之道取于自然，中药企业要解决的 ESG 问题相比其他医药制造业更多。

以云南白药为例，有国际投资者认为公司使用并销售全球濒危物种穿山甲的身体部位，可能会助长非法野生动物贸易，并增加这些物种灭绝的风险，因此减持公司股票——这是一个 ESG 导致投资行为变更的典型例子。

随着绿色发展和 ESG 投资理念在资本市场受到重视，中药企业放宽视野，涉足新的领域。例如，片仔癀 ESG 报告显示，公司产品涵盖药品、外销产品、化妆品、日化用品、健康食品、医疗器械等六大门类。2021 年，公司在研新药共 12 个，其中，治疗纤维肌痛化药 1 类新药 PZH2107 获得临床许可；首个化药 4 类药品阿哌沙班片获批上市。2021 年 3 月，清肺排毒颗粒取得 3.2 类药品注册证书，片仔癀药业为受托生产企业。共有 3 个化药 1 类新药、2 个中药 1.1 类新药、1 个中药 1.2 类新药进入临床研究阶段。

采购寻源基础

此外，云南白药持续加速转型升级进程，在口腔护理、皮肤科学、骨伤科、女性关怀等赛道上取得新的突破，逐步形成从中药资源选育种植，到药品、健康产品研发和制造，提供大健康服务的综合解决方案提供商的转变。截至2021年底，公司的痛舒胶囊成为国家重点新产品，获得美国食品药品监督管理局（FDA）批复，获准在美国开展II期临床试验，成为第一个获FDA批准进入临床研究的中国民族药。

云南白药更强调供应链的可持续，将其与"源头管理，保护濒危野生动物"和"助力循环经济"并列；云南白药对可持续供应链的表述具有更强的ESG特质，即源头上对上游药材原料进行质量安全把控，搭建溯源技术平台对中药进行信息数据、质量监测管控，从供应、生产到包装实现全过程的可持续模式，以自身行动引领产业链的绿色与可持续发展，确保产业经济价值与环境价值的双重实现。

在农户管理的实践上，云南白药采用"公司+基地+农户"的模式，药材产出后，公司给予保底回收，解决销售难题，抵御市场风险，实现农场与工厂的直通；公司将种植农户纳入自身质量管理体系，实行"六统一"管理合作，并开展农户帮扶培训工作。

此外，基于"中药材+互联网"思维，云南白药搭建"云药追溯平台"提供信息数据、质量检测、优质种源和专家技术等服务，构建中药材来源可追溯的数字链条。

资料来源：林姿辰."中药三巨头"强化供应链管理 同仁堂社会责任报告仍待升级[N].每日经济新闻，2022-06-27（005）.

 小案例

完善仓单融资法律法规 缓解企业融资难

全国政协委员、北京首农食品集团知联会会长唐俊杰在接受中国证券报记者采访时表示，仓单质押融资能够缓解企业融资难的问题，应进一步细化仓单融资法律法规，为各方开展仓单相关业务提供明确、可操作性强

的规则。另外,应推动氨制冷剂在冷链行业安全应用,促进冷链行业可持续发展。

仓单质押融资未得到普遍推广

唐俊杰介绍,仓单质押融资是企业获取资金的有效途径,具有很大的市场需求,在缓解企业融资难、危机应对等方面发挥重要作用。据估算,我国存货总量每年大约在100万亿元,这些存货大多可以仓单形式存在,用于仓单质押融资。但是,目前每年融资发生额仅为5万亿元。

唐俊杰注意到,新冠疫情以来,为帮助企业复工复产,相关部委、地方政府都出台了支持仓单融资的政策。特别是2020年3月,国务院常务会议提出"鼓励发展订单、仓单、应收账款融资等供应链金融产品"。同年9月,中国人民银行等八部门联合印发《关于规范发展供应链金融、支持供应链产业链稳定循环和优化升级的意见》,明确提出"规范发展供应链存货、仓单和订单融资"。

她坦言,虽然关于仓单的法律法规及相关标准陆续出台,但我国仓单质押融资业务一直未得到普遍推广,仓储企业不愿出具仓单,金融机构不敢接受仓单融资,采取"慎贷、惜贷"政策,导致大量企业特别是中小企业无法获得融资。

"究其原因,主要是由于现行法律法规对仓单的规定相对简单,对仓单出具人、仓单持有人、金融机构等仓单业务各方权利义务以及仓单与入库单的适用范围及出具条件等规定尚不明确,造成司法实践中无法准确界定仓单与其他入库单等单据的区别。"唐俊杰表示。

对此,唐俊杰建议,进一步完善仓单融资法律法规。细化相关法律内容,为仓单出具人、金融机构、仓单持有人、仓单运营平台等各方开展仓单相关业务提供更加明确、可操作性强的规则。仓单法的内容应包括:仓单适用范围、仓库的发牌和监督、持牌仓库管理;仓单出具人、仓单持有人、金融机构等仓单业务各方权利义务;仓单的转让和担保融资、法律责任等。

资料来源:彭思雨.完善仓单融资法律法规 缓解企业融资难[N].中国证券报,2022-03-03(A06).

第五节 实践指导

一、实践任务

通过本章学习，引导学生从相关背景以及政策的角度了解其他部门供应源搜寻的方法；要求学生了解私营部门的基本概念，掌握私营部门采购的目标和特点；通过了解与采购相关的法规，熟知私营部门的采购流程。收集有关案例资料，借助案例分析法加强对私营部门的认识，从而更好地实现课程教学目标。

二、实践步骤

（1）分组讨论并交流，找出分析案例中的关键问题。
（2）确定是否还需查找与已找出关键问题相关的背景资料。
（3）筛选并优化分析此案例的答题思路。
（4）明确构成小组分析逻辑的依据，并展开进一步的逻辑整理。
（5）小组形成文字报告并汇报。

三、实践要求

（1）彻底读懂案例——当小组分发到一篇案例时，成员需要对案例进行反复阅读，对案例中的重要信息尝试消化理解。在阅读的过程中，对案例中的背景资料、主要事实、面临的难题及难点、重要论点、重要结论和针对性的对策建议等内容进行一一记录，以方便下一个步骤的进行。
（2）分组交流讨论，大胆提出自己对问题的看法——对案例中的主要角色所面临的问题进行分析，尝试对案例所给的背景资料进行仔细阅读、筛选分类、归纳总结，若需要引证资料来佐证个人观点，可以依靠电子资料、图书馆实体资料等，获取相关领域的多方面知识，保证分析的正确性。

（3）全面并正确概括问题——在对案例进行认真分析之后，小组尝试根据案例的相关资料找出问题的症结所在，并对需要解决的问题进行正确概括，注意概括问题的逻辑性与针对性。

（4）撰写的分析报告——报告中对资料的分析运用要求准确，以所学理论为指导分析资料；资料分析要求全面充实，紧扣主题，结构合理，层次清楚，中心突出。除此之外，提交的报告要注意格式规范，用词准确，表达通顺。

四、实践案例

北京小米科技有限责任公司（简称"小米公司"）成立于2010年4月。作为一家智能产品研发企业，公司在短短的8年时间里，创下了一系列业绩增长的奇迹，目前已成为全球前五大品牌厂商之一。小米公司的成功很大程度上得益于其核心产品——高性价比的智能手机。该公司积极引入战略成本管理模式，持续深化内部价值链管理，取得了显著效果。小米公司基于内部价值链的战略成本管理模式是分析市场情况与战略定位之后的选择。

在价格方面，小米公司挑选同行业内符合质量要求且报价偏低的供应商，如屏幕选择夏普和东芝作为供应商，CPU购买自高通，摄像头则来自索尼。公司提倡合作利益共享，通过构建信息平台、召开供应商会议等方式，与对方建立了长期伙伴关系，由此提高了小米公司的议价能力。小米公司采取预售方式事先确定产量，进而计算出采购量，通过批量采购的方式，充分利用供应商的数量折扣，将采购价格降到了最低。控制采购价格的另一个法宝是其对摩尔定律的运用，公司根据处理器等手机硬件会随着时间延长产能提升而价格下降这一规律，利用零配件前后的价格差异，最初选择小批量生产，少采购，后续则随着配件的价格降低增加采购量，大批量生产，从而降低产品在原材料上的耗费。

在采购数量控制方面，小米公司则从库存与生产环节入手。雷军亲自负责供应链，数次前赴一线与供应商沟通，建立彼此的信任关系，实现了随用随买，避免了库存积压。同时，雷军在一线监督供应商生产，保证配件的供应质量，避免由于材料质量问题导致生产过程中的废品损失和更大的材料耗费，控制了采购数量。小米公司的手机生产大约需用到600多个元器件。它们当中的大多数是由公司自己的供应链部门完成采购的，这样可以保证公司买到最便宜的零部件，节约采购成本。

资料来源：宁越，于浩洋.基于内部价值链的战略成本管理——以小米公司为例[J].管理会计研究，2019（2）：72-78+88.

前沿研究

"第三部门"这个概念于20世纪70年代末在西方国家开始形成并流行，在社会领域影响非常广泛，有的称之为"志愿者部门"，有的称之为"非政府组织"，也就是NGO，还有的谓之"非营利机构"，即NPO。而我国真正对第三部门（非政府组织）的研究则开始于20世纪90年代。所谓第三部门（非政府组织），是指介于政府与企业之间的组织，具有以下几个特征：

（1）非营利性。第三部门（非政府组织）的非营利性主要从以下两个方面来体现：一是不以营利为目的；二是不得将组织财产转化为个人财产。

（2）非政府性。第三部门（非政府组织）不属于政府组织，而属于非政府的社会组织。

（3）自治性。第三部门（非政府组织）不附属于任何其他组织，能够独立自主地管理内部事务和开展外部活动。

只有同时拥有以上三个特征的组织才是第三部门（非政府组织）。

我国第三部门的资金来源筹集的主要原则包括合法性原则、诚实守信原则、紧扣宗旨原则。合法性原则主要是指我国第三部门资金来源必须是合法的，必须在法律法规规定的范围内，对于违反法律法规的行为必须承担相应的法律责任。诚实信用原则既是一项基本道德准则，也是一项基法律原则。诚实信用原则要求第三部门（非政府组织）在筹集资金的过程中必须讲求信用，诚实不欺，恪守对社会公众的承诺。紧扣宗旨原则是指我国第三部门在筹集资金的过程中必须坚持该组织的宗旨以及价值目标。

资料来源：付小冬.我国第三部门资金筹集的研究［J］.农村经济与科技，2016，27（10）：84-85+87.

案例分析

吉利零部件全球化采购

2009年下半年吉利的零部件供应体系开始发生变革，11月召开全球采购招商大会、12月与韩国大义集团成立专注于汽车内外饰研发与生产的合资公司，这些密集的动作表明吉利开始建设全球化供应商体系。吉利集团零部件采购体系的相关负责人介绍说，吉利零部件供应体系建设的方向是全球化采购，采购体系要成为推动力，推动吉利成为世界级的著名汽车公司。而这里所说的采购已经不局限于产品的买卖，还包括合资、收购、购买专利和技术等多种形式，即使是合资，合资的对方可以是国内企业，也可以是海外企业，还可以几家一起来合资，如吉利就和浙江利民公司、韩国大义集团三方合资。但是，吉利不会放松在关键技术和关键零部件上的努力与投入，吉利将一如既往地在发动机、变速箱、汽车电子等领域进行研发，在汽车的安全、节能和环保上形成自己的优势。

选择合适的供应商，并让其以最有效的方式参与到整车的研发生产中来，这对于加快新车型的开发、车型改进都具有十分重要的意义。吉利必须集中精力提高产品的核心竞争力，而将非关键零部件的生产交给供应商来完成。有了技术实力较强的供应商，吉利就可以将许多外围的设计生产工作交给供应商完成，这不仅可以缩短产品开发生产的周期、降低成本、提高整体工作的效率，而且在技术含量、品质和性能上也能得到保证。对于有声誉的优秀供应商，吉利在一周内便可以完成引进工作。

吉利在零部件供应体系的建设上确立了"一低三高"的原则，即不但要有高技术含量、高品质、高性能等优势，而且还要具有低成本这个撒手锏，而且这个成本，不仅仅只是零部件出厂时的价格，也关系到零部件在整个生命周期的获取成本，是零部件的全过程成本。吉利在选择供应商时，不一味考虑集团的内与外、协作的早与晚、厂家的大与小，而是注重评价配套企业产品的精与专、价格的高与低、供货的快与慢。吉利行之有效的供应商评价体系已经建立起来，并不断加以完善，这个体系包括供应商进入评价、运行评价、供应商问题辅导、改进评价和供应商战略伙伴关系评价等多个方面，而零部件企业的设备能力、技术能力、企业规模、信誉度、成长性等则成为评价的重要内容。

为了实现产销量、销售额的增长目标，吉利规划了5大平台、15个技术平台和多达42款的车型，如此众多的车型和蕴含其中的高达七八百亿元人民币的巨大采购额，吸引着国际一流的汽车零部件厂家纷纷关注吉利，为成为吉利的供应商而展开激烈的竞争。

资料来源：王辉.吉利将实现零部件全球化采购［N］.中国质量报，2010-01-12（008）.

思考问题：

（1）吉利进行全球化零部件的采购主要考虑的因素是什么？

（2）你认为对于一家私营企业来说，采购过程需要高度重视的问题有哪些？尝试举例说明。

练习与思考

一、名词解释

1. 私营部门组织
2. 私营部门采购

3. 标准组织

二、单项选择题

1. 私营部门最为常见的企业形式是（　　）。
   A. 个人经营企业　　　　　　　B. 合伙企业
   C. 有限公司　　　　　　　　　D. 无限公司

2. 私营部门的资金来源不包括（　　）。
   A. 企业的营业额
   B. 企业所有者的初始资本投资
   C. 股本经营活动所获利润中提取的留存利润
   D. 出售不必要的资产

3. 世界上第一个国家标准机构是（　　）。
   A. 欧盟标准委员会　　　　　　B. 英国标准协会
   C. 欧洲电信标准组织　　　　　D. 太平洋地区标准大会

三、多项选择题

1. 私营部门组织包括（　　）。
   A. 个人经营企业　　　　　　　B. 合伙企业
   C. 有限公司　　　　　　　　　D. 无限公司

2. 私营部门组织的目标包括（　　）。
   A. 市场份额的降低
   B. 市场份额的提高
   C. 股东财富的最大化
   D. 利润

3. 个人经营企业的优点有（　　）。
   A. 成立个人经营企业的成本和法律要求较低
   B. 企业所有者个人承担本企业债务的责任
   C. 没有公众问责
   D. 企业所有者控制所有的经营决策，并享有所有的经营利润

四、简答题

1. 私营部门企业的组成方式有哪些？
2. 为什么即使对于追求利润最大化的采购方而言，成本最低的方案也并非最优方案？

五、论述题

1. 列举私营部门企业建立公司的优缺点。
2. 什么因素导致小型企业部门的重要性复苏？
3. 企业社会责任如何为私营部门的利益服务？
4. 政府如何影响私营部门组织？

第九章

国际供应源搜寻

学习目标

- 了解国际供应源搜寻的概念
- 熟知国际供应源搜寻带来的优点和缺点
- 掌握国际供应源搜寻注意事项

基本概念

国际供应源搜寻；国际供应源评估；国际供应源风险评估；国际贸易术语解释通则

第一节 国际供应源搜寻概况

一、国际供应源搜寻的概念

国际供应源搜寻是指一个国家从海外或其他国家的供应商处获取商品和服务的行为，是为商品、服务或工程项目寻找外部供应商的过程。

由于运输技术、信息和通信技术的进步，贸易壁垒的降低，采购搜索效率的提高以及特定国家或地区的供应因素的推动，国际供应源搜寻既包括通过更广阔的国际供应商网络进行供应源搜寻，还涉及国际化供应网络的建立，通过这个网络能够灵活、有竞争性地满足公司的供应源搜寻的需要。

二、促进国际供应源搜寻发展的因素

近年来，国际供应源搜寻取得了很大的发展，背后的驱动因素主要包括：运输和通信技术的进步、贸易壁垒的降低以及特定国家或地区的供应因素。此外，时间和速度越来越被认为是市场竞争力的关键因素，贸易促进平台、国际营销服务网络、跨境电子商务等都对促进国际供应源搜寻奠定了基础。

在全球采购环境下，国际供应源搜寻是从世界各地寻找供应商为公司提供商品和服务的过程。它包括寻找合格的供应商、收集供应商信息、评估供应商、制定采购策略和选择供应商。在进行供应源搜寻时，重要的是要考虑质量、交货时间、价格和其他对公司重要的标准。

三、国际供应源搜寻带来的优点和缺点

作为国际贸易的一个组成部分，国际供应源搜寻的发展自然会促进国际贸易的发展。

国际供应源搜寻的主要优点是：

首先，国际供应源搜寻可以带来技术进步。如改善运输和通信技术、提高特定国家或地区的技术标准的兼容性、搭建及优化跨境电商平台等等。

其次，拥有多样化供应商基础的国际供应源搜寻可以推动竞争和创新，以满足客户日益变化的产品和服务的需求。

再次，国际供应链搜寻也有助于降低供应链调整的风险，提高采购效率。

国际供应源搜寻的主要缺点是：

首先，价格和成本的风险。识别、评估以及开发新的供应源所带来的额外成本，导致交易成本升高。汇率风险、支付风险、与成本相关的各种关税和非关税贸易壁垒的产生也可能带来价格和成本的提升。

其次，产生质量风险。由于距离遥远或报告机制的不同，难以获得经

过验证的供应商资格预审信息，对供应商质量管理体系监督困难，对供应商自身供应链的追溯会很困难。

再次，提升了供应链管理的难度。由于国际供应源搜寻可能涉及跨文化问题，包括语言问题、信仰问题、价值观问题的差异，拉长了沟通链条，增加了信息失真的风险，增加了管理的复杂度和困难度。

四、国际供应链搜寻的挑战

国际供应链搜寻面临的挑战包括物流、法规、海关、语言、文化差异、时区、货币波动、法律和监管、质量标准、沟通问题、政府关系、监管要求、物流和仓储等等。

除此之外，极端天气事件、环境问题、物流问题、脱碳和可持续性、供应商健康以及自然灾害（如地震、洪水、风暴等）、政治和经济的稳定性等都会对国际供应链搜寻带来挑战。

第二节　国际供应源搜寻注意事项

随着全球贸易自由化程度的不断加深，企业更加倾向于在全球范围内寻求最佳供应商，采购品质优良、价格合理的物料，以实现资源的有效配置，这已成为国际供应源搜寻的主要目标。

一、国际供应源搜寻的具体内容

国际采购被定义为根据既定标准寻找、评估和聘用供应商的过程。为了实现成本节约和组织的最佳价值，企业需要在全球范围内为采购方寻找合适的供应商。国际供应源搜寻的具体内容包括五个阶段：建立团队、对供应商进行市场研究、战略开发、供应商选择和评估以及合同管理。

二、国际供应源搜寻注意事项

在进行全球采购时，在全球选择供应商比在国内选择供应商更为复杂，国际供应源搜寻要特别考虑以下 10 个因素。

1. 供应源的选择与评估因素

进行有效供应源搜寻的关键是选择负责的、高效的供应商。采购方需要对供应商进行详细评估，评价信息的主要来源有两个，分别是采购者的经验和对供应源的实地考察。到供应商处进行实地考察会获得更多的资料，但是需要投入的时间和成本都相对较高。

2. 政治因素

若受供应源所在国政治因素的影响，供应中断的风险可能会很大。采购者必须对风险作出估计。如果风险很高，采购者就必须采取一些措施监视事态的发展，以便及时对不利事态作出反应并寻找替代办法。必要时，甚至有可能重新选择新的供应源。

3. 汇率因素

在全球采购中，采用何种货币付款也是影响供应源搜寻的重要因素。特别是对于交付时间较长的采购而言，如果汇率出现较大的变动，实际采购价格相对合同签订时就会有较大出入。

4. 价格因素

传统采购活动的重点在于将供应商的不同报价进行详细比较。但是在评价全球供应商的不同报价时，涉及利用最小离岸价和成本变动进行分析，需要收集的数据更多，必要时还需考虑建立成本模型进行比较分析。

5. 质量因素

在全球采购中，供应商和采购方就质量规格达成明确标准非常重要。另外，买卖双方就采用什么样的质量控制、如何对质量进行验收达成一致也很重要。

6. 收货方式因素

由于买卖双方地理距离较远，如果采购方因质量问题而拒绝接收供应商的产品和服务，退货或重新发货方式和费用都需要重点关注。

7. 法律因素

由于诉讼费用昂贵并且耗时较久，全球采购的风险相较国内更高。

8. 物流因素

国际原材料采购中的运输方式和责任承担问题要比国内运输复杂得多。另外，国际采购中的包装和保险要求相较国内也更复杂。

9. 语言

相同的词在不同的文化背景下会有不同的含义，为了便于和国外供应商打交道，采购相关人员可能需要接受语言培训。

10. 文化和社会习惯

各个国家的商业习惯会因地区不同而变化。采购人员需要根据当地习俗和供应方进行有效的商谈。

三、国际供应源评估

采购方可以使用一系列工具和技能评估国际供应商的能力和风险。包括评估额外成本、贸易壁垒、支付风险和运输风险等，除此之外，供应商还应评估污染风险，并记录与成本相关的所有风险。

四、国际供应源风险评估

国际供应源风险管理包括监测和控制供应商潜在风险，创建多种灵活选择供应商的供应链。具体包括识别、评估和开发可能产生额外成本的新供应来源。除此之外，各国也必须意识到可能影响其供应源获得的潜在自然或人为灾害，制定并实施全球供应源风险管理举措。

五、国际供应源风险管理技术

国际供应源风险管理技术包括识别和记录风险，构建供应源风险管理框架，监控风险，实施降低风险、转移风险和接受风险的战略。这包括分析每个过程环节、参与者和环境，以识别风险因素，并了解每个风险事件的特征、原因、关系和潜在后果。

"全球寻源"在行动

寻到的是资源　带来的是利润

某钻探公司采购 1 套 35 MPa 防硫化氢蒸汽加热器，计划采购金额为 400 多万元。项目实施单位遵循历史的采购经验，推荐英国某公司进行单一来源采购。由于供方对其需求非常了解，采取单一来源采购的方式，其最终的采购价格往往在报价基础上降幅不大，不利于控制采购成本。对此，采购方通过展开细致、深入的市场调研，找到美国另一家同类产品供应商，经了解，其使用业绩、技术性能和售后服务等方面完全能满足该项目的技术要求，遂邀请其参加采购谈判，将单一来源的采购方式调整为竞争性谈判采购方式。一个为了保住市场份额，一个为了打入新的市场，使得报价颇具竞争性，两家供应商在谈判中都作出了较大让步，美国公司最终报价比英国公司最终报价少 90.51 万元，与计划采购金额相比，降低 195.91 万元。

"单一来源"从字面上就透露出了选择的唯一性，似乎天然就失去了实现采购效益最大化的基础。面对这类采购真的就意味着放弃竞争吗？显然不是。对于技术含量较高、处于垄断地位的单一来源采购或是既定来源采购，打破资源上的局限，充分利用好"全球化"的资源背景，无疑可以为获得绩效利益提供最佳的机会。

诸多障碍要突破

某石化计量仪表升级改造项目是 2010 年的重点项目之一。该项目分化工和炼油板块，涉及炼油厂、烯烃厂等 9 家使用单位，需要电磁流量计 105 台，全部是进口品牌，概算金额为 150 万元。然而，公司进口品牌仪表在采购上存在问题：进口品牌仪表使用单位按习惯总是申请原使用品牌，这给采购部门带来了大量的独家采购问题，给价格谈判造成了很大的困难。

实际上，打破垄断性供应，进行全球性寻源采购面临的困难有很多，例如：缺乏对跨国采购程序的理解，包括对潜在供应源缺少了解及不熟悉跨国采购所要求的附加文件等；不愿意对既定的采购程序作出改变或反对放弃一个长期稳定的供应商；拒绝放弃现有的业务方式；带有内部保护色彩的采购障碍；采购者有时并不愿意从国内的供应源转向并不了解的国外供应源。此外，中国传统的采购模式下，不进行有效的信息沟通，互相封锁，是典型的信息非对称博弈过程，采购成了一种盲目行为，很大程度上造成了资源难以整合的结果。

打破这些障碍是确保采购能够充分利用全球资源、削减采购风险与成本的前提。

目前，对于企业来讲，也很少出台明确的要求与规定去客观衡量与考核全球寻源的效果，一些企业按照对国际供应源的选择使用来实现绩效利益的能力，对采购者进行测评和奖励，从客观上激励全球寻源行为。重要的是，管理层必须传达一个信息，那就是要想方设法找到最具竞争力的供应商，保持竞争力。

资料来源：王玉梅."全球寻源"在行动[J].石油石化物资采购，2011，43（8）：16-17.

第三节 《国际贸易术语解释通则》在国际采购中的应用

一、《国际贸易术语解释通则》的介绍

全球经济的增长给予大多数企业前所未有的进入世界市场的机会。因此，货物得以在更多的国家、以更大的数量、更多的品种和更快的节奏进行销售。但是，随着全球贸易规模的增长和复杂程度的增加，如果销售合

同草拟不当，误解和纠纷发生的可能性也随之增加。

国际商会制定的《国际贸易术语解释通则》（International Rules for the Interpretation of Trade Terms, Incoterms）规则是适用于国内与国际贸易的术语，有助于便利全球贸易行为，消减贸易风险。在货物销售合同中援引 Incoterms 规则，可以在诸如风险、费用以及运输和海关清关安排等方面清晰界定当事人相应的义务，从而减少潜在的法律纠纷。

自从国际商会于 1936 年首次编纂以来，Incoterms 这套贸易术语在全球范围内被广为接受，合同标准经过多次更新，以便及时反映国际贸易的发展现状。Incoterms2020 规则考虑到了人们对货物运输中的安全问题的日益关注、根据货物的性质和运输灵活安排保险的需要，以及 FCA 规则下银行在特定货物销售融资中对已装船提单的要求。

在起草国际商务合同的时候，没有法律规定必须使用 Incoterms，采购方和供应商可以使用他们认为合适的任何术语来约束彼此。但是，如果双方明确了要采用 Incoterms，那么各方就是同意了要遵循 Incoterms2020 的具体规定。

若买卖双方在合同采纳了 Incoterms，相应术语的具体规定就可以直接适用，而其中已经对风险和义务范围作出了规定。Incoterms 中详细界定了买卖双方的责任范围。

二、Incoterms 的基本结构

Incoterms 的编排顺序是根据出口商的责任水平排序的，如表 9-1 所示。

表 9-1　Incoterms 的四个分组

分组	买卖双方的责任
E 组条款	卖方的唯一责任就是在其自己的场地内准备好货物，可以辅助运输工作，但非强制要求
F 组条款	卖方要承担所有发运前的工作，但是主要的运输安排还是由买方负责
C 组条款	卖方负责安排货物的运输，但是只要一经发出其责任就算履行完毕
D 组条款	卖方的责任延伸到将货物运送到指定地点，所以要承担运输中损坏或丢失、投保运输险等责任

为了方便起见，Incoterms 使用三个字母的代码来表示风险和责任转移的地点。Incoterms2020 中的规定如表 9-2 所示。

表 9-2　Incoterms 概念表

术语解释通则	含义	风险和责任移交点
EXW	工厂交货	卖方所在地或指定交货点
FCA	货交承运人	卖方所在地或卖方的运输工具上
CPT	运费付至	交予承运人
CIP	运费和保险费付至	交予承运人
DAP	目的地交货	交货点
DPU	目的地卸货后交货	交货点
DDP	完税后交货	交货点
FAS	船边交货	指定装运港
FOB	船上交货	装运港的运输工具上
CFR	成本加运费	装运港的运输工具上
CIF	成本、保险费加运费	装运港的运输工具上

相应 Incoterms 的选择在一定程度上取决于所采用的运输方式。表中的七条术语解释通则 EXW、FCA、CPT、CIP、DAP、DPU 以及 DDP 反映了多式联运的需要日益增长，灵活性强，适用于任何运输方式，所以是送抵指定的目的地，可以交货至仓库或者货运代理处。

其他四条术语 FAS、FOB、CFR 以及 CIF 仅适用于完全的海运或内河运输，所以是运抵指定目的港。

有些条目 FCA、CPT 以及 CIP 体现了集装箱化运输的增长，如将货物运送到内陆结关，或运送到集装箱货场后采用海路或陆路转运，或送到航空货代处拼箱发运。

有些术语 FOB、CFR 以及 CIF 反映的是较为传统的货运方式，如干散货运输，适合港到港的运输。

表 9-4 是所有 11 条术语解释通则的概述。

表 9-4　Incoterms 的解释

EXW（工厂交货） 指定交货地点	卖方将货物交给买方：在指定地点（可以是工厂或仓库）交由买方处置。该指定地点可能是也可能不是卖方的经营场所。卖方已通过配售货物履行了其义务。卖方不需要将货物装上托收车，也不需要清关出口。当货物交由买方处置时，风险从卖方转移到买方。 如果买方无法完成出口手续，就要采用 FCA 方式。
FCA（货交承运人） 指定交货地点	与 FOB 不同，FCA 适用于任何运输形式，只要是指定了承运人或目的地，特别适合于集装箱多式联运。 卖方以以下两种方式之一向买方交付货物： 第一，当指定的地点是卖方所在地时，货物交付为：当货物装载在买方安排的运输工具上时。 第二，当指定地点为另一地点时，货物交付为：当货物已装上卖方的运输工具时，货物已到达指定的另一地点，准备从卖方的运输工具上卸下货物，并交由承运人或卖方指定的另一人处置。 风险在选定的交货地点从卖方转移到买方。
FAS（船边交货） 指定装运港	当货物在指定的装运港与买方指定的船舶（如码头或驳船上）靠岸时，或当卖方采购已交付的货物时，卖方将货物交付买方。当货物在船上时，风险从卖方转移，买方自那时起承担一切费用。
FOB（船上交货） 指定装运港	卖方在指定的装运港，在买方指定的船只上将货物交给买方，或采购已交付的货物。当货物在船上时，风险从卖方转移到买方，买方自那时起承担一切费用。
CFR（成本加运费） 指定目的港	卖方将货物交给船上的买方，或采购已交付的货物。当货物在船上交付并且货物的目的地是约定的港口时，风险从卖方转移到买方。
CIF（成本、保险费加运费） 指定目的港	卖方将货物交付给买方：在船上或采购已交付的货物。 与 CFR 的区别：卖方还必须联系买方投保货物从装运港到目的港的风险或灭失或损坏。当货物在船上交付并且货物的目的地是约定的港口时，风险从卖方转移到买方。但是，卖方必须订立合同，将货物从交货地点运到约定的目的地。
CPT（运费付至） 指定目的地	卖方将货物交付给买方，并将风险转移给买方：将货物交给卖方承包的承运人。或采购如此交付的货物。卖方可以按照所使用的运输工具的适当方式和地点，给予承运人实际占有货物的权利。当货物交给承运人交付给买方时，风险从卖方转移到买方。
CIP（运费和保险费付至） 指定目的地	卖方将货物交付给买方，并将风险转移给买方：按照卖方的合同将货物交给承运人，或采购如此交付的货物。卖方可以按照所使用的运输工具的适当方式和地点，给予卖方实际占有货物的权利。 与 CPT 的唯一区别是：卖方还必须就买方货物从交货地点至至少目的地的灭失或损坏的风险投保。货物交付给买方时，风险从卖方转移到买方，由承运人处理。

(续表)

DPU（目的地卸货后交货）指定目的地	当货物从到达的运输工具上卸下后，在指定的目的地或该地点内的约定地点（如果商定了任何地点）交给买方处置，卖方即将货物（并转移风险）交付给买方。卖方承担将货物运至指定目的地并在指定目的地卸货所涉及的一切风险。因此，在本国际贸易术语解释通则中，交货和到达目的地是相同的。DPU是唯一一个要求卖方在目的地卸货的国际贸易术语解释通则。当货物转移和卸载到交货地点/目的地时，风险从卖方转移到买方。
DAP（目的地交货）指定目的地	当货物在指定的目的地或约定的目的地的约定地点（如果约定了任何地点）由买方在到达的运输工具上准备卸货时，卖方即交付货物（并将风险转移给买方）。卖方承担将货物运至指定目的地或该地点内约定地点所涉及的一切风险。因此，在国际贸易术语解释通则中，交货和到达目的地是相同的。当货物转移到交货地点/目的地时，风险从卖方转移到买方。
DDP（完税后交货）指定目的地	卖方将货物交给买方：当货物在指定的目的地或商定的目的地内的约定地点（如果商定了任何地点）由买方在办理进口手续的到达运输工具上交由买方处置时。卖方承担将货物运至指定目的地或该地点内约定地点所涉及的一切风险。因此，在本国际贸易术语解释通则中，交货和到达目的地是相同的。货物转移并卸载至交货地点/目的地时，风险从卖方转移至买方（包括清关费用）。

小案例

"全球寻源"在行动

寻源能力待提高

在某石化公司，一个计划员通过网上搜索发现了在一家美国供应商处所采购的配件，德国某公司也有同类资源。由于在中国处于垄断地位，美国供应商的价格一直降不下来，通过与德国供应商及时交流、比价发现每台差价竟然达195万美元，遂建议引进德国配件，美国供应商为保住其供应地位最终把价格降了下来。

由于与巨额的实际利益直接挂钩，全球化的资源背景严峻考验着采购部门的寻源能力和采购技巧。对于缺少国际业务经验的采购人员来讲，对全球化的资源整合与开发能力往往停留在初始阶段，如偶然性的网上发现行为、同行业的行为借鉴等。而这实际上关乎企业巨额的经济利益。偶然性的发现行为不能根本地、系统地完善采购资源、降低采购成本。系统性地培养全球寻源能力势在必行。

全球寻源采购路径需要不断发展与改进。首要的就是需要发展或获取有相关技能且能够以全球的意识来测评与完善供应网络的人力资源。

对于采购人员来讲，提高寻源能力最主要的方法就是教育和培训，而这需要在整个采购程序中得到支持，同时也可以帮助改善供应变化所带来的焦虑状况。例如，采用全球联结的计算机辅助设计系统、电子邮件及条形码系统等负责在国际运输渠道中追踪原材料，就大大减少了全球采购中的沟通障碍。

在全球化背景下，企业位于不同区域的采购组织相互沟通和协调，能够起到协同的效应。另外，打破组织的界限，加强与供应商的沟通和协作，也成为全球化背景下采购的一种新的组织设计特征。

哪里找寻供应源

因特网与贸易展览会是寻找货源的两大途径。展览会的优势在于可以实实在在地接触厂家的样品。而通过因特网寻找货源，也应要求提供样品。图片对了解产品是有帮助的，但它永远不能取代产品实物。对一种产品进行评估可以从不同的角度进行，即使网上的产品图片是一个三维图片，它也不能取代实物。

因特网的优点在于网站信息更新快、及时。当你只有某个厂家的产品目录，但考虑到或许其他供应商的产品更便宜、更好，因而想另外找供应商时，因特网是有帮助的。

现代采购人员更倾向于利用因特网，他们希望知道生产某种产品的所有厂家，然后一一查阅他们的网站。在这种情况下，如果网站提供了厂家的电子邮件和其他联系办法的话，那么这个网站是有用的。

如果这是一个第三方的服务网站，也可以通过这个网站与厂家联络。需要注意的是，在写电子邮件或者发传真的时候，采购人员的态度是很有讲究的，有时必须装作不感兴趣甚至愤怒。当然这并非都是真的，但为了争取到最合适的价格，这样做是个技巧。

随着电子科技日新月异的发展，一些先进的技术越来越多地被用来寻找供应商,美国通用汽车集团的做法是采用网络、电视、可视电话、电话会议等方式寻找。西门子公司则专门建立了自己的电子采购网站,提供了一个让近万名西门子全球采购人员与全球供应商直接接触的信息平台,同时也实现了整个集团内部的采购信息共享与交流。

总之,全球采购系统可以概括为一种电子商务采购模式,企业要进入全球采购系统,必须熟悉与掌握这一系统。中国国际招标网即此类型。中石油、中石化、中海油、宝钢等企业都在通过这一系统实施网上采购,并取得了明显的经济效益。需要注意的是,全球寻源采购最初的驱动力是打破供应资源局限,获取价格利益。所以,成本因素是必须考虑在成本分析当中的,一般包括:基本定价、工具、包装、运输、付款条件、关税、保险费用、额外费用及佣金、起讫港及手续费、关税经纪人费用、税收、沟通成本、库存成本等等。

资料来源:王玉梅."全球寻源"在行动[J].石油石化物资采购,2011,43(8):16-17.

第四节 实 践 指 导

一、实践任务

通过本章学习,引导学生学会在不同情况下分析使用《国际贸易术语解释通则》相关条款,通过收集有关案例资料,借助案例分析法加强对国际供应源搜寻的了解,从而更好地实现课程教学目标。

二、实践步骤

(1)分组讨论并交流,找出分析案例中的关键问题。

（2）确定是否还需查找与已找出关键问题相关的背景资料。

（3）筛选并优化分析此案例的答题思路。

（4）明确构成小组分析逻辑的依据，并展开进一步的逻辑整理。

（5）小组形成文字报告并汇报。

三、实践要求

（1）彻底读懂案例——当小组分发到一篇案例时，成员需要对案例进行反复阅读，对案例中的重要信息尝试消化理解。在阅读的过程中，对案例中的背景资料、主要事实、面临的难题及难点、重要论点、重要结论和针对性的对策建议等内容进行一一记录，以方便下一个步骤的进行。

（2）分组交流讨论，大胆提出自己对问题的看法——对案例中的主要角色所面临的问题进行分析，尝试对案例所给的背景资料进行仔细阅读、筛选分类，归纳总结，若需要引证资料来佐证个人观点，可以依靠电子资料、图书馆实体资料等，获取相关领域的多方面知识，保证分析的正确性。

（3）全面并正确概括问题——在对案例进行认真分析之后，小组尝试根据案例的相关资料找出问题的症结所在，并对需要解决的问题进行正确概括，注意概括问题的逻辑性与针对性。

（4）撰写的分析报告——报告中对资料的分析运用要求准确，以所学理论为指导分析资料；资料分析要求全面充实，紧扣主题，结构合理，层次清楚，中心突出。除此之外，提交的报告要注意格式规范，用词准确，表达通顺。

四、实践内容

Incoterms2020对各种贸易术语条件下买卖双方承担的基本义务都作出了明确的规定，在实际进出口业务中选择何种贸易术语，要根据具体的交易情况来选择，既要有利于双方交易的达成，又要避免承担过大的风险。

Incoterms2020 较其以前各版本更加具体、更加有利于经济全球化背景下国际贸易业务的开展。但是 Incoterms2020 实施之后，其之前的版本同样可以适用。国际贸易惯例不同于法律，不存在新法取代旧法的情况，国际贸易术语解释通则仅是一套贸易条款，而且仅限于货物买卖过程中买卖双方保险、运输等义务的条款。任何版本的条款均可以被当事人引用到贸易合同中。

因此，买卖双方签订合同时，要注明所用术语，选择哪一版本的通则。如果买卖双方在合同中明确表示采用某种惯例，则被采用的惯例对买卖双方均有约束力；如果合同中明确采用某种惯例，但又在合同中规定与所采用的惯例相抵触的条款，只要这些条款与本国法律不矛盾，就将受到有关国家法律的承认和保护，即以合同条款为准；如果合同中既未对某一问题作出明确规定，也未订明采用某一惯例，当发生争议付诸诉讼或提交仲裁时，法庭和仲裁机构可引用惯例作为判决或裁决的依据。

五、实践范例

共享公共采购市场的未来
——2020 年中国国际公共采购论坛上的致辞

政府采购市场，一些国家也称为公共采购市场，是国内市场的重要组成部分。国际上政府采购一般占 GDP 的 15% 左右。中国是世界上最大的发展中国家、全球第二大经济体，政府采购潜在规模巨大。随着中国经济持续增长和政府采购改革深化，采购规模将持续扩大，将给企业带来无限商机。

中国政府一直致力于建立公平竞争、公开透明的政府采购体系。一是保障在中国境内注册的企业都能公平参与政府采购。中国的政府采购对内外资企业在中国境内生产的产品一视同仁、平等对待。中国外商投资法明确规定，国家保障外商投资企业依法通过公平竞争参与政府采购活动。二是保证各类企业公平获得政府采购信息。政府采购信息统一通过中国政府采购网等财政部指定的媒体发布。各类企业都能在同一时间免费、无障碍地获取各级政府公开发布的各类政府采购信息，从源头上确保采购活动的公平性。三是保护供应商的合法权利。中国政府采购建立了公正的救济制度和完善的监督制约机制为公平竞争提供保障。

2020年受新冠疫情的影响和冲击,全球经济下行。据世界银行预测,目前中国是今年唯一的GDP为正增长的主要经济体。中国经济复苏带来的商机,为很多外国企业脱困提供了有力支持。中国政府将继续致力于营造国际一流的政府采购营商环境,保护外商投资合法权益,厚植外商投资沃土,为外商来华投资深耕发展、参与中国政府采购创造更好的条件!

对外开放是中国的基本国策。随着中国开放的大门越开越大,政府采购市场开放的步伐也不断加快,中国将全方位融入世界。习近平主席在2018年博鳌亚洲论坛上宣布,"中国将加快加入世界贸易组织《政府采购协定》进程",彰显了中国进一步扩大开放的决心。中国加入《政府采购协定》(GPA)意味着中国与GPA参加方互惠开放政府采购市场,外国企业也能享受中国政府采购的巨大商机,对全球贸易具有深远意义。世贸组织秘书处指出,如果未来中国加入,将为GPA新增0.4万亿～1.2万亿美元的市场规模。中国加入GPA,无论对于协定本身、世贸组织,还是世界来说都是意义非凡的,对其他新兴经济体也是一个重要信号。

当然,对中国而言,加入GPA后,不仅能扩大进口,引进投资,中国企业和产品还可以在参加方的政府采购市场获得国民待遇,平等参与国际市场竞争。因此,中国加入GPA,不论是对中国,还是GPA参加方,甚至对世界其他国家或地区,都有助于实现共赢发展。

从启动谈判以来,中国每年都在加入GPA的道路上取得新进展。去年10月20日,中国向世贸组织提交了加入GPA第7份出价。这份出价对第6份出价作了全面改进,进一步扩大了承诺开放的政府采购范围。总体上看,第7份出价已与GPA参加方出价水平大体相当,表明了我国加入GPA的诚意。目前,中国政府正在积极与GPA参加方开展谈判,争取早日达成互利共赢的谈判结果。

与此同时,中国在相关多双边机制下,也在广泛开展政府采购开放谈判和交流合作,目的就是在更宽范围、更高层次上开放政府采购市场。

政府采购作为财政支出管理的重要措施,是国家对经济进行宏观调控的有效手段。在实现社会经济政策目标、促进国际贸易等方面，都具有举足轻重的作用。无论是中国，还是其他国家和国际组织，在政府采购领域都作了很多有益的探索，积累了不少好的做法和成功的经验，具备良好的交流合作前景。

资料来源：许宏才.共享公共采购市场的未来［N］.政府采购信息报，2020-11-23（001）.

前沿研究

信用证是国际贸易中常见的一种付款机制，对买卖双方都是一种安全保障。信用证在国际贸易中发挥了重要作用，但也给贸易各参与主体带来了风险。信用证的风险在于，即使是显而易见的违法与欺诈，人们仍然显得无能为力。在传统交易过程中，如果发现合同违约或者有欺诈行为，合同将被宣告无效，当事人也可以用中止合同、拒绝付款等方式来救济自己的权利。

信用证欺诈风险是指由一些道德缺失的贸易商通过提供与信用证要求表面一致而实际与真实的货物严重不符的单据，从而达到骗取货款的目的的违法活动。信用证欺诈的行为方式包括以下几种：

（1）进口商有可能得到与信用证规定完全相符的单据，可是并不一定能得到与单据条款完全相符的货物。

（2）在根本未交付货物的情况下伪造单据、伪造真实单据上的部分记载内容、在单据中作欺诈性陈述等等。

（3）出口商在履行信用证条款时，由于遭遇种种原因造成"不符点"，导致开证行的拒付。

（4）开证行在开立信用证时，通常向进口商收取一定数目的押金，由于信用证结算的周期较长，该资金被银行占用。

（5）开证行和进口商可能无理拒付或无力支付。

（6）开证行可能在信用证中列出一些"软条款"，使信用证失去了其

"保证付款"的功能等等。

国际贸易中的欺诈现象是"永无休止和全球性的",而利用信用证进行欺诈又尤为多见。这些欺诈行为使得信用证对国际贸易中基础交易的保障功能大打折扣,并导致进口商的权益受到严重伤害。

资料来源:胡美伦.浅谈国际贸易中信用证交易应注意的几个问题[N].企业家日报,2018-11-08(003).

案例分析

2016—2018年,中国对联合国采购机构的供应额数据趋势低迷:2016年,联合国机构自中国的采购金额为2.29亿美元,占采购总额的1.29%,排名前三位的产品类别分别是医疗设备(2 549.8万美元)、音乐设备及工艺品(2 191.9万美元)、"药品、避孕药具和疫苗"(1 927.3万美元);2017年,自中国的采购金额为2.2亿美元,占比1.18%,前三位的产品类别为"药品、避孕药具和疫苗"(2 923.2万美元)、医疗设备(2 912.7万美元)、环境服务(2 280.6万美元);2018年,自中国的采购金额为2.15亿美元,占比1.14%,前三位的产品类别为环境服务(2 467.9万美元)、管理服务(2 412.2万美元)、医疗设备(2 261.2万美元)。以2018年为例,来自中国的医药领域采购金额为4 098万美元,仅占该领域全部采购金额的1%,其中三个主要类别金额依次为2 010万美元、2 007万美元、81万美元。相比之下,2018年中国药品的出口额为68亿美元,医疗器械类产品出口额为236亿美元。

当前,中国企业参与联合国采购等公立市场竞争整体还不够积极,其原因是多方面的:对国际采购规则不熟悉、缺乏国际招投标专业人才、缺乏对产品标准的话语权、取得国际认证障碍重重、采购价格利润空间低、特定领域研发能力不强、合同履约能力不足等,使得一些企业不得不沦为很多中标的国外企业的供应商。

国际注册认证是我国产品走向国际市场必须跨越的技术门槛。比如,世卫预认证（WHO PQ）已成为联合国机构及其他国际组织（如联合国人口基金、联合国儿基会、国际药品采购机制UNITAID、全球基金、全球药品机构GDF）和欠发达国家的政府等在采购中强制要求的首选标准。

近年来，中国有很多企业成为国际机构的供应商，有的已经成为长期供应商，比如复星医药、华北制药、瑞阳医药、华润紫竹药业、天津永阔、海尔医疗、成都生物所等，但这些企业所付出的艰辛和努力也是巨大的。截至2020年2月，中国已经有58个活性药用成分（API）、31个制剂品规（FPP）、8个诊断试剂、6个疫苗品规获得了世卫预认证。但相比欧美和印度等国家，我们还有很大的差距，如在244个疫苗预认证品规中，中国仅有6个通过预认证。

资料来源：张黎，何春红.如何拿下联合国订单？[N].医药经济报，2020-05-14（003）.

练习与思考

一、名词解释

1. 简化清关程序
2. 信用证
3. ATA短期进口证
4. 提货单
5. 保税仓库

二、单项选择题

1. 下列哪个不属于贸易区（　　）。

　　A. ASEAN　　　　B. NAFTA　　　　C. EFTA　　　　D. NCTS

2. 下列不属于提货单的作用的是（　　）。

　　A. 所有权证明　　　　　　　　B. 运输合同条款证明

　　C. 节省成本　　　　　　　　　D. 承运人的货物收据

3. 下列哪个选项都是送抵指定目的地的？（　　）

　　A. EXW、CIP　　B. FCA、FAS　　C. DDP、CFR　　D. DAP、CIF

4. 对于常年性的商品可采用（　　）的方法来确定采购时机。

　　A. 定量订货点　　　　　　　　B. 固定期间订货

　　C. 经济订货法　　　　　　　　D. 采购点

5. 下列哪个不能节省采购成本？（　　）

　　A. 大批量采购　　　　　　　　B. 网上采购

　　C. 招标采购　　　　　　　　　D. 到距离远的供应商处采购

三、多项选择题

1. 进行国际贸易的时候，采购方可能会遇到的合同包括（　　）。

　　A. 采购合同　　B. 保险合同　　C. 运输合同　　D. 融资合同

2. 下列属于送抵指定目的港的是（　　）。

　　A. FCA　　　　B. FAS　　　　C. FOB　　　　D. CFR

3. 国际付款的方式有（　　）。

　　A. 赊销贸易　　B. 汇票　　　　C. 信用证　　　D. 预先支付

4. 采购业务的常见业务模式都有哪些？（　　）。

　　A. 普通采购业务　　　　　　　B. 代管采购业务

　　C. 固定资产采购业务　　　　　D. 直运采购业务

5. 固定资产采购业务，以下哪些单据是必须录入的单据？（　　）

　　A. 采购订单　　　　　　　　　B. 采购到货单

　　C. 采购入库单　　　　　　　　D. 采购发票

四、简答题

1. 为什么国际贸易中的相关各方希望使用仲裁方式解决纠纷？

2. 什么是汇率？汇率变化对国际供应源搜寻带来了什么影响？

五、论述题

导致近年来国际贸易贸易争议的主要因素是什么？

第十章

采购的报价和招标

学习目标

- 了解并掌握获取报价的方式
- 熟悉投标的主要流程
- 掌握评估报价或招标的标准

基本概念

询价；报价；招标

第一节 询 价

一、询价的界定

询价是指采购人向有关供应商发出询价单让其报价，在报价基础上进行比较并确定最优供应商的一种采购方式。询价工作是投标程序中重要的一环。它有利于投标人优化报价并为报价决策提供依据。采购单位或接受委托的政府采购代理机构直接向三家以上供应商就政府采购项目询价采购文件或询价函让其报价，在此基础上确定成交供应商。询价采购适用于所采购的货物规格、标准统一，现货货源充足且价格变化幅度小的政府采购项目。

二、询价的基本流程

第一步：采购单位根据政府采购预算和计划进行政府采购项目立项。包括：（1）采购单位须填写《采购立项表》；（2）采购单位须书面报送项目详细需求或采购清单，工程类项目还须提供项目设计概算、图纸等资料；（3）由相关科室出具资金证明，追加或调整的项目还须报送经相关业务科室批准的立项说明；（4）采取询价采购方式的详细说明。

第二步：立项申请经批复后，实施的单位需在规定时间内签订协议，并于规定时间内向有关部门提供详细的采购项目技术需求。

第三步：针对重大的技术采购项目，需要组织相关专家就项目技术需求进行论证，并出具专家组论证意见。在论证基础上，经采购单位确认后制定项目询价文件。经采购单位确认后的询价文件也需送采购办备案。

第四步：确定参加询价的供应商。必须在指定媒体以及网上发布资格预审公告（公示期通常为三个工作日），符合条件的供应商都可以报名，由资质评审专家推荐三名以上作为被邀请参加询价供应商或由采购单位在符合条件的供应商名单中随机抽取并发售询价文件。

第五步：采购单位或接受委托的采购代理机构按询价文件要求成立询价小组并组织询价活动（询价小组一般为五人以上单数；原则上从采购专家库中抽取）。

三、询价需遵循的基本原则

在询价过程中，需要注意的原则主要有以下四条：（1）在规定时间内递交报价文件；（2）只能一次报出不得更改的价格，并对询价文件所列出的全部商务、技术要求作出承诺；（3）询价小组需对询价文件作实质性变动的，应以书面形式告知所有被询价的供应商；（4）询价小组对在报价截至时间内供应商提交的报价进行评审，如有疑问的，可以书面形式或者当面向供应商进行质询，质询内容不得涉及对询价文件或报价作实质性变更。

车辆询价可以同品牌三家经销商竞争吗？

在易采通App"有问有答"栏目上，关于询价采购的一个问题被广泛关注："招标方式下，有三家供应商投标，其中两家投的是同一品牌，按照《政府采购货物和服务招标投标管理办法》（财政部令第87号）相同品牌的规则，两家只能算一家供应商，这种情况下是不能开标的。但如采用的是询价方式就可以继续进行下去，三家供应商提交响应文件，由询价小组进行评审，是吧？"近日，记者也接到过两个采购人的咨询：车辆询价采购必须是三家不同品牌的经销商吗？对同一品牌的三家经销商进行询价是否可以？

奇怪的是，大家对竞争性谈判、竞争性磋商这两种非招标采购方式，知道必须三家以上不同品牌经销商响应才可以，为什么唯独对询价采购有此疑问呢？车辆询价采购正确的做法是什么？

电子商城的网上询价≠询价采购方式

"我们在电子商城里的询价就是可以同一品牌的，没有要求必须有三个不同品牌供应商。"某地检察系统采购人认为，询价采购只要有三家经销商参与就行，不管是否同一品牌。例如，某地政府采购网上超市分为网上直购、网上议价、网上竞价、网上询价四种采购模式。相关工作人员介绍，以上采购模式仅限于网上超市。网上询价模式是在网上发布询价需求，供应商在系统中报名参与询价。如果只有一家入驻供应商报价，采购人可以与该入驻供应商议价；如果有多家入驻供应商报价，入驻供应商之间进行竞价，一次报出不得更改的价格，同一品牌多个经销商参与询价也可以。

对于同品牌竞争的问题,相关工作人员认为:"网上超市的询价模式跟询价采购方式不是一个概念,规则也不一样,采购人不要搞混了。另外,框架协议采购施行后,网上超市的采购规则和架构也要变化,正在研究中。"

其实,全国大部分地方都已建立电子商城或者网上超市,规则也不一样。政府采购业内专家提醒大家:"电子商城或网上超市的询价模式,并不是政府采购的询价采购方式,很多采购人把两者混淆了,才得出'询价采购方式同一品牌三家经销商参与响应也可以'的结论,这是不对的。"

询价采购须有三家以上不同品牌供应商响应

记者通过正福易找标标讯系统查询车辆询价采购项目,发现不少询价通知书中要求的是"同一品牌三家以上经销商之间的询价"。例如,某部门应急保障用车项目询价公告,预算金额 185 万元,采购需求是购置某品牌 SUV1.5T 车型 14 辆、某品牌皮卡 2.0T 车型 6 辆。此项目在询价公告中直接指定品牌,要求的就是指定品牌的三家以上经销商参与询价。

显然,部分采购人和采购代理机构认为询价采购可以是同一品牌经销商之间进行询价。"这种理解是错误的。"政府采购业内专家金翔表示,询价采购方式也应当有三家以上不同品牌的供应商响应才合规,不能是同一品牌经销商之间的询价。

《财政部办公厅关于多家代理商代理一家制造商的产品参加投标如何计算供应商家数的复函》(财办库〔2003〕38 号)中对此明确:《政府采购法》实施后,为了避免同一品牌同一型号产品出现多个投标人的现象,应当在招标文件中明确规定,同一品牌同一型号产品只能由一家供应商参加。如果有多家代理商参加同一品牌同一型号产品投标的,应当作为一个供应商计算。公开招标以外采购方式以及政府采购服务和工程,也按此方法计算供应商家数。

专家分析,无论是招标还是非招标采购方式,都是按照此方法计算供应商家数。所以,询价采购方式也必须满足三家以上不同品牌供应商响应的条件。

如果在采购过程中符合竞争要求的供应商不足三家,就要发布项目终止公告并说明原因，重新开展采购活动。

资料来源：修霄云.车辆询价可以同品牌三家经销商竞争吗？[N]，政府采购信息报，2022-04-18（010）.

四、询价的具体操作

首先，标准的询价函或报价邀请通常会标明以下需求信息：一是采购负责人的联系方式；二是回函上需要注明的案卷号和回复的截止日期；三是明确写出所需产品的数量和服务的具体需求情况；四是标明产品期望交付的时间和地点；五是采购方的标准采购条款，如有特殊要求亦需注明；六是付款条件。

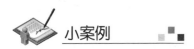
小案例

> **报价函（范本）**
>
> 致：某××××××有限公司
>
> 1.我方全面研究了"××××××××××××（项目名称）项目编号：××××××包号（如有）：×××"项目磋商文件，决定参加贵单位组织的本项目磋商采购。
>
> 2.我方自愿按照磋商文件规定的各项要求向采购人提供所需服务，报价为人民币××××。
>
> 3.一旦我方成交，我方将严格履行政府采购合同规定的责任和义务。
>
> 4.我们已详细审核全部竞争性磋商文件，包括文件修改书（如果有的话）、参考资料及有关附件，我们完全理解并放弃提出含糊不清或易引起误解的问题的权利。
>
> 5.我方同意本磋商文件对我方可能存在的失信行为进行惩戒。
>
> 6.我方为本项目提交的响应文件正本壹份，副本贰份，电子文档壹

份，用于磋商报价。

7.我方愿意提供贵单位可能另外要求的、与磋商报价有关的文件资料，并保证我方已提供和将要提供的文件资料是真实、准确的。

8.同意按文件须知中关于不予退还项目保证金的规定。

9.如果我方成交，我方保证按照磋商文件的规定，及时、足额地向贵方交纳成交服务费。

供应商名称：××××××××××××××（公章或电子签章）

地址：×××××××××××××××××

电话：×××××××××××××××

法定代表人/单位负责人或授权代表（签字或盖章）：

日期：××××年××月××日

其次，采购方需要邀请供应商提交一套合同的方案和产品价格的清单，并对报价的评估进行可行性分析。具体内容包括：一是以竞争性招标为评估基础，选出具有最佳价值的招标或报价，从而促成合同的签订；二是以采购方与首选供应商之间进行的谈判为基础，进一步与备选供应商进行洽谈。

再次，企业在报价邀请的过程中可能会涉及一些采购道德准则执行的问题，因此需要高度重视商业道德问题。一些采购方并没有采购意向却向供应商索取报价，或者在已经决定了合同归属的情况下仍向多家供应商询价，这些行为的发生都会导致潜在供应商被虚假的业务信息所误导，从而导致报价的准备工作浪费大量的时间和资源。

五、询价的注意事项

第一，最大程度地公开询价信息。参照公开招标做法，对于金额较大或技术复杂的询价项目，扩大询价信息的知晓率，信息发布要保证时效性，让供应商有足够的响应时间，询价结果也应及时公布。通过公开信息从源头上减少"消息迟滞型""不速之客"现象的出现。

第二，更多地邀请符合条件的供应商参加询价。被询价对象要由询价小组集体确定。询价小组应根据采购需求，从符合相应资格条件的供应商名单中确定不少于三家的供应商，被询价对象的数量不能仅满足三家的要求，力求让更多的符合条件的供应商参加到询价活动中来，以增加询价竞争的激烈程度。推行网上询价、传真报价、电话询价等多种询价方式，让路途较远、不便亲来现场的供应商也能参加询价。

第三，实质响应的供应商并非要拘泥于"三家以上"。前来参加并对询价文件作实质响应的供应商并非要人为硬性地达到三家，但是起码要达到两家以上，询价采购由于项目一般较小往往让大牌供应商提不起兴趣，如果非得要达三家，询价极可能陷入"僵局"，重要的是要形成竞争，而非在供应商数量上斤斤计较。

第四，不得定牌采购。指定品牌询价是询价采购中的最大弊病，并由此带来操控市场价格和货源等一系列连锁反应，在询价采购中定项目定配置定质量定服务而不定品牌，真正引入品牌竞争，将沉重打击陪询串标行为，让"木偶型""不速之客"绝迹于询价采购活动，让采购人真正享用到政府采购带来的质优价廉的商品和服务。

第五，不单纯以价格取舍供应商。法律规定"采购人根据符合采购需求、质量和服务相等且报价最低的原则确定成交供应商"，这是询价采购成交供应商确定的基本原则，但是不少人片面地认为既然是询价，那么谁价格低谁"中标"，供应商在恶性的"价格战"中获利无几，忽视产品的质量和售后服务。过低的价格是以牺牲可靠的产品质量和良好的售后服务为代价的，无论是采购人还是供应商都应理性地对待价格问题。不可否认，价格是询价中的关键因素，但绝非唯一因素，在成交供应商确定上要综合评审比较价格、技术性指标和售后服务等，在此基础上依法确定。

补充知识

运用报价最低原则的采购有以下四个优点：首先，报价最低的采购最能体现物资采购的公开、公平、公正的原则，能够吸引更多的供应商参与到市场中来，有利于防范腐败和利益输送。其次，激烈的竞争会导致价格的下降，利于企业资金积累。再次，报价最低原则采购可操作性强，过程简单，在实际响应采购人的采购要求下，报价最低者确定成交，相对于其他采购形式节约了大量的沟通时间与运作成本。最后，在一个相对公平的环境里，运用报价最低原则的采购会激励参与竞争的供应商不断加强企业内部管理，提升自身运行效率，降低运营成本，提升该企业的市场竞争力。

小案例

同品牌不同型号参与询价按一家算还是多家算？

采用非招标采购方式，同品牌提供不同型号的供应商，按一家供应商还是按多家供应商来计算呢？相关的法规依据是什么？

招标方式　同品牌按一个投标人计算

"如果采用的是公开招标或邀请招标方式，不管提供的是不同型号产品，还是不同版本的产品，只要是同一品牌的供应商，都是按照一个投标人来计算的。"政府采购业界资深专家表示，财政部对此已有明确的规定。

《政府采购货物和服务招标投标管理办法》(财政部令第87号，以下简称"87号令")第三十一条规定："采用最低评标价法的采购项目，提供相同品牌产品的不同投标人参加同一合同项下投标的，……确定一个参加评标的投标人。使用综合评分法的采购项目，提供相同品牌产品的不同投标人参加同一合同项下投标的，按一家投标人计算。"但需要注意的是，87号令适用的是采用招标方式的货物和服务项目，不适用于非招标采购项目。

非招标方式　同品牌不同型号参照87号令执行

那么，采用非招标采购方式的项目，提供同一品牌不同型号产品的按一个还是多个供应商来计算？

政府采购业界专家介绍，非招标采购方式供应商数量的计算，财政部

《关于多家代理商代理一家制造商产品参加投标如何计算供应商家数的复函》(财办库〔2003〕38号,以下简称"财库38号文")有规定:同一品牌同一型号产品只能由一家供应商参加响应。如果有多家代理商参加同一品牌同一型号产品响应的,应视作同一个供应商计算。公开招标以外采购方式以及政府采购服务和工程,也按此方法计算供应商家数。

按照财库38号文的规定,同一品牌同一型号的按照一个供应商来计算,那么,提供同一品牌不同型号的经销商,就要按多个供应商来计算吗?

对此,政府采购业界资深专家曹石林认为,财库38号文虽然现在依然适用,但此文件是2003年发布的,已有近二十年的时间,有些复杂状况难以囊括。依照财库38号文的规定,如果提供同一品牌不同型号的供应商按多家计算的话,很难起到促进竞争的目的。87号令中对此问题已经作了修改。

因此,建议非招标采购项目,同品牌供应商数量的计算方法也参照87号令的规定执行。具体项目应按采购文件规定执行。

财库38号文明确指出:"公开竞争是政府采购的基石。政府采购的竞争是指符合采购人采购需求的不同品牌或者不同生产制造商之间的竞争。"所以,同一品牌不同型号按多家供应商计算也不符合财库38号文的初衷。

上海市政府采购中心采购三科项目经办人介绍,我们不能拒绝同一品牌不同型号的三家供应商来响应,但只能算一家供应商。从政府采购的立法初衷来说,应该是鼓励不同品牌的竞争。采购需求仅仅通过围绕一个品牌的不同产品和不同的供应商开展询价是不合适的。

资料来源:修霄云.同品牌不同型号参与询价按一家算还是多家算?[N].政府采购信息报,2022-05-23(010).

第二节 采购招标

采购招标是指采购方作为招标方,事先提出采购的条件和要求,邀请众多企业参加投标,然后由采购方按照规定的程序和标准一次性从中择优选取交易对象,并与提出最有利的供应商签订合同。

一、招标的类型

招标是指采购方邀请多个供应商来争取或投标一个合同。政府采购招标属于受《政府采购法》调节的范畴,根据《政府采购法》第二十六条规定,政府采购招标方式有:公开招标、邀请招标、竞争性谈判、单一来源采购、询价、国务院政府采购监督管理部门认定的其他采购方式。非政府采购招标只有两种招标方式:公开招标和邀请招标。公开招标是通过发布公告的方式邀请不特定的法人或者其他组织进行竞争性的竞标;邀请招标是通过发布邀请函的方式邀请特定的法人或者其他组织进行竞争性的竞标。

二、招标的过程

采购的招标过程通常包括五个步骤:招标准备、投标报名、开标、评标和定标。

1. 招标准备

(1)计划整理。采购代理机构根据政府采购执行计划要求,结合采购人的急需程度和采购项目的规模,编制月度招标采购计划。组成采购小组。采购人、采购代理机构代表及有关专家组成采购小组,负责组织实施编制采购文件、发布采购信息、召集开标评标、采购文件归档等政府采购活动。(2)编制招标文件。采购小组根据政府采购有关法规和项目特殊要求,在采购执行计划要求的采购时限内拟定具体采购项目的招标方案、编制招标文件。(3)招标文件的确认。招标文件在定稿前须经采购人确认。(4)招标文件备案。招标文件确认后,采购人应将招标文件报政府采购监督管理部门备案后方可刊登招标公告或发出投标邀请函。政府采购监督管理部门应在收到招标文件的当天办理备案,最长不得超过三个工作日。(5)收集信息。根据采购物品或服务等特点,通过查阅供应商信息库和市场调查等途径进一步了解价格信息和其他市场动态。

2. 投标报名

（1）发布招标信息。采用公开招标方式采购的，应在政府采购监督管理部门指定的媒体上发布招标公告。采用邀请招标方式采购的，应通过随机方式从符合相应资格条件的供应商名单中确定不少于三家供应商，并向其发出邀请函。（2）采购人根据招标项目的具体情况，可以组织潜在投标人现场考察或开标前的答疑会。（3）报名登记。根据招标公告规定的投标资格、报名要求，在招标公告限定的时间内对投资供应商进行资格预审、报名登记。（4）资格审查。在政府采购监督管理部门监督下，采购人、采购小组根据招标公告规定，对投标人的资格进行审查。若考虑符合条件的投标人过多影响招标工作的，应在招标公告中明确投标人数量和选择投标人的方法，并通过随机方式筛选投标人。（5）发售招标文件。通过资格审查的供应商在政府采购窗口购买招标文件。

3. 开标

（1）通知政府采购监督管理部门、资金管理部门等有关部门参加开标评标。（2）交纳保证金。（3）递交投标文件。投标单位在投标文件规定的截止时间之前递交投标文件。工作人员应对投标人的身份资格及投标文件的密封情况进行审查。不符合招标公告中要求条件的投标人的投标不予受理；不按规定提供投标保证金的、投标文件密封的投标将被拒绝。（4）开标。招标工作人员按照招标文件规定的时间及地点公开开标。投标单位法定代表人或授权委托人（持本人身份证）和采购人、采购小组及有关部门参加开标并签到，工作人员对投标人身份资格进行审核。涉及技术含量较高的设备、工程、服务项目招投标，应遵循先开技术标、再开商务标的原则。（5）唱标。招标工作人员对各种有效投标文件中的报价及其他有必要的内容进行唱标。（6）记录。招标工作人员作开标、唱标记录，唱标人、记录员、监督员、投标单位代表签名确认。

4. 评标

（1）组织评标委员会。评标委员会由采购人的代表和有关技术、经济等方面的专家组成，成员人数为五人以上单数，其中技术、经济等方面的专家不得少于成员总数的三分之二，以随机方式确定，本地专家在评审当天抽取，外地专家可提前一天抽取。评审委员会名单在中标结果确定前应保密。（2）评标预备会。在评标之前召集评标委员会召开评标预备会，确定评标委员会主任，宣布评标步骤，强调评标工作纪律，介绍总体目标、工作安排、分工、招标文件、评标方法和标准（或细则）。（3）报价审查。首先审查投标报价，更正计算错误；高于市场价和标底价或预算价的投标，将被拒绝。（4）资料审查。对招标文件未作实质性响应的投标作废标处理。（5）议标纳疑。审查投标文件，提出投标文件中的疑问，归纳问题，填质疑表。（6）质疑。评标委员会全体成员对单一投标单位分别进行质疑，必要时投标单位应以书面形式予以澄清，但澄清不得超出投标文件的范围或改变投标文件的实质内容。（7）评定。按照招标文件所列的评标办法和标准进行评标，确定一至二名中标候选人并排列顺序。（8）评标报告。评标结束后，评标委员会需写出完整的评标报告，经所有评标委员会成员及监督员签字后，方为有效。

5. 定标

（1）招标人根据评标委员会的书面评标报告和推荐中标候选人的顺序排列确定中标人。当确定中标人中标、因不可抗力提出不能履行合同，或者招标文件规定应当提交履行保证金而在规定期限内未能提交的，招标人可以一次确定其他候选人为中标人。招标人也可以授权评标委员会直接确定中标人。（2）中标通知。中标人确定后，应报政府采购监督管理部门备案并在其指定的媒体上进行公示，三天后无异议的，再由采购人向中标人发出《中标通知书》，同时将中标结果通知所有未中标的投标人。（3）编写采购报告。采购小组应于招标活动结束后二十日内，就评标委员会组成、采购过程、采购结果等有关情况，编写采购报告。

小案例

图书采购招标文件包含哪些内容？

图书采购和一般货物采购相比具有以下的不同点：

一是图书采购与一般货物采购存在质的区别。图书不是一种普通的、各种指标可明确比较的普通商品，图书采购也具有连续性、长期性、不确定性等特点。

二是图书采购质量的好坏与供应商的规模、资质、管理水平、服务方案、到货周期、服务能力等密切相关。图书招标采购不仅考虑价格和折扣，更要考虑投标书商的服务（如服务机构、服务人员、服务方案等），因此图书采购对供应商的资格和能力有特殊的要求。目前图书采购存在的比较普遍的问题是履约和服务问题，如图书的到货率低、到货周期长。

三是适用于标准定制商品及通用服务项目的最低评标价法不完全适用于图书采购。图书采购的评标办法宜采用综合评标法，充分考虑投标单位的服务能力和折扣，服务能力和售后服务方案应当占有一定的分数比例，以合理低价（而不是最低价原则）来确定中标人。

四是图书采购对图书质量和供应商的图书信息处理能力都有较高要求，对供应商的采访数据数量和质量、到货数据的质量等也有严格要求。图书招标文件中一般要求供应商投标时提供优质的采访信息和采访数据，使图书馆及时掌握当前出版发行动态。

由于图书采购和一般货物采购相比具有很多不同点，因此，制定图书采购招标文件必须充分考虑图书采购的特殊性。一般而言，图书采购招标文件包括以下内容：

（1）供应商资格条件要求。要求供应商具有《中华人民共和国出版物经营许可证》，并获得新闻出版管理部门许可的、经营国家正式出版物的中文图书经销商证书，而且要求供应商具有一定规模，因为规模决定着供应商提供的图书品种、质量和服务能力。因此，招标文件中必须对供应商的注册资金、固定的经营场所、物流基地、服务机构和人员等提出具体的要求。

（2）采购需求和技术要求。一般需写明招标具体内容和范围、预算的总码洋、现货目录和预定目录格式等。

（3）采访数据。要求供应商按图书馆要求的数据格式及时提供采访信息、进货渠道，并对采访书目的时效性、出版社类别、图书类别作出具体要求。招标文件中可要求供应商在投标时提供采访数据和进货渠道等。进货渠道、采访数据数量、采访数据质量也是评审的依据。

（4）供货要求和售后服务。招标文件中应当明确要求图书到货率、到货周期、配送要求、售后服务质量要求、包装要求等等。

（5）验收和违反要求的相应处罚条款等。招标文件中要明确图书采购验收制度和违约处理办法，这有利于对中标供应商履行合同情况进行跟踪监督、评估和处理。对不履行合同的供应商，可终止合同或按一定比例扣除履约保证金，并取消其再次参与图书投标的资格。

（6）评标办法。一般采用综合评标办法，综合考虑图书采购折扣、同类项目经验和企业信誉、出版物进货渠道、采访数据数量和采访数据质量、到货数据的质量、到货周期、售后服务能力等。

资料来源：马正红.图书采购招标文件包含哪些内容[N].中国政府采购报，2012-04-06（003）.

第三节　供应商方案的评估

一、报价评估的界定和方法

采购方在收到供应商的报价后需要进行下一步分析，筛选出能够使自己利益最大化的供应商报价。价格评估是确定产品或服务的价格是否合理的过程。它可以包括价格分析，即在不考虑具体因素的情况下查看价格，或质量和成本等标准的组合。

采购方除了对不同供应商的报价进行直接比较之外，还应注意以下问题：一是所有供应商的成本计算方式是否相同，具体包含了哪些成本构成，如附加成本（运费、保险费、安装费和培训费等）、使用成本、残次比率以及处理成本；二是所有的成本是否还需要补充其他的信息；三是低定价是否意味着供应商在产品质量上做出一定的牺牲，如是否包括维修责任、是否保障供货时效；四是供应商在付款条件上存在哪些差别，有没有前置期等内容。除此之外，若是进行海外采购，则采购方需高度重视兑换率、税收、进口关税等问题。

二、标书评估的界定

标书评估是根据招标文件中规定的评标方法和标准进行评估和比较投标文件的过程，其目的是确定最符合评价标准的报价书，从而为采购商创造最佳价值。客观、公正和执行良好的评估过程至关重要，因为其是形成建议和授予合同的基础。

三、评估标书的标准

供应商首先要审查和比较标书，以选择最佳报价，从而获得必要的货物、工程和服务。它包括开标和审查标书，从收到的实质性响应标书中确定评标响应标书，并制定评标标准。评标标准可以包括仅价格、价格和质量、响应性最高和评分最高或其他标准。

评审标准由一系列评审要素和评审指标组成：一是技术因素，包括专业技术人员数量、专业人员技术掌握和运用程度、制造能力、专业设备数量和制造能力等；二是管理因素，包括供应商的管理制度运行情况、质量管理控制系统运行情况、质量管理控制能力等；三是价格因素；四是履约保障因素，关键衡量其能否及时有效地履行合同，能否及时进行维修保障；最后，对供应商信誉、保密等方面也要设定严格的评定标准。

四、评价标书的方法

在招标投标实践中，有多种评标方法适用于不同性质和特点的招标项目的评标。

根据评价指标是否能够量化，评标方法可分为定性方法和定量方法两类。定性方法是指仅规定评比原则、评审要素不用量化的方法。定量方法是指评审要素需要量化的方法。具体包括最低投标价法、综合评价法、设备寿命期费用评标法等。

1. 最低投标价法

即能够满足招标文件的各项要求，投标价格最低的投标可作为中选投标。该方法一般适用于简单商品、半成品、原材料，以及其他性能、质量相同或容易进行比较的货物招标。这些货物技术规格简单，技术性能和质量标准及等级通常可采用国际（国家）标准规范，因此，仅以投标价格的合理性作为定标标准较为合理。

2. 综合评价法

综合评价法也称打分法，是指评标委员会按预先确定的评分标准，对各投标文件需评审的要素进行量化、评审记分，以投标文件综合分的高低确定中标单位的评标方法。由于项目招标需要评定比较的要素较多，且各项内容的计量单位又不一致，如工期是天、报价是元等，因此综合评分法可以较全面地反映投标人的素质。

使用综合评分法，评审要素确定后，首先将需要评审的内容划分为几大类，并根据招标项目的性质、特点，以及各要素对招标人总投资的影响程度来具体分配分值权重。然后再将各类要素细化成评定小项并确定评分的标准。这种方法往往将各评审因素的指标分解成100分，因此也称百分法。

综合评价法的好处是简便易行，评标考虑因素更为全面，可以将难以用金额表示的各项要素量化后进行比较，从中选出最好的投标。缺点是要确定每个评标因素的权重即它所应占的百分比，以及评标时不同投标文件某些因素该评多少分都易带主观性。另外，加工订购招标时，投标人提供的设备型号各异，难以合理确定不同技术性能的有关分值和每一性能应得的分数，有时甚至会忽视某一投标人设备的一些重要指标。综合评价法一般适用于采购价格不太高的采购，或无法将重要的评标标准数量化的设备。采购成套工厂设备不宜采用综合评价法。

3. 设备寿命期费用评标法

设备寿命期费用评标法是在综合评标价法的基础上，再加上一定运行年限内的费用作为评标价格。如采购整座工厂成套生产线或设备、车辆等，采购后若干年运转期内的各项后续费用（零件、油料及燃料、维修等）很大，有时甚至超过采购价；不同投标文件提供的同一种设备，相互间运转期后续费用的差别，可能会比采购价格间的差别更为重要。在这种情况下，就应采取设备寿命期费用评标法。

采用设备寿命期费用评标法，应首先确定一个统一的设备评审寿命期，然后将投标报价和因为其他因素而需要调整的价格，加上今后一定的运转期内所发生的各项运行和维护费用再减去寿命期末设备的残值。计算运转期内各项费用，包括所需零部件、油料、燃料、维修费以及到期后残值等，都应按招标文件规定的贴现率折算成净现值，再计入评标价中。

五、开标后注意事项

如果双方谈判在开标后不能对招标中的重要条款达成共识，采购方只能放弃首选供应商，与排名第二位的供应商展开谈判，且必须将首选供应商从名单排序中剔除。

采购方应在以下三方面高度重视采购过程：一是为保障过程公开透明，开标后的谈判会议中买方至少应选出两个或两个以上人员参与负责；二是采购方企业的谈判人员应该在开始会议之前与相关管理者进行讨论，从而进一步确定自己的谈判策略，与此同时，采购方还需要提前设定好一系列标准，这些标准根据供应商可提供的条件制定，但以采购方的需求为依据；三是为了确保谈判的过程和最终结论有据可查，会议内容需要进行实时记录，特别是在会议结束时，会议摘要需供供应商查阅以确保内容无误，同时请供应商提出修正意见。

 小案例

采购评标方法与标准示例

评标因素和标准		（提示：因评标因素"技术"项涉及政府采购政策优惠，为便于计算，应与其他评标因素分列）	
评审因素		权值	评分标准
价格		15分	以经评委会一致认定满足招标文件要求且投标价格最低的投标报价为评标基准价，其价格得分计15分。其他投标人的价格得分统一按公式计算：报价得分＝评标基准价÷投标报价×投标报价权重。 投标人的报价明显低于其他通过符合性审查投标人的报价，有可能影响产品质量或者不能诚信履约的，应当要求其在评审现场合理的时间内提供书面说明，必要时提交相关证明材料；投标人不能证明其报价合理性的，评标委员会应当将其作为无效投标处理。
技术（45分）	建设方案	12	本次水泵及配套设备的维保牵涉到多项设备的拆除和恢复等，各投标商需自行踏勘确认。 1. 投标人踏勘现场详细，能清晰描述水泵安装使用地址并能提供详细的维保设备的运行状况及维保重点以及上佳的维保方案的，计12分； 2. 地址清晰、情况翔实、维保方案较好的，计8分； 3. 地址清晰、情况翔实、维保方案一般的，计4分； 4. 无建设方案、清晰地址、翔实情况说明的不计分。 本项满分为12分。
	技术及研发能力	5	投标人具有潜污泵、污水轴流泵、潜水电机、机械密封、止逆阀任意一项专利技术和专利奖项的每项得1分，提供证书复印件，得满5分为止。 本项满分为5分。
	产品配置质量及技术参数	28	1. 投标人具有自主的潜水电机生产车间，且具有潜水电机VPI真空浸漆工艺设备的，计3分； 2. 投标商有自主的电控设备生产车间，并能提供控制设备接线原理图的，计2分； 3. 投标商需详细阐述机械密封的结构、工作原理的，计2分； 4. 投标商需提供水泵轴承受力分析文件的，计2分； 5. 投标人具有铸件超声波探伤仪设备的，计2分； 6. 投标商具有叶轮动平衡仪调试设备的，计2分； 7. 投标商具有水泵轴承加热器设备的，计1分； 8. 投标商具有四轴联动数控加工中心的，计2分；

(续表)

技术 （45分）	产品配置质量及技术参数	28	9. 投标商具有数控切割机设备的，计2分； 10. 投标商具有回转直径米以上的立式车床的，计2分； 11. 投标商具有数控加工车床的，有一台的得1分，最多计2分； 12. 投标商具备整机气密性试验水池，并能简要说明气密试验程序的，计2分； 13. 投标商具有整机性能检测台，并具有省级及以上质检部门颁发的泵产品测试系统验收证书的，计4分。 注：以上均须提供厂家实物图片或证书复印件，未提供不计分，如发现投标单位提供虚假资料，将会被废标，并列入政府采购黑名单。 本项满分为28分。
商务部分 （40分）	综合实力	17	1. 投标商获得省级重合同守信用企业称号的，计2分，获得国家级重合同守信用企业称号的，计4分，满分为4分； 2. 投标商有ISO 9001质量体系认证证书的，计2分，有ISO 14001环境体系认证证书的，计1分，有安全生产许可证的，计2分，具有省级及以上高新技术企业证书的，计4分，满分为9分； 3. 投标商企业资信等级是AAA的，计2分，质量信用等级是AAA的，计2分。提供认证证书并附评估机构的评估报告复印件，否则不计分，满分为4分。 本项满分为17分。
	经营业绩	15	投标人在2015年8月—2018年7月具有水利或市政行业潜水泵维修经营业绩，计4分，每多1个，加3分，加满为止。 注：提供相应中标通知书和采购合同的复印件，并提供详细联系人电话，否则不计分。 本项满分为15分。
商务部分 （40分）	服务承诺	8	1. 投标供应商售后承诺（提升泵质保期为1年，排渍泵质保期为2年）及保障措施完善的，计2分； 2. 售后服务响应时间最快的计2分，其次的计1分，无售后服务响应时间的计0分； 3. 投标供应商在长沙地区有售后服务机构并有固定的办公场所及人员（提供工商登记证明材料和售后负责人联系方式）或承诺在中标后在签订合同前在长沙设立售后服务机构并有固定的办公场所及人员（提供工商登记证明材料和售后负责人联系方式），计2分，否则不计分； 4. 提供完整的培训计划，并有设备故障应急预案的，计2分。 本项满分为8分。
合计		100	

评标标准或资格条件中涉及要求递交原件的，投标人须在投标截止时间前将要求提供的原件单独密封包装（外包装上注明投标人名称和证件明细）与投标文件一起递交，否则相应计分项不予计分。

(续表)

废标的规定	有下列情形之一时,评标委员会应予废标: (1) 符合专业条件的投标人或者对招标文件作实质性响应的投标人不足三家的; (2) 出现影响采购公正的违法、违规行为的; (3) 投标人的报价均超过了采购预算的; (4) 因重大变故,采购任务取消的。
多家代理商参加同一品牌产品投标的规定	(1) 单一产品采购项目中,多家代理商参加同一品牌产品投标的,在统计投标人数量时,作为一个投标人计算; (2) 在非单一产品采购项目中,应根据项目需要明确核心产品,多家代理商参加同一品牌产品投标的,在统计投标人数量时,作为一个投标人计算。 本项目不适用(1)、(2)情形
投票报价调整	政府采购支持中小企业发展(货物类投标人和产品制造商应同时满足中小微企业的条件):小型或微型企业,价格扣除比例为6%;中型企业,价格扣除比例为/%;联合体投标的,价格扣除比例为/%。评审时,用扣除后的最后报价计算价格分。
技术、价格得分或总得分调整	1. 节能产品: 技术加分=技术分值×加分比例(比例见前附表第项,下同)×(节能产品报价÷总报价); 价格加分=价格分值×加分比例×(节能产品报价÷总报价)。 2. 环境标志产品: 技术加分=技术分值×加分比例×(环境标志产品报价÷总报价); 价格加分=价格分值×加分比例×(环境标志产品报价÷总报价)。 3. 两型产品: 商务加分=商务分值×加分比例×(两型产品报价÷总报价); 技术加分=技术分值×加分比例×(两型产品报价÷总报价); 价格加分=价格分值×加分比例×(两型产品报价÷总报价)。
多处或部分获得政府采购政策优惠的计算方法	1. 符合政府采购优先采购政策的,产品只能享受节能产品、环境标志产品、两型产品等产品优惠中的一项(由投标人在投标文件中选择并填报政策功能编码,评审时进行加分); 2. 投标人享受支持中小企业发展政策优惠的,可以与同时享受节能产品、环境标志产品、两型产品等产品优惠中的一项累加; 3. 同一项目中部分产品属于优先采购政策的,评审时只对该部分产品的报价实行加分。
推荐的中标候选人数量	前三名

第四节　采购合同授予

双方在合同授予前应签发正式确认合同。一般来说，正式签署的合同中需包括投标邀请、供应商的书面投标方案，以及在标书提交、开标后的谈判中所有修改的内容。合同应为一式两份，双方签字并各持一份原件。

采购方应将所有合同文件按日期顺序装订在一起，并且将一份副本送至供应商处留存，这样双方都可以拥有完整的合同文档。各项合同修改可以在授权签发后，在原样文件中按照原文件格式及时添加。

一、谈判起草合同文本草案

无论采取招标，还是采取竞争性谈判、单一来源采购和询价采购等采购方式，都要通过后续谈判明确合同条款。一般来讲，公共采购合同文本一般由采购人组织起草完成，并与供应商共同协商和阅签。

起草合同文本草案过程中，应当注意以下几个问题：

第一，详细写明所有协议内容。为了最大限度地避免纠纷的产生，为合同履行、检验验收、交接交付、纠纷处理等日后工作提供便利和依据，合同双方需将所有谈判达成的意见明确写入采购合同文本草案之中。第二，组织合同专家参与谈判和合同文本的起草工作。公共采购合同涉及技术、价格、法律、社会实践等领域的知识，因此，为了提高谈判和文本起草的效率，应组织技术、价格、法律和谈判等专业人员组成谈判小组和起草小组，而且应保证专业人员人数不少于小组的三分之二。第三，保证合同文本内容的准确性和完整性。

二、审定合同文本草案

采购合同文本的审定内容主要包括合同草案文本的法律依据、供应商的资格条件、技术状态、经费和价格以及其他合同条款。

审定采购合同文本草案过程中,最重要的是严格落实全面性审查和真实性审查要求。一方面,严格把握审查内容的全面性;另一方面,严格审查文字内容的真实性、供应商资格的真实性以及供应商遴选过程的真实性。

三、签订合同

采购主管机关审定并批准合同草案文本后,采购合同订立业务部门应及时与供应商签订合同。

采购合同签订过程中,应注意以下两个问题:一方面,合同签订说明采购人和供应商之间的要约和承诺已经达成一致,采购合同至此宣告成立。但是,由于采购合同关系到企业的各方面利益,因此要求经过供应商和采购方负责部门签章后才能获得法定效力。另一方面,采购合同签订主体具有资质。就是要求代表采购人和供应商的签订主体要具有法人资格或委托授权。

四、合同签章

合同签章是公共采购合同订立工作的重要步骤,是合同生效的法定程序。"法律、行政法规规定应当办理批准、登记等手续生效的,依照其规定。"

五、合同生效

合同生效是采购合同订立阶段的一个重要标志,是最具实质意义的环节。采购合同具备了法定的生效要件,即具有了法律效力,便对采购人和供应商产生预期的法律约束力。

采购合同效力管理工作需要注意以下三个问题:

第一,生效日期。合同生效日期应以盖章日期为准。第二,采购合同文本地位。采购合同生效前形成的协议、纪要、文件,凡与合同条款有冲突的均无效，相关内容应以合同文本的约定为准。第三，采购合同的无效情形。

六、合同备案

设立合同备案法律制度的目的，一是通过备案制度便于采购主管机关对采购合同订立情况实施监督检查，强化合同订立过程的管理，防止违规行为的发生；二是通过合同备案，可以及时了解采购合同的订立情况，采购经费的控制情况，以及便于采购经费的及时拨付；三是便于其他供应商了解、查阅和掌握采购合同的有关情况，为社会监督提供便利。

七、合同交接协议

当供应工作从旧的供应商转到一个新的供应商时，或者现有合同的供应商不再续约，采购方正式要求中标的投标方提交一份关于如何从现有供应商手中接管项目的计划时，可以要求供应商另外提交一份关于在合同结束之时向另一家供应商进行交接的计划。同时，在遇到当前合同到期之时或是合同中止的情况下，为了使不确定因素降到最低，确保将来能与新供应商的交接有序，合同交接协议中可能需要包含文档、数据、资产移交的保密承诺，以及知识产权保护等内容。

第五节 供应商遴选报告的写法

一、遴选供应商的界定

遴选供应商是直接关系到采购合同授予是否公正的一个关键环节。评标委员会或谈判小组须依据评价方法和评价标准等客观因素，对参与采购的供应商资格、报价、能力进行评审，并向采购人提出评审报告，提出候选单位建议，列明候选单位的优先顺序；采购人根据评审报告和候选单位建议择优确定供应商，并将成交结果通知所有参与单位。

供应商遴选过程中应注意以下问题：一方面，供应商参与采购的基本资格和条件必须完全具备。相关法律法规明确规定了供应商参与采购的基本条件，要求供应商必须具备具有独立承担民事责任的能力；具有良好的商业信誉和健全的财务会计制度；具有履行合同所必需的设备和专业技术能力；有依法缴纳税收和社会保障资金的良好记录；要求参加政府采购活动前三年内，在经营活动中没有重大违法记录。同时规定，采购人可以根据采购项目对供应商规定特定要求，对供应商的资格进行审查。另一方面，为了保障评标委员会、谈判小组对供应商评审工作的顺利进行，保证评审工作的统一性、公正性和透明性，在发布招标文件或采购公告的同时，应明确并公开遴选供应商的评审标准。

供应商遴选报告是采购评估小组的一份报告，该报告需要依据合同授予标准进行相关说明，该份报告也是供应商判定是否应当授予供应商标书或合同的原因。

补充知识

供应商的分类

（1）首选的供应商（preferred suppliers）是指买方与之签有供应协议的少数供应商。

（2）已批准的供应商（approved suppliers）是指通过了资格预审、能够满意地提供一种或多种产品或服务的供应商。

（3）已确认的供应商（confirmed suppliers）是指被使用者（如设计或生产部门）专门提名并得到采购部门接受（鉴于名单上没有首选的或已批准的供应商可以满足相关需求）的供应商。

二、评估报告的写法

如果要写报价和评估标书,并从中推荐一个采购源,可以采用以下框架。

(1)以标题或者备忘录形式的页眉形式,写明报告人、报告接收人、日期。

(2)以一个短的段落来阐明采购的需求内容。

(3)以一个短的段落来说明接触市场的方法和采用的资格预审流程,以及受邀报价、投标的供应商。

(4)供应商报价或标书的评估和比较。通常采用"一、二、三、四"逐点排下来的方式,采用对照表或者表单的形式,这样编排的数据便于最终的比较。

(5)对各个供应商依次作出评价和分析,着重于分析其优势和弱点,以及存在的关键风险。

(6)逐一对各关键标准作出评价和分析并指出这些标准对于选择决策的重要程度,依照各条标准对比供应商条件。

(7)建议和说明:指出哪一个供应商的报价、要约体现了最佳价值,并且说明选择这个供应商的报价和要约的原因。

补充知识

写报价和评估标书说明部分需要的解释

(1)在该决策中哪一条标准是作为最根本、最重要的,或者被赋予最高的权重及其被赋予的理由。

(2)为什么认为中选供应商在关键指标上处于领先位置。

(3)为什么其他供应商被排除出局,基于风险、绩效不佳、物流局限或者其他困难等因素分析。

(4)中选供应商的弱点如何比其优势更为突出,或者如何加以调整

> 或规避弱点,从而对投标方案作出进一步的改善。
>
> 必要时可以作出如下说明:
>
> (1)在作出确定的推荐或选择决策之前还需要哪些信息,或者需要对哪些已知信息作出解释说明。
>
> (2)是否需要将最后未被选中的供应商当作第二或者风险备用供应源。

供应商评估需列出各个供应商的优缺点,将其与表格10-1对照是对供应商评估、报价选择以及标书决策的评价工具。

表10-1 供应商评估基本格式及报价比较基本格式

标准	供应商1	供应商2	供应商3
价格	6 000万	6 600万	8 250万
全生命周期成本	维修/备件成本高	未知	残值高
质量	没有ISO 9000认证 流程抽样结果不佳	ISO 9000认证	ISO 9000认证 获EFQM认证
产能	10 000单位	8 000单位	7 000单位
企业社会责任/可持续性	政策没有深入全面地广泛涉及	注重企业对社会责任以及自身供应链检测	注重可持续发展;可选择进行回收服务
EDI/外部网能力	有	无	有

资料来源:英国皇家采购与供应学会.供应源搜寻[M].北京中交协物流人力资源培训中心,译.北京:机械工业出版社,2014.

第六节 实践指导

一、实践任务

通过本章学习,引导学生了解并学习如何报价、招标、选择供应商。

要求学生掌握询价与报价的过程；理解招标的各大影响因素及具体的操作流程；学会如何评估并选择合适的供应商、如何授予合同、在采购方与供应方之间存在供需矛盾时如何调整采购方案。借助本章中的知识点，强化对报价和招标相关知识的理解，并将相关知识点应用于案例分析，从而更好地将理论联系到实际中。

二、实践步骤

（1）分组讨论并交流，找出分析案例中的关键问题。
（2）确定是否还需查找与已找出关键问题相关的背景资料。
（3）筛选并优化分析此案例的答题思路。
（4）明确构成小组分析逻辑的依据，并展开进一步的逻辑整理。
（5）小组形成文字报告并汇报。

三、实践要求

（1）彻底读懂案例——当小组分发到一篇案例时，成员需要对案例进行反复阅读，对案例中的重要信息尝试消化理解。在阅读的过程中，对案例中的背景资料、主要事实、面临的难题及难点、重要论点、重要结论和针对性的对策建议等内容进行一一记录，以方便下一个步骤的进行。

（2）分组交流讨论，大胆提出自己对问题的看法——对案例中的主要角色所面临的问题进行分析，尝试对案例所给的背景资料进行仔细阅读、筛选分类，归纳总结，若需要引证资料来佐证个人观点，可以依靠电子资料、图书馆实体资料等，获取相关领域的多方面知识，保证分析的正确性。

（3）全面并正确概括问题——在对案例进行认真分析之后，小组尝试根据案例的相关资料找出问题的症结所在，并对需要解决的问题进行正确概括，注意概括问题的逻辑性与针对性。

（4）撰写的分析报告——报告中对资料的分析运用要求准确，以所学理论为指导分析资料；资料分析要求全面充实，紧扣主题，结构合理，层次清楚，中心突出。除此之外，提交的报告要注意格式规范，用词准确，表达通顺。

四、实践案例

"评标委员会认为投标人的报价明显低于其他通过符合性审查投标人的报价，有可能影响产品质量或者不能诚信履约的，应当要求其在评标现场合理的时间内提供书面说明，必要时提交相关证明材料；投标人不能证明其报价合理性的，评标委员会应当将其作为无效投标处理。"这是《政府采购货物和服务招标投标管理办法》（财政部令第87号，以下简称"87号令"）第六十条的规定。

比照这一条规定，某采购人在招标文件中作出这样的约定："投标人的报价低于最高限价50%，有可能影响产品质量或者不能诚信履约，应当要求其在评标现场合理的时间内提供书面说明，必要时提供相关证明材料。投标人不能证明其报价合理性的，评标委员会应当将其作为无效投标处理。"

那么，招标文件这样约定，合理吗？

有同行认为，招标文件"低于最高限价50%"的约定，是评标委员会启动投标报价合理性说明的量化标准，并未违反87号令第十二条"不得设定最低限价"的规定。

对此，我们持不同的观点。87号令第六十条并没有为评标委员会启动投标报价合理性说明设置量化标准，启动投标报价合理性评审程序属于评标委员会的自由裁量权。只有在"投标人的报价明显低于其他通过符合性审查投标人的报价，有可能影响产品质量或者不能诚信履约"的情形下，评标委员会才要启动投标报价合理性评审的程序。上述招标文件的约定，看似细化了明显低价的标准，实则改变了87号令第六十条的本意，这样做是不合规定的。理由有三点：

一是当投标人的报价低于最高限价的50%，有可能影响产品质量或者不能诚信履约时，评标委员会启动投标报价合理性评审程序，等于变相告诉投标人投标报价最好不要低于最高限价的50%。否则，要对其进行投标报价合理性的评审。投标人因此会承担较大的风险。对明显低价进行量化约定，涉嫌变相设定最低限价，限制了投标人投标报价竞争。

二是87号令第六十条规定启动投标报价合理性评审，属于评标委员会的自由裁量权，由评标委员会根据其专业经验作出是否启动投标报价合理性说明的决定，这既发挥了评标委员会的专业能力，又赋予了专家面对复杂问题的自由裁量权。

三是招标文件关于"低于最高限价的50%"属于明显低价的约定，是否科学？难道投标报价在最高限价和最高限价50%之间，就一定不影响产品质量或者必然诚信履约吗？我们认为，招标文件"低于最高限价50%"的约定，限制了评标委员会的自由裁量权。

我们注意到，对于明显低价的处理，2021年4月30日财政部发布的87号令修订草案的征求意见稿作了更为有效的安排。征求意见稿第六十三条明确规定：评标委员会认为投标人的报价明显低于其他通过符合性审查投标人的报价，有可能不能诚信履约的，应当要求其在评标现场合理的时间内提供书面说明，必要时提交相关证明材料。投标人证明其能够诚信履约并承诺中标后提供招标文件规定以外的履约担保的，可以继续参加评审，否则评标委员会应当将其作为无效投标处理。在评标环节，报出明显低价的投标人获得了说明、证明的机会，承诺中标后提供履约担保的，是可以继续参加评审的。这样既符合商业惯例，又具有实际约束力，可以有效遏制投标人"低价抢标"的冲动，防止投标人低价中标后偷工减料、以次充好，影响采购项目质量。

资料来源：刘亚利.限定投标报价范围，属于变相设置最低价吗？[N].政府采购信息报, 2021-05-17日（005）.

思考问题：

（1）报价最低原则的应用条件是什么？投标人的报价低于最高限价会带来哪些不利影响？

（2）如何做到既符合商业惯例，又具有实际约束力，还可以保证采购项目的质量？

前沿研究

在普遍的采购实践中，我们会采用公开招标、邀请招标以及竞争性切磋等方式进行采购，如果采用竞争性谈判、询价非招标方式采购，最终出现两个以上供应商报价相同的情形，该如何确定成交供应商呢？

由于政府的采购制度中并未对此状况进行规定，所以在事件中要完全依靠采购文件进行约定。如果采购人在最终的评审报告所提出的候选人中无法选择出成交供应商，那么该状况应属于谈判文件编制的重大缺陷，导致了谈判小组无法提出成交候选人，采购人也没有办法依据评审报告确定成交供应商，这时就应当对谈判文件进行调整、修改，并且重新组织采购活动。更应当值得注重的是，采购人、采购代理机构在编制采购文件时，就应当充分考虑到可能发生的各种情形，并对此作出相应的规定。

资料原载：刘亚利.非招标方式最后报价相同，如何确定成交供应商？[N].政府采购信息报，2021-03-22.

案例分析

某单位院内绿化项目进行竞争性谈判，共有14家供应商参与谈判，其中A供应商和B供应商最后报价都为97万元，按照"政府采购非招标采购方式管理办法"（财政部令第74号，以下简称"74号令"）第三十五条、第三十六条和谈判文件规定，谈判小组应当从质量和服务均能真正满足采购文件要求的供应商中，以最后报价由低到高的顺序择出三名以上成交候选人，并编写评审报告。采购人应当从评审报告中择出的成交候选人中，根据质量和服务均能真正满足采购文件要求且最后报价最低的原则确定最终成交供应商。而在本案例中，由于A供应商和B供应商最后报价相同，谈判小组无法择出成交候选人，采购人也无法确定最终成交供应商。

在谈判现场，有人认为，可以要求 A 供应商和 B 供应商重新提交最后报价，以重新选出报价最低的供应商为成交候选人，采购人也可以据此重新确定最终成交供应商；也有人认为，可以采取随机抽取的方式，提出成交候选人和最终成交供应商；还有人认为，谈判文件未对该情形处理作出规定，导致评审工作无法进行，应当修改谈判文件，重新组织采购活动。

资料来源：刘亚利.非招标方式最后报价相同，如何确定成交供应商？[N].政府采购信息报，2021-03-22.

思考问题：

（1）你认同案例中的哪类人的说法？

（2）说出你对以上三种观点认同和不认同的原因。

练习与思考

一、名词解释

1. 报价邀请

2. 招标文档

3. 见证人

4. 竞争性报价或招标流程安排

二、选择题

1. 下列不是标书分析中需要考虑的主要要点的是（　　）。

　　A. 建立一套有利的标书记录和报告格式

　　B. 明确相关各部门的职责

　　C. 建立一套标准化的标书记录和报告格式

　　D. 检查所有标书的数字计算是否准确

2. 最佳化的招标程序没有以下步骤的是（　　）。

　　A. 拟定详细的规格　　　　　　　　B. 确定一个可行的时间表

C. 私下跟对方公司谈判　　　　　　D. 公告需求内容

3. 非法串谋的可能征兆没有（　　）。

　　A. 一个或多个供应商愿意进行谈判

　　B. 一个或者多个供应商不肯报价

　　C. 所有供应商报出的价格都高出预期

　　D. 最低价格明显地低于其他报价

三、多项选择题

1. 供应商在评估供应商报价的时候要考虑的一系列的因素包括（　　）。

　　A. 前置期　　　　　　　　　　B. 附加成本

　　C. 付款条件　　　　　　　　　D. 利润

2. 下列属于招标的类型是（　　）。

　　A. 公开招标　　　　　　　　　B. 指定招标

　　C. 限制性公开招标　　　　　　D. 选择性招标

3. 标准的询价函或报价邀请注明采购需求的具体细节有（　　）。

　　A. 交付日期和地点　　　　　　B. 采购负责人的联系方式

　　C. 所需产品或服务的描述及数量　D. 付款条件

四、简答题

1. 报价邀请通常会包括哪些内容？

2. 招标程序有哪些类别？

3. 请说明如何在评标过程中使用加权点数法。

五、论述题

1. CIPS 对于开标后谈判提出了哪些指导意见？

2. 可以依据哪些资格预审标准将一个供应商排除出招标程序？

3. 在供应商 SWOT 分析的各个象限中分别可能出现哪些问题？

参 考 文 献

1. SA.供应短缺预示着强劲的蜂窝元件市场规模增长[N].人民邮电报，2021-03-04（005）.
2. 柏玲.政府采购信息网/政府采购信息报.案例|"天眼查"可作为信用记录查询渠道吗？[R].（2020-04-22）.http://www.caigou2003.com/cz/aldp/4699664.html
3. 陈佳英.刍论民营企业财务管理[J].财会通讯（理财版），2008（8）：56-57.
4. 陈律.浅谈案例教学法在营销类课程中的应用[J].企业家天地，2008（4）：228.
5. 翟钢军，田丹，刘洪祥.供应链环境下供应商关系管理研究[J].大连理工大学学报（社会科学版），2006（4）：12-17.
6. 董莹.加入GPA在即，与国际采购规则统一不可避免[N].政府采购信息报，2020-12-14（005）.
7. 杜臣.东阿阿胶业绩V型反弹带来哪些思考[N].医药经济报，2021-04-06（A01）.
8. 费聿娟.试论中小型私营企业财务管理特征[J].商业经济，2008（2）：37-38.
9. 冯君.采购人能否在采购项目启动前进行市场调研？[J].中国招标，2019（20）：36.
10. 付小冬.我国第三部门资金筹集的研究[J].农村经济与科技，2016（10）：84-85+87.
11. 郭捷颖.论企业财务管理[J].闽西职业技术学院学报，2006（1）：55-57.

12. 郭庆松．公共部门人力资源管理研究存在的问题和发展趋势［J］．中国行政管理，2007（5）：79-80．

13. 国宾．供应源忠诚特点与实际应用［J］．苏南科技开发，2003（12）：42-43．

14. 胡美伦．浅谈国际贸易中信用证交易应注意的几个问题［N］．企业家日报，2018-11-08（003）．

15. 胡敏．供应商短期行为日益明显中小方案商面临两难选择［N］．电脑商报，2003-12-01（018）．

16. 黄律己．激励：让供应商多供煤供好煤［N］．中国石化报，2010-03-04（006）．

17. 焦洪宝，王璇．美国法院怎样处理合同授予纠纷［N］．中国政府采购报，2014-12-02（012）．

18. 康愉子．如何在采购环节降低成本［N］．中国会计报，2021-05-28（008）．

19. 李春光．GSN计划和供应商评估［N］．国家电网报，2009-07-07（008）．

20. 李春献，李健．私企财务管理影响因素分析［J］．企业改革与管理，2006（3）：22-23．

21. 李秋．零部件供应源应多元化［N］．中国商报，2011-03-25（B02）．

22. 连启彬．欧盟对华产品反倾销案件及我国的对策［J］．亚太经济，1999（2）：67-70．

23. 梁涛．私营企业财务管理特征分析［J］．中国商界（下半月），2009（6）：117．

24. 刘宝红．绩效管理：战略采购成果持久的关键［N］．现代物流报，2017-05-10（A06）．

25. 刘霁虹．试论私营企业财务管理特征［J］．科技资讯，2008（10）：183．

26. 刘亚利．非招标方式最后报价相同，如何确定成交供应商？［N］．政府采购信息报，2021-03-22（003）．

27. 刘亚利．供应商不来领取成交通知书怎么办？［N］．政府采购信息报，2019-07-22（011）．［R］．（2019-07-10）．http://www.caigou2003.com/

yaliliaozhengnew/newInfo/info.html?id=4424738

28. 刘亚利. 限定投标报价范围，属于变相设置最低价吗？[N]. 政府采购信息报，2021-05-17（005）.

29. 刘子桥. 浅谈供应链管理中的供应商管理[J]. 商场现代化，2018（21）：21-22.

30. 陆慕寒. IWAY压力与中国纺织品供应商的选择[N]. 中国纺织报，2009-08-10（003）.

31. 罗汉伟. WTO经典案例——欧盟强征IT产品税全面败诉[J]. 中国经济周刊，2010（36）：59-60.

32. 罗纳德·克林格勒，约翰·纳尔班迪. 公共部门人力资源管理：系统与战略[M]. 孙柏瑛，潘娜，游祥斌，译. 中国人民大学出版社，2001.

33. 宁越，于浩洋. 基于内部价值链的战略成本管理——以小米公司为例[J]. 管理会计研究，2019（2）：72-78+88.

34. 牛向洁. 政府采购如何用好成本补偿合同？[N]. 中国政府采购报，2021-05-28（003）.

35. 沈德能. 竞谈采购最低报价相同慎用18号令[N]. 政府采购信息报，2014-12-29（009）.

36. 沈朴学. 关于物资采购合同管理的思考[J]. 中国市场，2020（20）：150+154.

37. 孙敏. 中小私营企业财务管理特征之浅见[J]. 现代企业教育，2005（11）：60.

38. 万炎. 我国中小企业财务管理特征分析[J]. 财会研究，2012（7）：41-43.

39. 王辉. 吉利将实现零部件全球化采购[N]. 中国质量报，2010-01-12（008）.

40. 王敏. 我国私营企业财务管理困境探析[J]. 郑州航空工业管理学院学报（社会科学版），2006（4）：181-182.

41. 王涛，邢梅. 采购市场规模破万亿 供应商生存状况堪忧[N]. 经济参考报，2009-11-27（007）.

42. 王学良，乐小兵，马月媛. 基于AHP和模糊评价法的供应商选择与评价研究——以BL服装公司为例［J］. 梧州学院学报，2020（4）：1-13.

43. 王彦梅. 基于移动平均法的汽车4S店新车销售需求预测分析［J］. 中国商论，2019（18）：58-59.

44. 吴昌秋. 私营企业也应加强财务管理［J］. 中国西部科技，2005（22）：37-38.

45. 吴永明. 以数字化驱动政府采购为人民群众办好实事［N］. 中国政府采购报，2021-06-01（005）.

46. 胥怡. 物资设备采购报价最低原则的应用［J］. 铁路采购与物流，2016（3）：32-33.

47. 徐盛洋，郭俊文. 进口铁矿石企业谨慎评估供应商信誉度［N］. 中国国门时报，2008-05-12（007）.

48. 许宏才. 共享公共采购市场的未来［N］. 政府采购信息报，2020-11-23（001）.

49. 闫磊. 芯片业布局升级难解汽车缺芯"近渴"［N］. 经济参考报，2021-04-09（007）.

50. 杨蕾，陈永福，安玉发. 中国农产品对外反倾销贸易效果实证分析［J］. 农业技术经济，2012（4）：112-120.

51. 杨新利. "滴滴出行"商业模式发展现状探析——基于波特五力模型［J］. 江苏商论，2020（7）：16-18.

52. 杨新利. 浅析我国共享经济服务业的融资模式、商业模式发展现状——以"滴滴出行"为例［J］. 江苏商论，2020（9）：7-8+12.

53. 英国皇家采购与供应学会（CIPS）. 供应源搜寻［M］. 北京中交协物流人力资源培训中心，译. 北京：机械工业出版社，2014.

54. 张黎，何春红. 如何拿下联合国订单？［N］. 医药经济报，2020-05-14（003）.

55. 张荣君，张健. 私营企业财务管理探索［N］. 现代物流报，2008-10-21（004）.

56. 张书强. 浅谈私营企业财务管理特点［J］. 产业与科技论坛，2007

（3）：124-125.

57. 张双梦. 供应商的选择评估标准［J］. 中国质量，2012（4）：18-21.

58. 张玉. 论财务管理在我国私营企业运营中的问题及对策［J］.（2011-06）. https://www.docin.com/p-533439305.html

59. 张肇莉. 浅论财务管理对私营企业的影响［J］. 时代金融，2008（12）：143-144.

60. 政府采购非招标采购方式管理办法［J］. 中国政府采购，2014（1）：24-28.

61. 周显涛. 做好供应商审核才能更好合作［N］. 中华合作时报，2012-01-13（B05）.

图书在版编目(CIP)数据

采购寻源基础/金缀桥主编. —上海：复旦大学出版社,2024.10
(复旦卓越. 国际采购与食品进出口系列)
ISBN 978-7-309-16032-1

Ⅰ.①采… Ⅱ.①金… Ⅲ.①采购管理-研究 Ⅳ.①F253

中国版本图书馆 CIP 数据核字(2021)第 241127 号

采购寻源基础
CAIGOU XUNYUAN JICHU
金缀桥　主编
责任编辑/岑品杰

复旦大学出版社有限公司出版发行
上海市国权路 579 号　邮编：200433
网址：fupnet@fudanpress.com　　http://www.fudanpress.com
门市零售：86-21-65102580　　团体订购：86-21-65104505
出版部电话：86-21-65642845
杭州日报报业集团盛元印务有限公司

开本 787 毫米×1092 毫米　1/16　印张 18.75　字数 278 千字
2024 年 10 月第 1 版第 1 次印刷

ISBN 978-7-309-16032-1/F・2851
定价：65.00 元

如有印装质量问题，请向复旦大学出版社有限公司出版部调换。
版权所有　　侵权必究